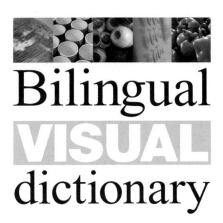

Bilingual
VISUAL
dictionary

3
TOP-FLITE
XL
Titleist

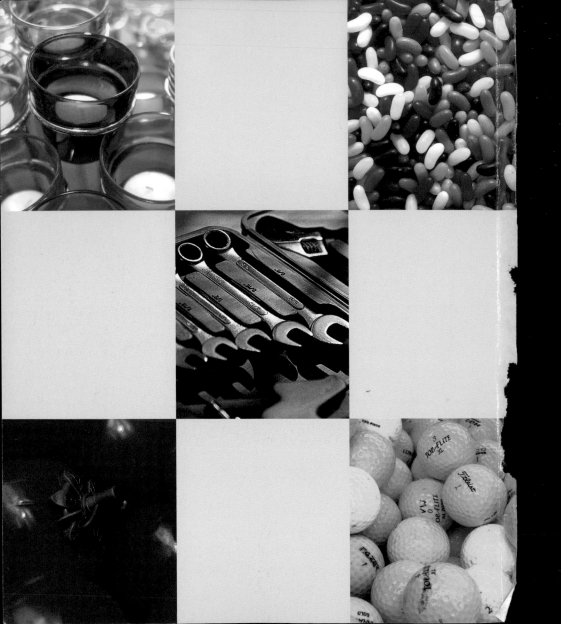

Bilingual VISUAL dictionary

Previously published as part of
5-Language Visual Dictionary

DK

DK | Penguin Random House

Senior Editor Simon Tuite
Senior Art Editor Vicky Short
Production Editor Phil Sergeant
Production Controller Rita Sinha
Managing Editor Julie Oughton
Managing Art Editor Louise Dick
Art Director Bryn Walls
Associate Publisher Liz Wheeler
Publisher Jonathan Metcalf

Designed for Dorling Kindersley by WaltonCreative.com
Art Editor Colin Walton, assisted by Tracy Musson
Designers Peter Radcliffe, Earl Neish, Ann Cannings
Picture Research Marissa Keating

Arabic typesetting and layout for Dorling Kindersley by
g-and-w PUBLISHING
Translation by Samir Salih

First American Edition, 2009
This edition published in the United States in 2015
by DK Publishing, 345 Hudson Street, New York,
New York 10014

A WORLD OF IDEAS:
SEE ALL THERE IS TO KNOW

www.dk.com

المحتويات
al-muнtawayaat
contents

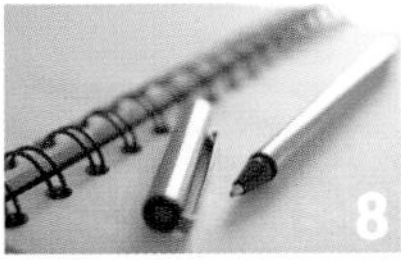

عن القاموس
Aan al-qaamoos
about the dictionary

استعمال هذا الكتاب
istiAmaal haadhal-kitaab
how to use this book

الناس
an-naas
people

المظهر
al-mazhar
appearance

المسكن
al-maskan
home

الخدمات
al-khidmaat
services

التسوق
at-tasawwuq
shopping

المأكولات
al-ma'koolaat
food

الدراسة
ad-diraasa
study

العمل
al-Aamal
work

الـمواصلات
al-muwaasalaat
transportation

الرياضة
ar-riyaaDa
sports

البيئة
al-bee'a
environment

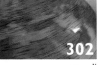

المرجع
al-marjiA
reference

الفهرست
al-fihrist
index

تنويه
tanweeh
acknowledgments

عن القاموس

ثبت أن استخدام الصور يساعد على فهم وحفظ المعلومات في الذاكرة. وبناء على هذا المبدأ، فإن هذا القاموس الإنجليزي-العربي الغني بالصور يقدم مجموعة ضخمة من مفردات اللغة السارية المفيدة.

القاموس مقسم حسب الموضوعات ويشمل بالتفصيل معظم جوانب الحياة اليومية، من المطعم إلى الجمنازيوم، ومن المنزل إلى موقع العمل، ومن الفضاء الخارجي إلى عالم الحيوانات. كما ستجد كلمات وعبارات إضافية لاستخدامها في الحديث ولتوسيع نطاق مفرداتك اللغوية.

وهو أداة ضرورية لأي شخص مهتم باللغات – فهو عملي ومثير ويسهل استعماله.

بعض الأمور التي يجب ملاحظتها

إن الكلمات العربية في هذا القاموس مكتوبة بالحروف العربية وبالحروف اللاتينية أيضاً. عند قراءة النطق بالحروف اللاتينية راجع الدليل بهذه الصفحة.

كتبت الكلمات بنفس الترتيب: بالحروف العربية، ثم بالحروف اللاتينية ثم الإنجليزية.

أسد	حزام أمان
asad	Hizaam amaan
lion	**seat belt**

الأفعال يعبر عنها بالحرف (v) بعد الإنجليزية، مثلاً:

يحصد yaHsud | **harvest (v)**

كما أن للغتين فهرست خاص بهما في نهاية الكتاب، حيث يمكنك البحث عن كلمة سواء من النص الإنجليزي أو العربي ويتم إرشادك إلى رقم الصفحة أو الصفحات حيث تبدو الكلمة. للرجوع إلى نطق كلمة عربية محددة ابحث عن الكلمة في النص العربي أو الفهرست الإنجليزي، ثم اتجه إلى الصفحة المشار إليها.

about the dictionary

The use of pictures is proven to aid understanding and the retention of information. Working on this principle, this highly-illustrated English–Arabic bilingual dictionary presents a large range of useful current vocabulary.

The dictionary is divided thematically and covers most aspects of the everyday world in detail, from the restaurant to the gym, the home to the workplace, outer space to the animal kingdom. You will also find additional words and phrases for conversational use and for extending your vocabulary.

This is an essential reference tool for anyone interested in languages – practical, stimulating, and easy-to-use.

A few things to note

The Arabic in the dictionary is presented in Arabic script and romanized pronunciation. When reading the romanization, refer to the guide on this page

The entries are always presented in the same order – Arabic, Romanization, English – for example:

أسد	حزام أمان
asad	Hizaam amaan
lion	**seat belt**

Verbs are indicated by a **(v)** after the English, for example:

يحصد yaHsud | **harvest (v)**

Each language also has its own index at the back of the book. Here you can look up a word in either English or Arabic script and be referred to the page number(s) where it appears. To reference the pronunciation for a particular Arabic word, look it up in the Arabic script or English index and then go to the page indicated.

Pronunciation النطق

Many of the letters used in the Arabic pronunciation guide can be pronounced as they would be in English, but some require special explanation:

'	Represents a short pause, as when the tt in "bottle" is dropped.
A	A (ع) is a guttural sound unique to Arabic (rather like exclaiming "ah!" when a dentist touches a nerve). Pronouncing this sound correctly comes with listening and practice.
d/D	There are two d sounds: d (د) as in "ditch", and D (ض) with the tongue further back in the mouth, as in "doll".
gh	gh (غ) is a throaty r pronounced as in the French word "rue".
h/H	Arabic has two h sounds: h (ه) as in "hotel", and a second breathier sound, H (ح), as if breathing on glasses.
kh	kh (خ) is a throaty h pronounced like the ch in the Scottish word "loch".
s/S	There are two s sounds: s (س) as in "silly", and S (ص) as in "sorry" pronounced with the tongue further back in the mouth.
t/T	There are two t sounds: t (ت) as in "tilt", and the T (ط) as in "toll", with the tongue further back in the mouth.
z/Z	There are two z sounds: z (ز) as in "zebra", and Z (ظ), with the tongue further back in the mouth.

Arabic word stress is generally even, unless there is a long vowel (aa/ee/oo), in which case this is emphasized.

how to use this book

Whether you are learning a new language for business, pleasure, or in preparation for a holiday abroad, or are hoping to extend your vocabulary in an already familiar language, this dictionary is a valuable learning tool which you can use in a number of different ways.

When learning a new language, look out for cognates (words that are alike in different languages) and derivations (words that share a common root in a particular language). You can also see where the languages have influenced each other. For example, English has imported some terms for food from Arabic but, in turn, has exported terms used in technology and popular culture.

Practical learning activities

• As you move about your home, workplace, or college, try looking at the pages which cover that setting. You could then close the book, look around you and see how many of the objects and features you can name.
• Make flashcards for yourself with English on one side and Arabic on the other side. Carry the cards with you and test yourself frequently, making sure you shuffle them between each test.
• Challenge yourself to write a story, letter, or dialogue using as many of the terms on a particular page as possible. This will help you retain the vocabulary and remember the spelling. If you want to build up to writing a longer text, start with sentences incorporating 2–3 words.
• If you have a very visual memory, try drawing or tracing items from the book onto a piece of paper, then close the book and fill in the words below the picture.
• Once you are more confident, pick out words in the foreign language index and see if you know what they mean before turning to the relevant page to check if you were right.

استعمال هذا الكتاب

سواء كنت تتعلم لغة جديدة للعمل أو من أجل الاستمتاع أو استعداداً لرحلة عبر البحار أو على أمل توسيع نطاق مفرداتك اللغوية فإن هذا القاموس أداة تعلم قيمة يمكنك استخدامها بعدة طرق مختلفة.

عند تعلم لغة جديدة، انتبه للكلمات التي تتشابه في لغات مختلفة، والكلمات المشتقة، أي كلمات من أصل واحد في لغة معينة. كما يمكنك أيضا أن تلاحظ أين أثرت اللغات بعضها على بعض. مثلاً، الإنجليزية استوردت بعض الاصطلاحات عن الطعام من العربية، ولكن بدورها صدرت تعبيرات تستخدم في التكنولوجيا وفي الثقافة الشعبية.

أنشطة التعليم العملية

• حين تتجول في أنحاء مسكنك أو موقع عملك أو كليتك، حاول أن تتطلع على الصفحات التي تشمل هذا المكان. يمكنك حينذاك أن تغلق الكتاب وترى كم من الأشياء والسمات تتذكر.
• قم بإعداد بطاقات تذكرة سريعة لنفسك واكتب الكلمة بالإنجليزية على جانب، وبالعربية على الجانب الأخر. احمل البطاقات معك واختبر نفسك مرات عديدة، واخلط البطاقات بين الاختبارات.
• تحدي نفسك لكتابة قصة أو رسالة أو محاورة، مستخدماً أكبر قدر ممكن من الاصطلاحات بصفحة معينة. سوف يساعدك ذلك على بناء مفردات اللغة وعلى تذكر التهجئة. إن أردت أن تتقدم بكتابة نص أطول، ابدأ بجمل يشمل كلمتين أو ثلاثة.
• إذا كنت تتمتع بذاكرة تصويرية جداً، حاول أن ترسم أو أن تتبع شكل بنود من الكتاب على قطعة من الورق، ثم أغلق الكتاب واكتب الكلمات أسفل الصورة.
• بمجرد أن تصبح أكثر ثقة في نفسك اختر كلمات من فهرست اللغة الأجنبية وتحقق إن كنت تعرف معناها قبل أن تقلب الصفحة إلى الصفحة المناسبة لتتأكد إن كنت على حق أم لا.

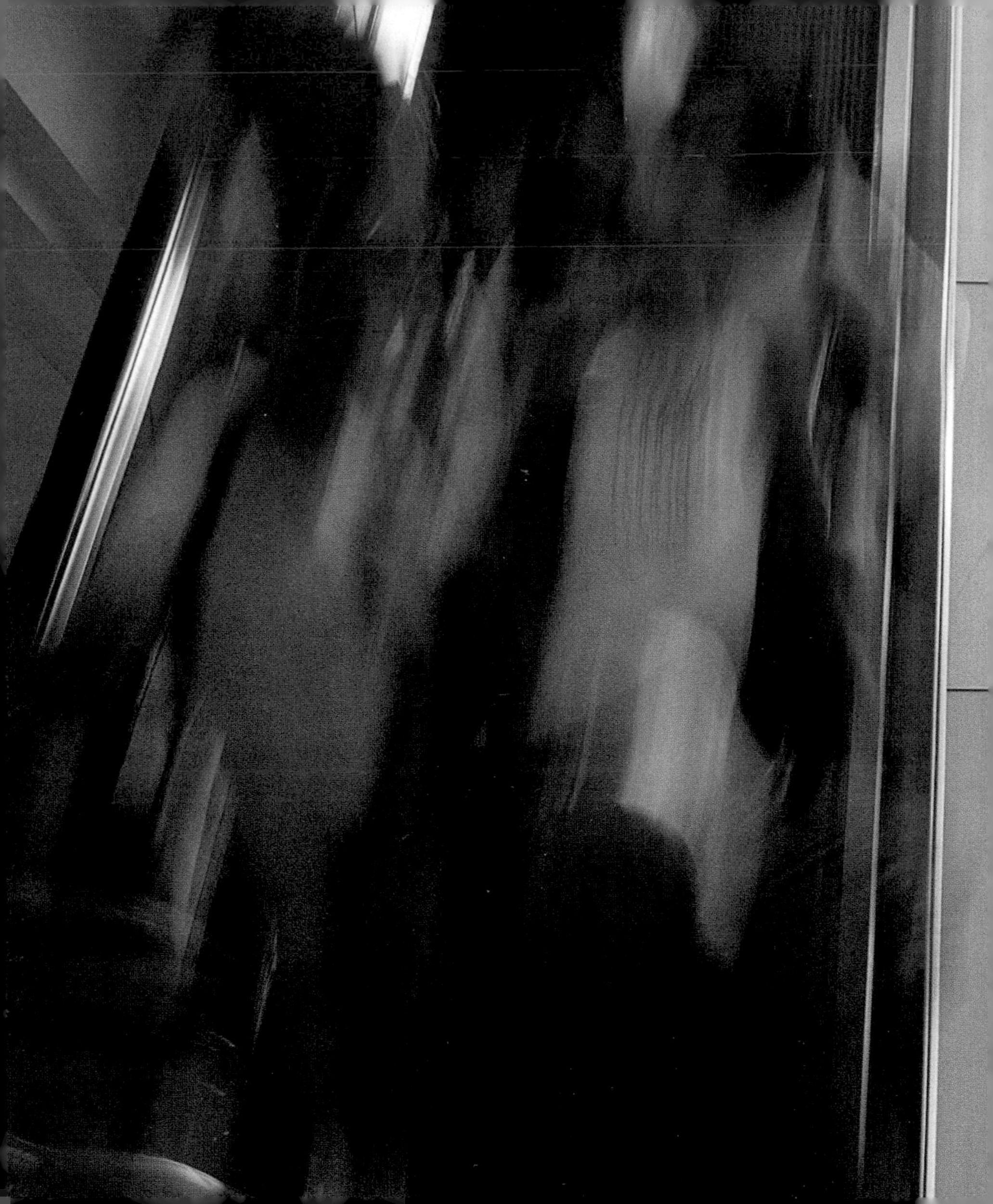

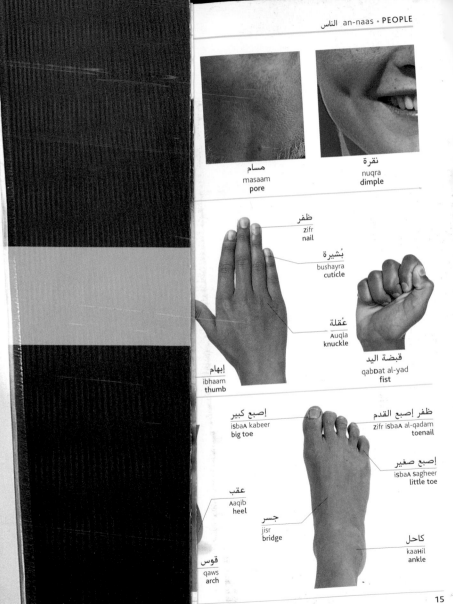

مسام
masaam
pore

نقرة
nuqra
dimple

ظفر
zifr
nail

بُشيرة
bushayra
cuticle

عُقلة
Auqla
knuckle

قبضة اليد
qabDat al-yad
fist

إبهام
ibhaam
thumb

إصبع كبير
isbaA kabeer
big toe

ظفر إصبع القدم
zifr isbaA al-qadam
toenail

إصبع صغير
isbaA sagheer
little toe

عقب
Aaqib
heel

جسر
jisr
bridge

كاحل
kaaHil
ankle

قوس
qaws
arch

العضلات al-AaDalaat • muscles

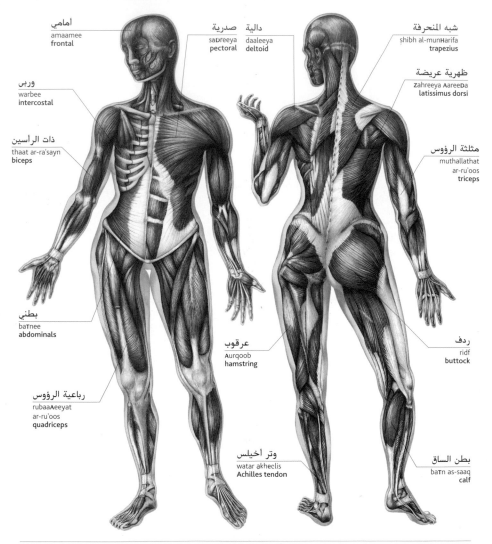

أمامي
amaamee
frontal

صدرية
saDreeya
pectoral

دالية
daaleeya
deltoid

شبه المنحرفة
shibh al-munHarifa
trapezius

وربي
warbee
intercostal

ظهرية عريضة
Zahreeya AareeDa
latissimus dorsi

ذات الرأسين
thaat ar-ra'sayn
biceps

مثلثة الرؤوس
muthallathat
ar-ru'oos
triceps

بطني
baTnee
abdominals

عرقوب
Aurqoob
hamstring

ردف
ridf
buttock

رباعية الرؤوس
rubaaAeeyat
ar-ru'oos
quadriceps

وتر أخيلس
watar akheelis
Achilles tendon

بطن الساق
baTn as-saaq
calf

الهيكل العظمي al-haykal al-AaZmee • skeleton

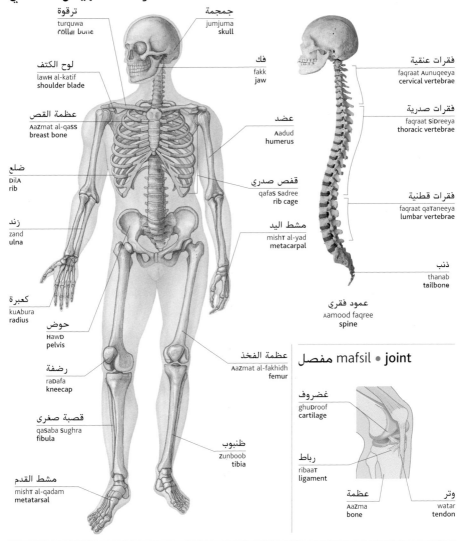

ترقوة
turquwa
collar bone
جمجمة
jumjuma
skull
لوح الكتف
lawH al-katif
shoulder blade
فك
fakk
jaw
عظمة القص
AaZmat al-qaSS
breast bone
عضد
Aadud
humerus
ضلع
DilA
rib
قفص صدري
qafaS Sadree
rib cage
زند
zand
ulna
مشط اليد
mishT al-yad
metacarpal
كعبرة
kuAbura
radius
حوض
HawD
pelvis
عظمة الفخذ
AaZmat al-fakhidh
femur
رضفة
raDafa
kneecap
قصبة صغرى
qaSaba Sughra
fibula
ظنبوب
Zunboob
tibia
مشط القدم
mishT al-qadam
metatarsal

فقرات عنقية
faqraat Aunuqeeya
cervical vertebrae
فقرات صدرية
faqraat SiDreeya
thoracic vertebrae
فقرات قطنية
faqraat qaTaneeya
lumbar vertebrae
ذنب
thanab
tailbone

عمود فقري
Aamood faqree
spine

مفصل mafsil • joint

غضروف
ghuDroof
cartilage
رباط
ribaaT
ligament
عظمة
AaZma
bone
وتر
watar
tendon

الأعضاء الداخلية al-AaDaa' ad-daakhileeya • internal organs

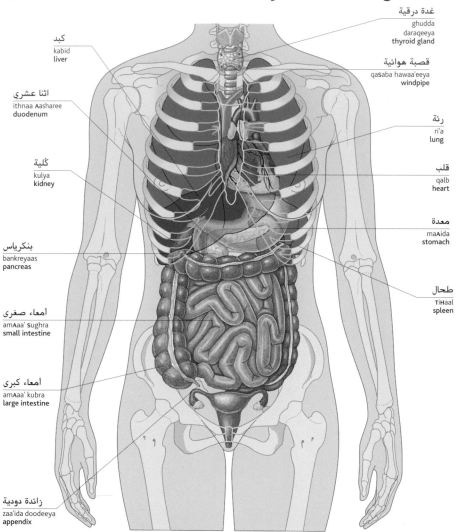

غدة درقية
ghudda
daraqeeya
thyroid gland

قصبة هوائية
qasaba hawaa'eeya
windpipe

رئة
ri'a
lung

قلب
qalb
heart

معدة
maAida
stomach

طحال
TiHaal
spleen

كبد
kabid
liver

اثنا عشري
ithnaa Aasharee
duodenum

كُلية
kulya
kidney

بنكرياس
bankreyaas
pancreas

أمعاء صغرى
amAaa' Sughra
small intestine

أمعاء كبرى
amAaa' kubra
large intestine

زائدة دودية
zaa'ida doodeeya
appendix

الرأس ar-ra's • head

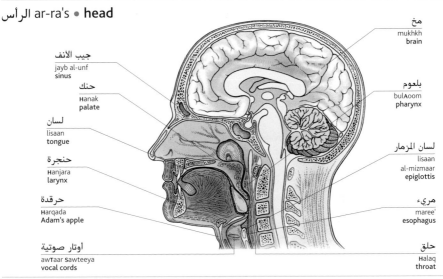

مخ
mukhkh
brain

جيب الأنف
jayb al-unf
sinus

بلعوم
bulAoom
pharynx

حنك
Hanak
palate

لسان المزمار
lisaan
al-mizmaar
epiglottis

لسان
lisaan
tongue

حنجرة
Hanjara
larynx

مريء
maree'
esophagus

حرقدة
Harqada
Adam's apple

حلق
Halaq
throat

أوتار صوتية
awTaar Sawteeya
vocal cords

أجهزة الجسم ajhizat al-jism • body systems

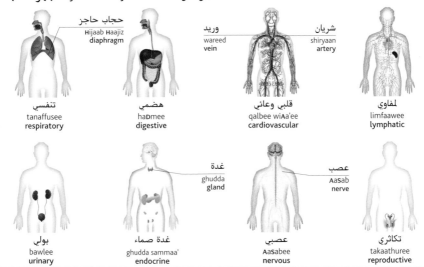

حجاب حاجز
Hijaab Haajiz
diaphragm

وريد
wareed
vein

شريان
shiryaan
artery

تنفسي
tanaffusee
respiratory

هضمي
haDmee
digestive

قلبي وعائي
qalbee wiAa'ee
cardiovascular

لمفاوي
limfaawee
lymphatic

غدة
ghudda
gland

عصب
AaSab
nerve

بولي
bawlee
urinary

غدة صماء
ghudda sammaa'
endocrine

عصبي
AaSabee
nervous

تكاثري
takaathuree
reproductive

أعضاء التكاثر AaDaa' at-takaathur • reproductive organs

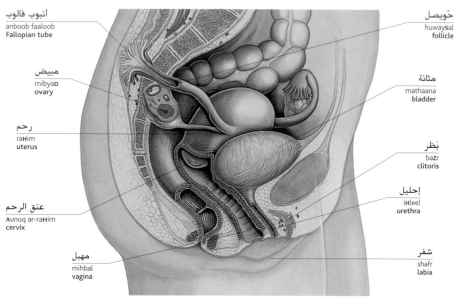

انبوب فالوب
anboob faaloob
Fallopian tube

مبيض
mibyaD
ovary

رحم
raHim
uterus

عنق الرحم
Aunuq ar-raHim
cervix

مهبل
mihbal
vagina

خُويصل
huwaySal
follicle

مثانة
mathaana
bladder

بَظر
baZr
clitoris

إحليل
iHleel
urethra

شفر
shafr
labia

انثى untha | **female**

تكاثر takaathur • reproduction

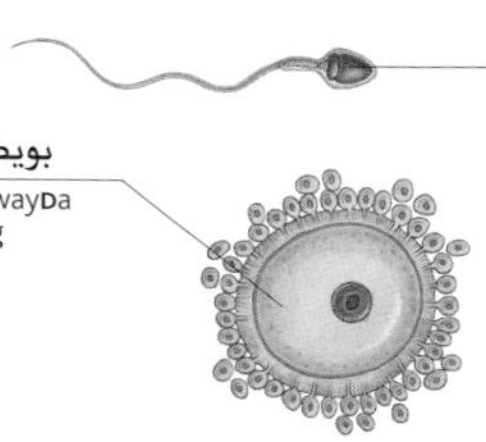

نطفة
nuTfa
sperm

بويضة
buwayDa
egg

خصوبة khusooba | **fertilization**

المفردات al-mufradaat • vocabulary

هرمون hormoon **hormone**	عنين Ainneen **impotent**	khaSeeb **fertile**
		mumaarisat al-jins **intercourse**
إباضة ibaaDa **ovulation**	تحمل taHmil **conceive**	
		maraD yantaqil bi-mumaarisat al-jins **sexually transmitted infection**
عاقر Aaaqir **infertile**	حيض HayD **menstruation**	

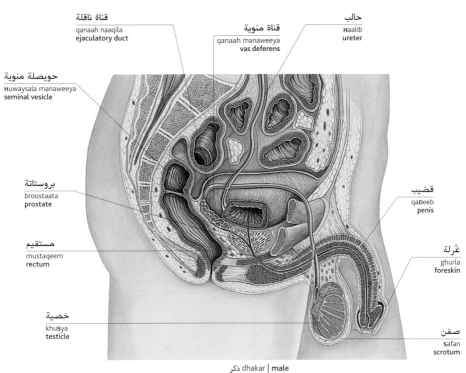

قناة ناقلة
qanaah naaqila
ejaculatory duct

قناة منوية
qanaah manaweeya
vas deferens

حالب
Haalib
ureter

حويصلة منوية
Huwaysala manaweeya
seminal vesicle

بروستاتة
broostaata
prostate

قضيب
qaDeeb
penis

مستقيم
mustaqeem
rectum

غُرلة
ghurla
foreskin

خصية
khusya
testicle

صفن
safan
scrotum

ذكر dhakar | male

مانع الحمل maaniA al-Haml • contraception

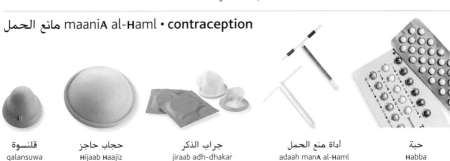

قلنسوة
qalansuwa
cap

حجاب حاجز
Hijaab Haajiz
diaphragm

جراب الذكر
jiraab adh-dhakar
condom

أداة منع الحمل
adaah manA al-Haml
IUD

حبة
Habba
pill

العائلة al-Aa'ila • family

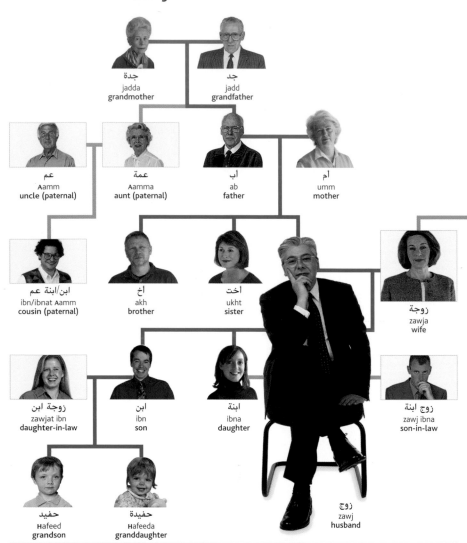

جدة
jadda
grandmother

جد
jadd
grandfather

عم
Aamm
uncle (paternal)

عمة
Aamma
aunt (paternal)

أب
ab
father

أم
umm
mother

ابن/ابنة عم
ibn/ibnat Aamm
cousin (paternal)

أخ
akh
brother

أخت
ukht
sister

زوجة
zawja
wife

زوجة ابن
zawjat ibn
daughter-in-law

ابن
ibn
son

ابنة
ibna
daughter

زوج ابنة
zawj ibna
son-in-law

حفيد
Hafeed
grandson

حفيدة
Hafeeda
granddaughter

زوج
zawj
husband

المفردات al-mufradaat • vocabulary

أقارب aqaarib **relatives**	والدان waalidaan **parents**	أحفاد aHfaad **grandchildren**	خال khaal **maternal uncle**	زوجة الأب zawjat al-ab **stepmother**	رفيق/رفيقة rafeeq/rafeeqa **partner**
جيل jeel **generation**	أطفال aTfaal **children**	جد وجدة jadd wa-jadda **grandparents**	خالة khaala **maternal aunt**	زوج الأم zawj al-umm **stepfather**	توائم tawaa'im **twins**

حماة
Hamaah
mother-in-law

حم
Ham
father-in-law

زوج أخت/أخو زوج(ة)
zawj ukht/
akhoo zawj(a)
brother-in-law

زوجة أخ/أخت زوج(ة)
zawjat akh/
ukht zawj(a)
sister-in-law

ابنة أخ/أخت
ibnat akh/ukht
niece

ابن أخ/أخت
ibn akh/ukht
nephew

لقب laqab • titles

آنسة
aanisa
Miss

سيدة
sayyida
Mrs

سيد
sayyid
Mr

مراحل maraaHil • stages

رضيع
raDeeA
baby

طفل
Tifl
child

ولد
walad
boy

بنت
bint
girl

مراهق
muraaHiq
teenager

بالغ
baaligh
adult

رجل
rajul
man

امرأة
imra'a
woman

العلاقات al-Ailaaqaat • relationships

مساعد	مدير	شريك أعمال	صاحب عمل	موظف	زميل
musaaAid	mudeer	shareek aAmaal	saaHib aAmaal	muwazzaf	zameel
assistant	manager	business partner	employer	employee	colleague

مكتب maktab | office

جار	صديق	معرفة	صديق مراسلة
jaar	Sadeeq	maArifa	Sadeeq muraasala
neighbour	friend	acquaintance	penpal

رفيق	رفيقة	خطيب	خطيبة
rafeeq	rafeeqa	khaTeeb	khaTeeba
boyfriend	girlfriend	fiancé	fiancée

رفيقان rafeeqaan | couple

مخطوبان makhToobaan | engaged couple

العواطف al-AawaaTif • emotions

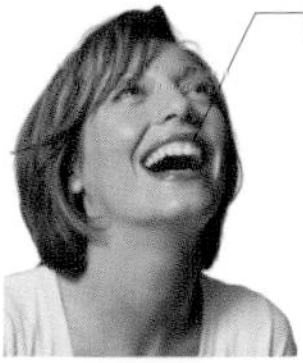

ابتسامة
ibtisaama
smile

سعيد
saAeed
happy

حزين
Hazeen
sad

مُثار
muthaar
excited

ضجر
Dajir
bored

مندهش
mundahish
surprised

مرتعب
murtaAib
scared

عبوس
Aaboos
frown

غاضب
ghaaDib
angry

مرتبك
murtabik
confused

قلق
qaliq
worried

عصبي
AaSabee
nervous

فخور
fakhoor
proud

واثق
waathiq
confident

محرج
muhraj
embarrassed

خجول
khajool
shy

المفردات al-mufradaat • vocabulary

منغص munaghghas **upset**	يضحك yadHak **laugh (v)**	ينهّد yunahhid **sigh (v)**	يصيح yaSeeH **shout (v)**
مصدوم maSdoom **shocked**	يبكي yabkee **cry (v)**	يُغمي عليه yughmee Aalayhi **faint (v)**	يتثاءب yatathaa'ab **yawn (v)**

أحداث الحياة aHdaath al-Hayaah • life events

يُولد
yuwallad
be born (v)

يبدأ الدراسة
yabda' ad-diraasa
start school (v)

يعقد صداقات
yaAqud Sadaaqaat
make friends (v)

يتخرج
yatakharraj
graduate (v)

يحصل على وظيفة
yaHsul Aala waZeefa
get a job (v)

يقع في الحب
yaqaA fil-Hubb
fall in love (v)

يتزوج
yatazawwaj
get married (v)

يرزق بمولود
yarzuq bi-mawlood
have a baby (v)

زفاف zifaaf | **wedding**

طلاق
Talaaq
divorce

جنازة
jinaaza
funeral

المفردات al-mufradaat • vocabulary

تعميد
taAmeed
christening

ذكرى
dhikra
anniversary

يهاجر
yuhaajir
emigrate (v)

يتقاعد
yataqaaAad
retire (v)

يموت
yamoot
die (v)

يكتب وصية
yaktub wasiya
make a will (v)

شهادة ميلاد
shihaadat meelaad
birth certificate

حفل قران
Hafl qiraan
wedding reception

شهر عسل
shahr Aasal
honeymoon

احتفال بلوغ عند اليهود
iHtifaal bulogh Aand al-yahood
bar mitzvah

الاحتفالات al-iHtifaalaat • celebrations

حفل عيد ميلاد
Hafl Aeed meelaad
birthday party

يوم الميلاد
yawm al-meelaad
birthday

بطاقة
biTaaqa
card

هدية
hadeeya
present

عيد ميلاد المسيح
Aeed meelaad al-miseeH
Christmas

رأس السنة
ra's as-sana
New Year

كرنفال
karnifaal
carnival

موكب
mawkib
procession

شريط
shareeT
ribbon

عيد الشكر
Aeed ash-shukr
Thanksgiving

عيد القيامة
Aeed al-qiyaama
Easter

عيد جميع القديسين
Aeed jameeA l-qiddeeseen
Halloween

أعياد aAyaad • festivals

عيد الفصح (لليهود)
Aeed al-fasH (lil-yahood)
Passover

رمضان
ramaDaan
Ramadan

عيد النور للهندوس
Aeed an-noor lil-hindoos
Diwali

المظهر al-mazhar
appearance

ملابس الأطفال malaabis al-aTfaal • children's clothing

رضيع raDeeA • baby

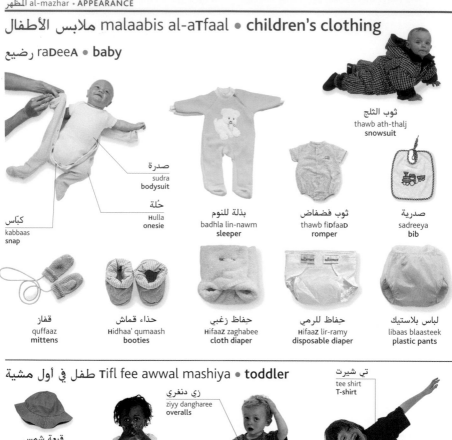

ثوب الثلج
thawb ath-thalj
snowsuit

صدرة
sudra
bodysuit

حُلة
Hulla
onesie

كبّاس
kabbaas
snap

بذلة للنوم
badhla lin-nawm
sleeper

ثوب فضفاض
thawb fiDfaaD
romper

صدرية
sadreeya
bib

قفاز
quffaaz
mittens

حذاء قماش
Hidhaa' qumaash
booties

حفاظ زغبي
HifaaZ zaghabee
cloth diaper

حفاظ للرمي
HifaaZ lir-ramy
disposable diaper

لباس بلاستيك
libaas blaasteek
plastic pants

طفل في أول مشية Tifl fee awwal mashiya • toddler

تي شيرت
tee shirt
T-shirt

زي دنغري
ziyy dangharee
overalls

قبعة شمس
qubaAAat shams
sun hat

شورت
short
shorts

تنورة
tannoora
skirt

مريلة
maryala
apron

طفل Tifl • child

فستان
fustaan
dress

غطوة
ghaTwa
hood

جينز
jeenz
jeans

حقيبة ظهر
Haqeebat Zahr
backpack

مشبك
mishbak
toggle

وشاح
wishaaH
scarf

سترة
sutra
parka

صندل
Sandal
sandals

حذاء مطاط
Hidhaa' maTTaaT
rain boots

صيف
Sayf
summer

معطف مطر
miATaf maTar
raincoat

خريف
khareef
fall

معطف سميك
miATaf sameek
duffel coat

شتاء
shitaa'
winter

روب
rohb
bathrobe

علامة تجارية
Aalaama tujaareeya
logo

حذاء رياضي
Hidhaa' riyaaDee
athletic shoes

قميص نوم
qameeS nawm
nightgown

شبشب
shibshib
slippers

ملابس الليل
malaabis al-layl
nightwear

ملابس كرة القدم
malaabis kurat al-qadam
soccer uniform

بذلة تدريب
badhlat tadreeb
jogging suit

طِماقات
Timaaqaat
leggings

المفردات al-mufradaat • vocabulary

الياف طبيعية
alyaaf tabeeAeeya
natural fiber

صناعي
sinaaAee
synthetic

هل يمكن غسلها في الغسالة؟
hal yumkin ghasluhaa fil-ghasaala?
Is it machine-washable?

هل تناسب عمرسنتين؟
hal tunaasib Aumr sanatayn?
Will this fit a two-year-old?

ملابس الرجال malaabis ar-rijaal • men's clothing

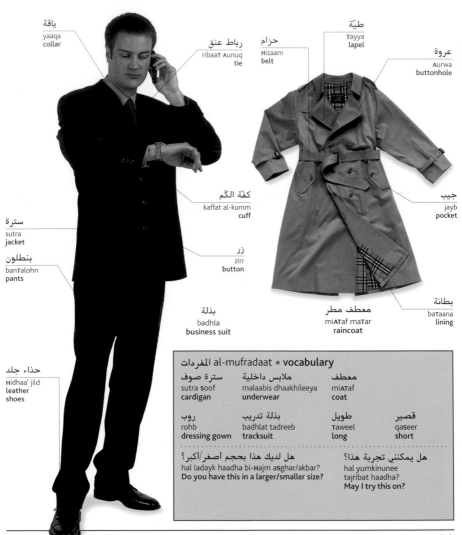

ياقة
yaaqa
collar

رباط عنق
ribaaT Aunuq
tie

حزام
Hizaam
belt

طيّة
Tayya
lapel

عروة
Aurwa
buttonhole

كفّة الكُم
kaffat al-kumm
cuff

زر
zirr
button

جيب
jayb
pocket

سترة
sutra
jacket

بنطلون
banTalohn
pants

حذاء جلد
Hidhaa' jild
leather
shoes

بذلة
badhla
business suit

معطف مطر
miATaf maTar
raincoat

بطانة
baTaana
lining

المفردات al-mufradaat • vocabulary

معطف	ملابس داخلية	سترة صوف
miATaf	malaabis dhaakhileeya	sutra Soof
coat	**underwear**	**cardigan**

قصير	طويل	بذلة تدريب	روب
qaSeer	Taweel	badhlat tadreeb	rohb
short	**long**	**tracksuit**	**dressing gown**

هل لديك هذا بحجم أصغر/أكبر؟
hal ladayk haadha bi-Hajm aSghar/akbar?
Do you have this in a larger/smaller size?

هل يمكنني تجربة هذا؟
hal yumkinunee
tajribat haadha?
May I try this on?

فتحة بشكل V
fatHa bi-shakl 'v'
v-neck

فتحة مستديرة
fatHa mustadeera
crew neck

سترة فضفاضة
sutra fiDfaaDa
blazer

سترة رياضية
sutra riyaaDeeya
sportcoat

صدرية
Sadreeya
vest

تي شيرت
tee shirt
t-shirt

سترة مطر
sutrat maTar
parka

سويت شيرت
sweatshirt
sweatshirt

قميص
qameeS
shirt

جينز
jeenz
jeans

كنزة
kanza
sweater

بيجاما
beejama
pajamas

صدرة
Sudra
undershirt

ملابس غير رسمية
malaabis ghayr rasmeeya
sportswear

شورت
short
shorts

سروال تحتي
sirwaal taHtee
briefs

شورت تحتي
short taHtee
boxer shorts

جوارب
jawaarib
socks

ملابس النساء malaabis an-nisaa' • women's clothing

جاكيت
jaakayt
jacket

دَرز
darz
seam

كُم
kumm
sleeve

حتى الكاحل
Hatta l-kaaHil
ankle length

تنورة
tannoora
skirt

حاشية
Hashiya
hem

حتى الركبة
Hatta r-rukba
knee-length

حذاء
Hidhaa'
shoes

بدون سرائح
bidoon saraa'iH
strapless

بدون أكمام
bidoon akmaam
sleeveless

فستان سهرة
fustaan sahra
evening dress

فستان
fustaan
dress

بلوزة
bilooza
blouse

بنطلون
banTalohn
pants

غير رسمي
ghayr rasmee
casual

ملابس تحتية malaabis taHteeya • lingerie

رداء منزلي
ridaa' manzilee
robe

دِرع
dirA
slip

صدير
Sudayr
camisole

حمالات
Hammaalaat
garter

صدرة ضيقة
Sudra Dayyiqa
bustier

جورب طويل
jawrab Taweel
stocking

جورب نسائي
jawrab nisaa'ee
panty hose

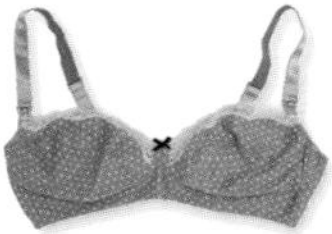

مِشد صدر
mishadd Sadr
bra

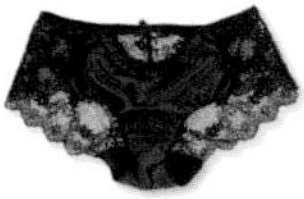

سروال تحتي
sirwaal taHtee
underpants

قميص نوم
qameeS nawm
nightgown

زفاف zifaaf • wedding

حجاب
Hijaab
veil
دنتلة
dantilla
lace
باقة ورد
baaqat ward
bouquet
ذيل جرار
dhayl jarraar
train

فستان زفاف
fustaan zifaaf
wedding dress

المفردات al-mufradaat • vocabulary

مِشد mishadd **corset**	مفصل mufaSSal **tailored**
رباطة جورب rabbaaTat jawrab **garter belt**	مربوط على الرقبة marbooT Aala r-raqaba **halter neck**
حشية كتف Hashiyat katif **shoulder pad**	تحته سلك taHtahu silk **underwire**
خِصار khisaar **waistband**	مشد صدر للرياضة mishadd Sadr lir-riyaaDa **sports bra**

الكماليات kamaaliyyaat • accessories

قلنسوة
qalansuwa
cap

قبعة
qubbaAa
hat

وشاح
wishaaH
scarf

حزام
Hizaam
belt

إبزيم
ibzeem
buckle

مقبض
miqbaD
handle

طرف
Tarf
tip

منديل
manDeel
handkerchief

ربطة عنق كفراشة
ribaaT Aunuq
ka-faraasha
bow tie

رباط العنق مشبك
mishbak ribaaT
al-Aunuq
tiepin

قفاز
quffaaz
gloves

مظلة
miZalla
umbrella

المجوهرات al-mujawharaat • jewellery

دلاية
dallaaya
pendant

مشبك زينة
mishbak zeena
brooch

أزرار الكم
azraar al-kumm
cufflinks

عقد من اللؤلؤ
Aiqd min al-lu'lu'
strand of pearls

وصلة
waSla
link

مشبك
mishbak
clasp

حلق
Halaq
earrings

خاتم
khaatim
ring

حجر
Hajar
stone

عِقد
Aiqd
necklace

ساعة
saaAa
watch

سوار
siwaar
bracelet

سلسلة
silsila
chain

صندوق مجوهرات sundooq mujawharaat | **jewelry box**

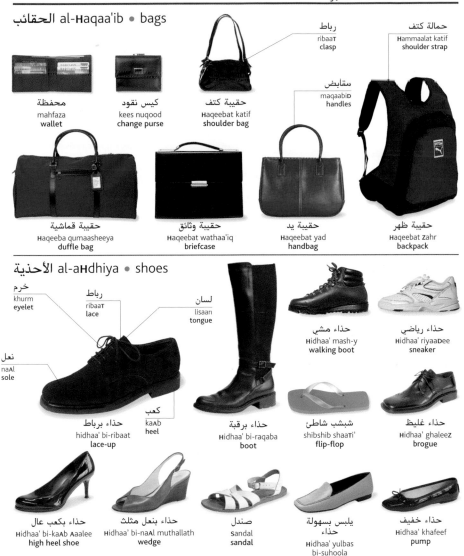

الحقائب al-Haqaa'ib • bags

محفظة
mahfaza
wallet

كيس نقود
kees nuqood
change purse

رباط
ribaaT
clasp

حقيبة كتف
Haqeebat katif
shoulder bag

حمالة كتف
Hammaalat katif
shoulder strap

متابض
maqaabiD
handles

حقيبة قماشية
Haqeeba qumaasheeya
duffle bag

حقيبة وثائق
Haqeebat wathaa'iq
briefcase

حقيبة يد
Haqeebat yad
handbag

حقيبة ظهر
Haqeebat Zahr
backpack

الأحذية al-aHdhiya • shoes

خرم
khurm
eyelet

رباط
ribaaT
lace

لسان
lisaan
tongue

نعل
naAl
sole

كعب
kaAb
heel

حذاء برباط
hidhaa' bi-ribaat
lace-up

حذاء برقبة
Hidhaa' bi-raqaba
boot

حذاء مشي
Hidhaa' mash-y
walking boot

حذاء رياضي
Hidhaa' riyaaDee
sneaker

شبشب شاطئ
shibshib shaaTi'
flip-flop

حذاء غليظ
Hidhaa' ghaleeZ
brogue

حذاء بكعب عال
Hidhaa' bi-kaAb Aaalee
high heel shoe

حذاء بنعل مثلث
Hidhaa' bi-naAl muthallath
wedge

صندل
Sandal
sandal

يلبس بسهولة
حذاء
Hidhaa' yulbas
bi-suhoola
slip-on

حذاء خفيف
Hidhaa' khafeef
pump

الشعر ash-shaAr • hair

مشط
mishT
comb

يمشط
yumashshiT
comb (v)

فرشاة
furshaah
brush

يفرش yufarrish | brush (v)

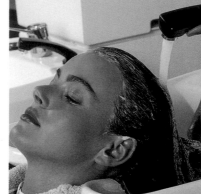
حلاق
Hallaaq
hairdresser

حوض
hawD
sink

عميلة
Aameela
client

يغسل yaghsil | wash (v)

روب
rohb
robe

يشطف
yushaTTif
rinse (v)

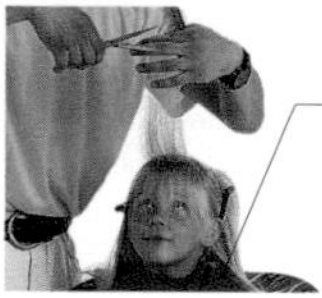

يقص
yaquSS
cut (v)

يجفف بالهواء
yujaffif bil-hawaa'
blowdry (v)

يثبت الشعر
yuthabbit ash-shaAr
set (v)

كماليات kamaaleeyaat • accessories

مجفف شعر
mujaffif shaAr
blow-dryer

شامبو
shaamboo
shampoo

مُكيّف
mukayyif
conditioner

جيل
gel
gel

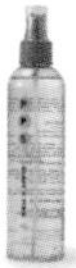

مثبت شعر
muthabbit shaAr
hairspray

كلابات تمويج
klaabaat tamweej
curling iron

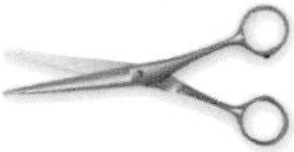

مقص
miqaSS
scissors

طوق شعر
Tawq shaAr
headband

مكواة شعر
mikwaat shaAr
hair straighteners

مشبك شعر
mishbak shaAr
bobby pin

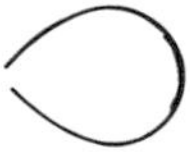

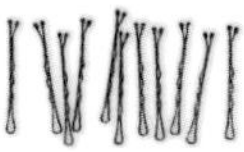

الأشكال al-ashkaal • styles

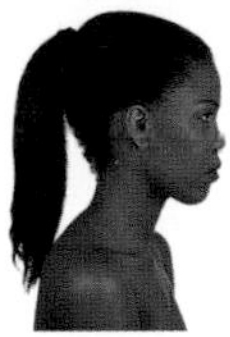

ذيل الفرس
dhayl al-faras
ponytail

ضفيرة
Dafeera
braid

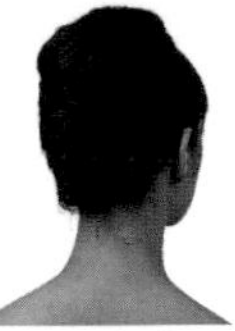

ثنية فرنسية
thanya faranseeya
french braid

كعكة شعر
kaAkat shaAr
bun

ضفيرتان صغيرتان
Dafeerataan
sagheerataan
pigtails

شعر قصير
shaAr qaSeer
bob

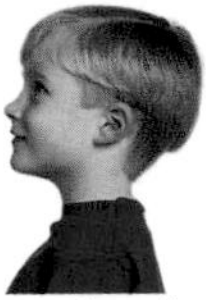

قص قصير
qaSS qaSeer
crop

مموج
mumawwaj
curly

تمويج
tamweej
perm

مستقيم
mustaqeem
straight

جذور
judhoor
roots

إبراز
ibraaz
highlights

أصلع
aSlaA
bald

شعر مستعار
shaAr mustaAaar
wig

المفردات al-mufradaat • vocabulary

يحف yaHuff **trim (v)**	دهني duhnee **greasy**
يفرد yafrid **straighten (v)**	جاف jaaff **dry**
حلاق Hallaaq **barber**	عادي Aaadee **normal**
قشرة الرأس qishrat ar-ra's **dandruff**	جلد الرأس jild ar-ra's **scalp**
نهايات مشقوقة nihaayaat mashqooqa **split ends**	رباط مطاط ribaaT maTaaT **hairband**

ألوان alwaan • colours

شقراء
shaqraa'
blonde

سمراء
samraa'
brunette

أسمر محمر
asmar miHmirr
auburn

أحمر
aHmar
red

أسود
aswad
black

رمادي
ramaadee
grey

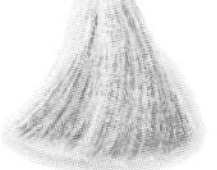

أبيض
abyaD
white

مصبوغ
maSboogh
dyed

الجمال al-jamaal • beauty

صبغة الشعر
sibghat ash-shaAr
hair dye

تظليل العين
taZleel al-Aayn
eye shadow

مسكرة
maskara
mascara

كحل
kuHl
eyeliner

أحمر للخد
aHmar lil-khadd
blusher

قاعدة للماكياج
qaaAida lil-makyaaj
foundation

أحمر الشفاه
aHmar al-shifaah
lipstick

ماكياج makyaaj • makeup

قلم للحاجب
qalam lil-Haajib
eyebrow pencil

فرشاة للحاجب
furshaah lil-Haajib
eyebrow brush

ملقط
milqaT
tweezers

ملمع الشفة
mulammaA ash-shifa
lip gloss

فرشاة الشفة
furshaah ash-shifa
lip brush

مخطط الشفة
mukhaTTiT ash-shifa
lip liner

فرشاة
furshaah
brush

مُخفي
mukhfee
concealer

مرآة
mir'aah
mirror

بودرة الوجه
boodrat al-wajh
face powder

نفاشة البودرة
naffaashat al-boodra
powder puff

علبة بودرة صغيرة
Aulbat boodra sagheera | compact

إجراءات التجميل ijraa'aat at-tajmeel • beauty treatments

قناع تنظيف
qinaaA tanzeef
facial mask

برنامج عناية للوجه
barnarmaj Ainaaya lil-wajh
facial

سرير تشميس
sareer tashmees
sunbed

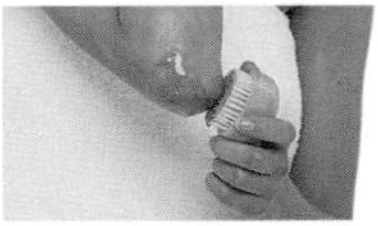

يقشر
yuqashshir
exfoliate (v)

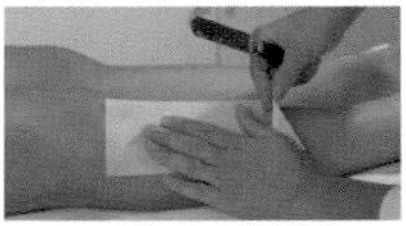

إزالة الشعر بالشمع
izaalat ash-shaAr bish-shamA
wax

عناية بالقدمين
Ainaaya bil-qadamayn
pedicure

تدريم الأظافر tadreem al-azaafir • manicure

مبرد للأظافر
mibrad al-azaafir
nail file

مزيل لطلاء الأظافر
muzeel li-Tilaa' al-azaafir
nail polish remover

طلاء للأظافر
Tilaa' lil-azaafir
nail polish

مقص للأظافر
miqass lil-azaafir
nail scissors

مِقراض للأظافر
miqraad lil-azaafir
nail clippers

أدوات الحمام adawaat al-Hammaam • toiletries

منظف
munazzif
cleanser

سائل للترطيب
saa'il lil-tarTeeb
toner

مُرطب
muraTTib
moisturizer

كريمة ذاتية الدبغ
kreema dhaatiyat ad-dabgh
self-tanning cream

عطر
AiTr
perfume

سائل معطر
saa'il muAaTTir
cologne

المفردات al-mufradaat • vocabulary

لون البشرة lawn al-bashara **complexion**	دهني duhnee **oily**	دبغ dabgh **tan**
أشقر ashqar **fair**	حساس Hassaas **sensitive**	وشم washm **tattoo**
داكن daakin **dark**	غير مسبب للحساسية ghayr musabbib lil-Hassaaseeya **hypoallergenic**	مضاد للتجاعيد muDaadd at-tajaaAeed **antiwrinkle**
جاف jaaff **dry**	ظل zill **shade**	كرات قطن kuraat quTn **cotton balls**

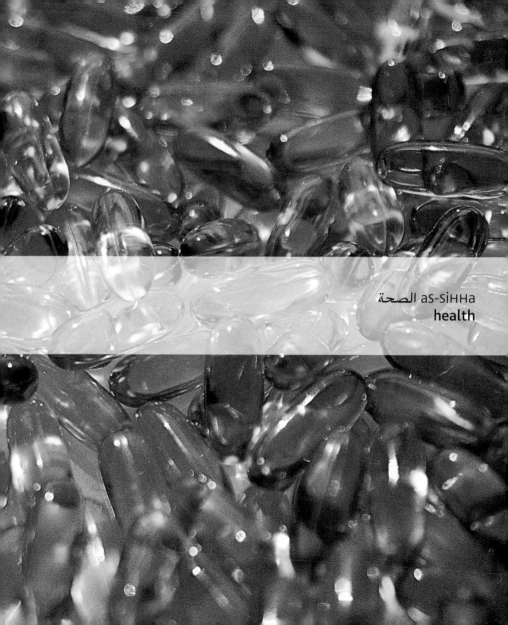

الصحة aS-SiHHa
health

المرض al-maraD • illness

حمى Hummaa | fever

جهاز استنشاق
jihaaz istinshaaq
inhaler

صداع
sudaaA
headache

نزيف الأنف
nazeef al-anf
nosebleed

كحة
kuHHa
cough

عطس
AaTs
sneeze

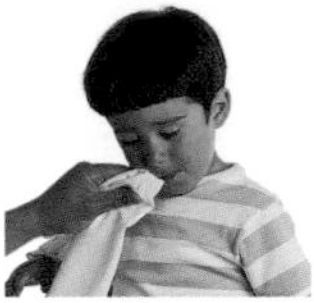

برد
bard
cold

إنفلونزا
influwenza
the flu

ربو
rabw
asthma

تقلصات
taqallusaat
cramps

غثيان
ghathyaan
nausea

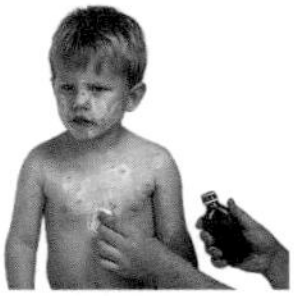

جدري الماء
judaree al-maa'
the chickenpox

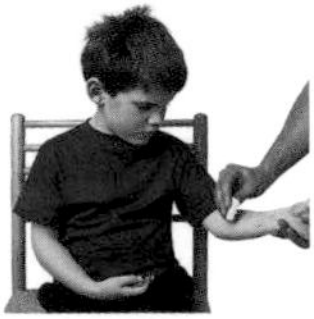

طفح جلدي
TafH jildee
rash

المفردات al-mufradaat • vocabulary

جلطة julTa **stroke**	داء السكري daa' as-sukkaree **diabetes**	أكزيما ekzeema **eczema**	قشعريرة qushAareera **chill**	يتقيأ yataqayya' **vomit (v)**	إسهال ishaal **diarrhoea**
ضغط دم DaghT dam **blood pressure**	حساسية Hassaaseeya **allergy**	عدوى Aadwaa **infection**	ألم بالبطن alam bil-baTn **stomach ache**	صرع saraA **epilepsy**	حصبة Hasba **measles**
نوبة قلبية nawba qalbeeya **heart attack**	حمى الدريس Humma ad-darees **hay fever**	فيروس vayroos **virus**	يُغمى عليه yughma Aalayhi **faint (v)**	صداع نصفي sudaaA nisfee **migraine**	نكاف nikaaf **mumps**

الطبيب aT-Tabeeb • doctor

استشارة istishaara • consultation

طبيب
Tabeeb
doctor
جهاز عرض الأشعة
jihaaz arD al-ashiAAa
x-ray viewer
وصفة طبية
waSfa Tibbeeya
prescription
مريض
mareeD
patient

ممرضة
mumarriDa
nurse
ميزان
meezaan
scales

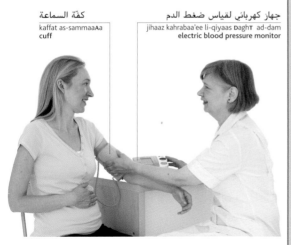

كفّة السماعة
kaffat as-sammaaAa
cuff
جهاز كهربائي لقياس ضغط الدم
jihaaz kahrabaa'ee li-qiyaas DaghT ad-dam
electric blood pressure monitor

المفردات al-mufradaat • vocabulary

موعد mawAid **appointment**	تطعيم taTAeem **inoculation**
عيادة Aiyaada **surgery**	ترمومتر tirmometr **thermometer**
غرفة انتظار ghurfat intizaar **waiting room**	فحص طبي faHS Tibbee **medical examination**

أحتاج أن أقابل طبيباً.
aHtaaj an uqaabil Tabeeban.
I need to see a doctor.

يؤلمني هنا.
yu'limunee huna.
It hurts here.

الإصابة al-iSaaba • injury

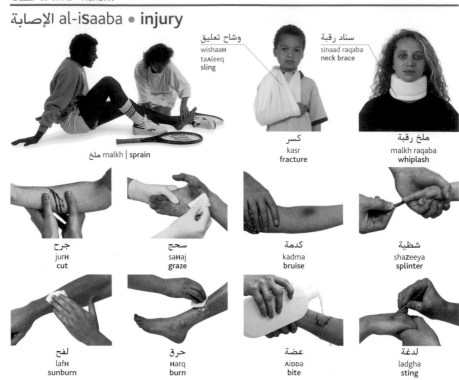

وشاح تعليق
wishaaH
taAleeq
sling

سناد رقبة
sinaad raqaba
neck brace

ملخ malkh | sprain

كسر
kasr
fracture

ملخ رقبة
malkh raqaba
whiplash

جرح
jurH
cut

سحج
saHaj
graze

كدمة
kadma
bruise

شظية
shaZeeya
splinter

لفح
lafH
sunburn

حرق
Harq
burn

عضة
AiDDa
bite

لدغة
ladgha
sting

المفردات al-mufradaat • vocabulary

حادث Haadith accident	نزيف nazeef haemorrhage	تسمم tasammum poisoning	هل سيكون/ستكون بخير؟ hal sa-yakoon/sa-takoon bi-khayr? Will he/she be all right?
حالة طارئة Haala Taari'a emergency	بثرة bathra blister	صدمة كهربائية Sadma kahrabaa'eeya electric shock	أين الألم؟ aynal-alam? Where does it hurt?
جرح jurH wound	ارتجاج irtijaaj concussion	إصابة بالرأس iSaaba bir-ra's head injury	رجاء طلب الإسعاف. rajaa' Talab al-isAaaf. Please call an ambulance.

إسعافات أولية isAaafaat awwaleeya • first aid

مرهم
marham
ointment

بلاستر
blaastir
adhesive bandage

دبوس أمان
dabboos amaan
safety pin

ضمادة
Dimaada
bandage

مسكنات الألم
musakkinaat al-alam
painkillers

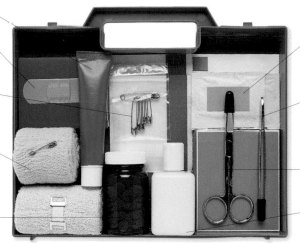

مساحة مطهرة
massaaHa
muTahhira
antiseptic wipe

ملقط
milqaT
tweezers

مقص
miqaSS
scissors

مطهر
muTahhir
antiseptic

صندوق إسعافات أولية sandooq isAaafaat awwaleeya | **first aid box**

شاش
shaash
gauze

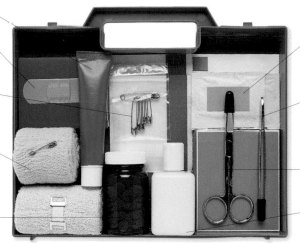

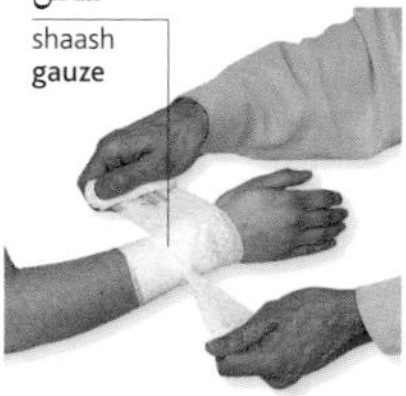

جبيرة jabeera | **splint**

شريط لاصق
shareeT laaSiq
adhesive tape

تضميد الجرح
taDmeed al-jurH
dressing

إنعاش
inAaash
resuscitation

المفردات al-mufradaat • vocabulary

صدمة sadma **shock**	نبض nabaD **pulse**	يختنق yakhtaniq **choke (v)**	هل يمكنك المساعدة؟ hal yumkinuka al-musaaADa? **Can you help?**
مغمي عليه mughmee Aalayhi **unconscious**	تنفس tanaffus **breathing**	معقم muAaqqam **sterile**	هل تعرف الإساعافات الأولية؟ hal taAraf al-isAaafaat al-awwaleeya? **Do you know first aid?**

المستشفى al-mustashfa • hospital

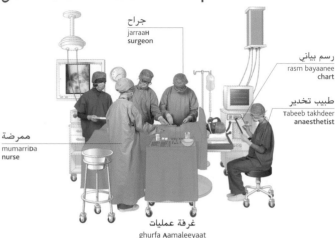

جراح
jarraaH
surgeon

رسم بياني
rasm bayaanee
chart

طبيب تخدير
Tabeeb takhdeer
anaesthetist

ممرضة
mumarriDa
nurse

غرفة عمليات
ghurfa Aamaleeyaat
operating room

فحص الدم
faHS ad-dam
blood test

حقنة
Huqna
injection

أشعة أكس
ashiAAat aks
x-ray

سرير بعجل
sareer bi-Aajal
gurney

زر استدعاء
zurr istidAaa'
call button

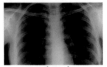

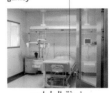

غرفة الطوارئ
ghurfat aT-Tawaari'
emergency room

عنبر
Aanbar
ward

كرسي بعجل
kursee bi-Aajal
wheelchair

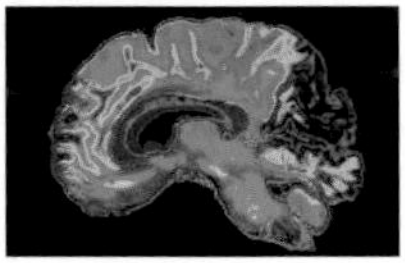

تفريسة
tafreesa
scan

المفردات al-mufradaat • vocabulary

عملية Aamaleeya **operation**	عيادة Aiyaada **clinic**	ساعات الزيارة saaAaat az-ziyaara **visiting hours**	عنبر الأطفال Aanbar al-aTfaal **children's ward**	مريض خارجي mareeD khaarijee **outpatient**
يُدخل للعلاج yudhkhal lil-Ailaaj **admitted**	يُسمح له بالخروج yusmaH lahu bil-khurooj **discharged**	عنبر الولادة Aanbar al-wilaada **maternity ward**	غرفة خاصة ghurfa khaaSSa **private room**	وحدة الرعاية المركزة waHdat ar-riAaaya al-murakkaza **intensive care unit**

الأقسام al-aqsaam • departments

أذن وأنف وحنجرة
udhun wa-anf wa-Hanjara
Ear, Nose, and Throat

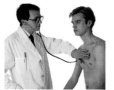

القلب والأوعية الدموية
al-qalb wal-awAiya
ad-damaweeya
cardiology

العظام
al-AiZaam
orthopedics

النساء والولادة
an-nisaa' wal-wilaada
gynecology

العلاج الطبيعي
al-Ailaaj aT-TabeeAee
physiotherapy

الجلدية
al-jildeeya
dermatology

الأطفال
al-aTfaal
pediatrics

الأشعة
al-ashiAAa
radiology

الجراحة
al-jiraaHa
surgery

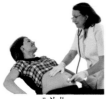

الولادة
al-wilaada
maternity

الأمراض النفسية
al-amraaD an-nafseeya
psychiatry

العيون
al-Auyoon
ophthalmology

المفردات al-mufradaat • vocabulary

الأعصاب al-Aasaab neurology	التجميل at-tajmeel plastic surgery	الغدد الصماء al-ghudad as-samaa' endocrinology	الأمراض al-amraaD pathology	نتيجة nateeja result
السرطان as-saraTaan oncology	الجهاز البولي والكلي al-jihaaz al-boolee wal-kilee urology	إحالة iHaala referral	اختبار ikhtibaar test	مستشار mustashaar consultant

طبيب الأسنان Tabeeb al-asnaan • dentist

سنة sinna • tooth

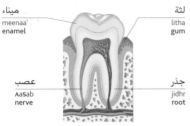

ميناء
meenaa'
enamel
لثة
litha
gum
عصب
AaSab
nerve
جذر
jidhr
root

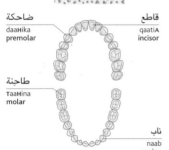

ضاحكة
daaHika
premolar
قاطع
qaatiA
incisor
طاحِنة
TaaHina
molar
ناب
naab
canine

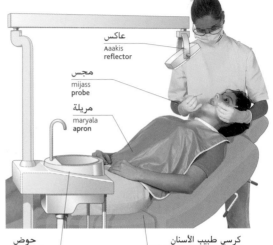

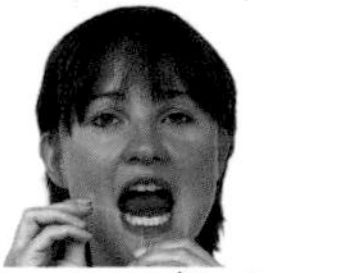

المفردات al-mufradaat • vocabulary

ألم أسنان alam bi-asnaan **toothache**	مثقب mithqab **drill**
قلاح qulaaH **plaque**	خيط للأسنان khayT lil-asnaan **dental floss**
تسوس tasawwus **decay**	خلع khalA **extraction**
حشو Hashw **filling**	تاج taaj **crown**

فحص faHS • checkup

عاكس
Aaakis
reflector
مجس
mijass
probe
مريلة
maryala
apron
حوض
HawD
sink
كرسي طبيب الأسنان
kursee Tabeeb al-asnaan
dentist's chair

ينظف الأسنان بالخيط
yunaZZif al-asnaan bil-khayT
floss (v)

يفرش
yufarrish
brush (v)

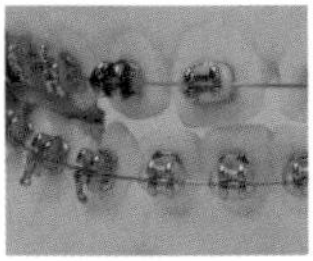

مثبت
muththabit
braces

تصوير الأسنان بأشعة أكس
taSweer al-asnaan bi-ashiAAat aks
dental X-ray

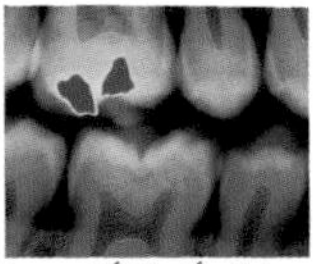

فيلم أشعة أكس
film ashiAAat aks
X-ray film

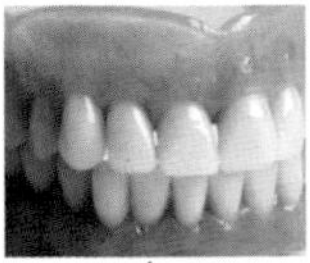

طقم أسنان
Taqm asnaan
dentures

طبيب العيون Tabeeb al-Auyoon • optician

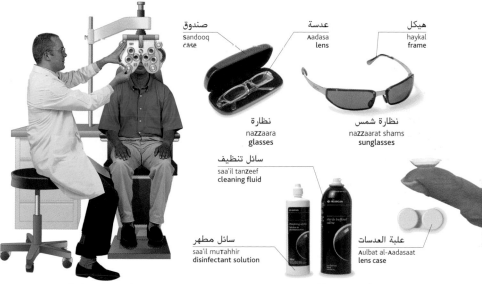

اختبار النظر ikhtibaar an-naZar | eye test

صندوق
sandooq
case
عدسة
Aadasa
lens
هيكل
haykal
frame
نظارة
naZZaara
glasses
نظارة شمس
naZZaarat shams
sunglasses

سائل تنظيف
saa'il tanZeef
cleaning fluid
سائل مطهر
saa'il muTahhir
disinfectant solution
علبة العدسات
Aulbat al-Aadasaat
lens case

عدسات لاصقة Aadasaat laasiqa | contact lenses

عين Aayn • eye

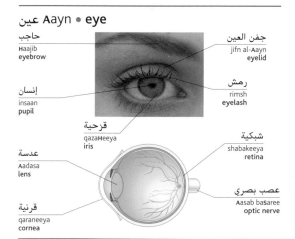

حاجب
Haajib
eyebrow
جفن العين
jifn al-Aayn
eyelid
إنسان
insaan
pupil
رمش
rimsh
eyelash
قزحية
qazaHeeya
iris

عدسة
Aadasa
lens
شبكية
shabakeeya
retina
عصب بصري
Aasab basaree
optic nerve
قرنية
qaraneeya
cornea

المفردات al-mufradaat • vocabulary

رؤية
ru'ya
vision

اللانقطية
al-laanuqaTeeya
astigmatism

ديوبتر
diyobtir
diopter

بعد النظر
buAd an-naZar
far-sightedness

دمعة
damAa
tear

قصر النظر
qisar an-naZar
near-sightedness

ماء أبيض
maa' abyaD
cataract

عدسة ذات بؤرتين
Aadasa dhaat bu'ratayn
bifocal

الحمل al-Haml • pregnancy

اختبار الحمل
ikhtibaar al-Haml
pregnancy test

تفريسة
tafreesa
scan

صوت فوق سمعي Sawt fawq samAee | **ultrasound**

الحبل السري
al-Habl as-sirree
umbilical cord

المشيمة
masheema
placenta

عنق الرحم
Aunuq ar-raHm
cervix

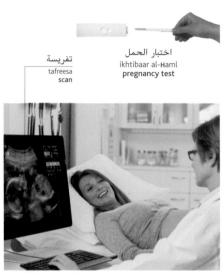

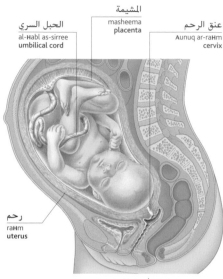

رحم
raHm
uterus

جنين janeen | **fetus**

المفردات al-mufradaat • vocabulary

إباضة
ibaaDa
ovulation

إخصاب
ikhsaab
conception

حامل
Haamil
pregnant

حامل
Haamil
expectant

قبل الولادة
qabla l-wilaada
antenatal

جنين
janeen
embryo

رحم
raHm
womb

ثلاثي الأشهر
thulaathee al-ash-hur
trimester

تقلص
taqallus
contraction

خروج السائل الأمنيوني
khurooj as-saa'il al-amniyoonee
break water (v)

السائل الأمنيوني
as-saa'il al-amniyoonee
amniotic fluid

سحب السائل الأمنيوني
saHb as-saa'il al-amniyoonee
amniocentesis

اتساع
ittisaaA
dilation

تخدير فوق الجافية
takhdeer fawq al-jaafeeya
epidural

شق الفوهة الفرجية
shaqq al-fooha al-farjeeya
episiotomy

القيصرية
al-qaySareeya
cesarean section

وضع
wadA
delivery

ولادة
wilaada
birth

إجهاض
ijhaaD
miscarriage

خيوط جراحية
khuyooT jarraaHeeya
stitches

جنين منعكس
(janeen) munAakis
breech

مبتسر
mubtasir
premature

طبيب نساء
Tabeeb nisaa'
gynecologist

طبيب توليد
Tabeeb tawleed
obstetrician

الولادة al-wilaada • childbirth

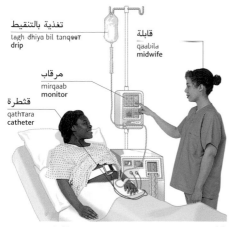

تغذية بالتنقيط
tagh dhiya bil tanqeeT
drip
قابلة
qaabila
midwife
مرقاب
mirqaab
monitor
قثطرة
qathTara
catheter

حث المخاض yahuthth il-makhaaD | induce labour (v)

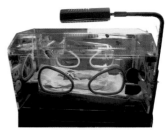

حاضنة HaaDina | incubator

الوزن عند الولادة al-wazn Ainda l-walaada | birth weight

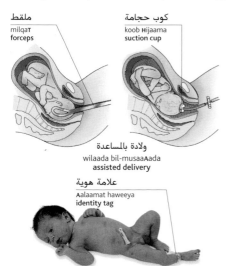

ملقط
milqaT
forceps
كوب حجامة
koob Hijaama
suction cup

ولادة بالمساعدة
wilaada bil-musaaAada
assisted delivery

علامة هوية
Aalaamat haweeya
identity tag

حديث الولادة Hadeeth al-wilaada | newborn baby

تغذية بالثدي tagh-dhiya bith-thady • nursing

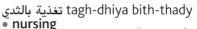

مضخة ثدي
xīrŭqì
breast pump

صدرية للتغذية بالثدي
sudreeya lit-tagh-dhiya bith-thady
nursing bra

تغذي بالثدي
tughadh-dhee bith-thady
breastfeed (v)

حشية
Hashiya
pads

العلاج البديل al-Ailaaj al-badeel • alternative therapy

مدرس
mudarris
teacher

تدليك
tadleek
massage

شياتسو
shiyaatsoo
shiatsu

سجادة
sijjaada
mat

يوجا yoga | **yoga**

تصحيح الجسم ذاتياً
tasHeeH al-jism dhaateeyan
chiropractic

تجبير العظم
tajbeer al-Aazm
osteopathy

علاج باليدين
Ailaaj bil-yadayn
reflexology

تأمل
ta'ammul
meditation

مستشار
mustashaar
counsellor

علاج جماعي
Ailaaj jamaaAee
group therapy

ري كي
raykee
reiki

وخز بالإبر
wakhz bil-ibr
acupuncture

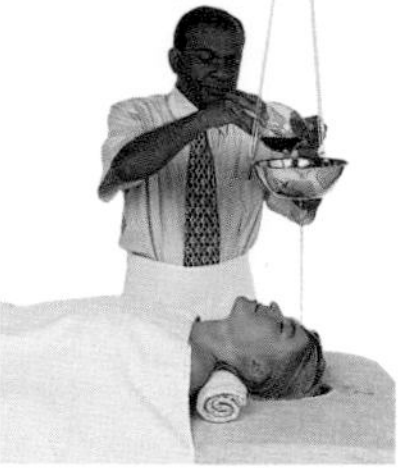

أيورفيدية
ayoorfeedeeya
ayurveda

علاج بالتنويم
Ailaaj bit-tanweem
hypnotherapy

خلاصات الزيوت
khulaaSaat az-zuyoot
essential oils

علاج بالأعشاب
Ailaaj bil-aAshaab
herbalism

علاج بخلاصات الزيوت
Ailaaj bi-khulaaSaat az-zuyoot
aromatherapy

علاج بالمثل
Ailaaj bil-mithl
homeopathy

علاج بالضغط
Ailaaj biD-DaghT
acupressure

معالج
muAaalij
therapist

علاج نفسي
Ailaaj nafsee
psychotherapy

المفردات al-mufradaat • vocabulary

مكمل	عشب	استرخاء	توتر
mukammil	Aushb	istirkhaa'	tawattur
supplement	**herb**	**relaxation**	**stress**
علاج بالمياه	فينج شوي	علاج بالبلورات	علاج بالطبيعية
Ailaaj bil-miyaah	feng shuwee	Ailaaj bil-ballooraat	Ailaaj biT-TabeeAeeya
hydrotherapy	**feng shui**	**crystal healing**	**naturopathy**

المسكن al-maskan
home

المنزل al-manzil • **house**

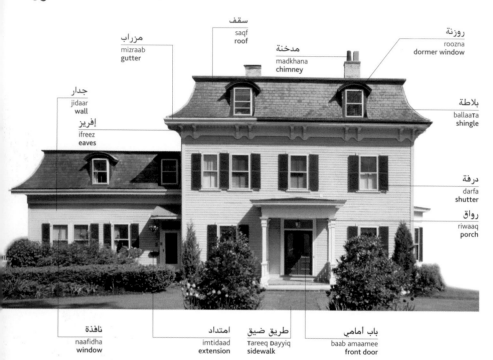

سقف
saqf
roof

مزراب
mizraab
gutter

مدخنة
madkhana
chimney

روزنة
roozna
dormer window

جدار
jidaar
wall

إفريز
ifreez
eaves

بلاطة
ballaaTa
shingle

درفة
darfa
shutter

رواق
riwaaq
porch

نافذة
naafidha
window

امتداد
imtidaad
extension

طريق ضيق
Tareeq Dayyiq
sidewalk

باب أمامي
baab amaamee
front door

المفردات al-mufradaat • vocabulary

منفصل munfaSil **single-family**	مستأجر musta'jir **tenant**	جراج garaaj **garage**	جهاز إنذار jihaaz indhaar **burglar alarm**	صندوق الخطابات sandooq al-khiTaabaat **mailbox**	يستأجر yasta'jir **rent (v)**
شبه منفصل shibh munfaSil **duplex**	طابق Taabiq **floor**	فناء finaa' **courtyard**	مصباح رواق misbaaH riwaaq **porch light**	غرفة بأعلى دور ghurfa bi'Aalaa door **attic**	إيجار eejaar **rent**
بيت في مدينة bayt fee madeena **townhouse**	بدروم badroom **basement**	غرفة ghurfa **room**	صاحب الملك SaaHib al-milk **landlord**	بيت من طابق واحد bayt min Taabiq waaHid **bungalow**	صف منازل Saff manaazil **row house**

المدخل al-madkhal • entrance

درابزين داخلي
darabzeen daakhilee
hand rail

مبسط
masbaᴛ
landing

درابزين خارجي
darabzeen khaarijee
banister

سلم
sullam
staircase

مدخل
madkhal
hallway

جرس الباب
jaras al-baab
doorbell

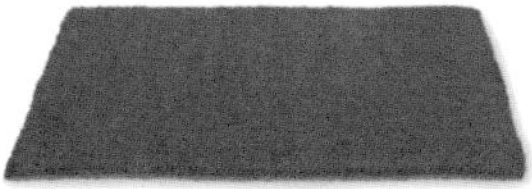

سجادة الباب
sijjaadat al-baab
doormat

مطرقة الباب
miᴛraqat al-baab
door knocker

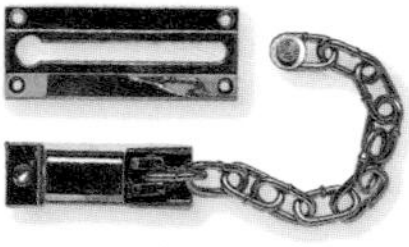

مفتاح
miftaaн
key

سلسلة الباب
silsilat al-baab
door chain

قفل
qufl
lock

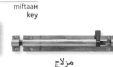

مزلاج
mizlaaj
bolt

شقة shaqqa • apartment

شرفة
shurfa
balcony

عمارة شقق
аimaarat shuqaq
apartment building

تليفونات داخلية
tileefohnaat daakhileeya
intercom

مصعد
misᴀad
elevator

الأنظمة الداخلية al-anzima ad-daakhileeya • internal systems

نصل
nasl
blade

مروحة
mirwaHa
fan

مشعاع
mishAaaA
radiator

سخان
sakhkhaan
space heater

سخان بالحمل الحراري
sakhkhaan bil-Haml al-Haraaree
portable heater

كهرباء kahrabaa' • electricity

توصيل بالأرض
tawseel bil-arD
ground

سلك رقيق
silk raqeeq
filament

محور
miHwar
pin

غير مشحون
ghayr mash-Hoon
neutral

مشحون
mash-Hoon
live

لمبة اقتصادية lamba iqtisaadeeya
energy-saving bulb

قابس qaabis | plug

أسلاك aslaak | wires

المفردات al-mufradaat • vocabulary

جهد كهربائي jahd kahrabaa'ee **voltage**	مصهر mishar **fuse**	مقبس miqbas **socket**	تيار مستمر tayyaar mustamirr **direct current**	انقطاع التيار inqitaaA at-tayyaar **power outage**
أمبير ambeer **amp**	صندوق المصاهر sandooq al-masaahir **fuse box**	مفتاح miftaaH **switch**	محول muHawwil **transformer**	التموين الرئيسي at-tamween ar-ra'eesee **household current**
قدرة qudra **power**	مولد muwallid **generator**	تيار متردد tayyaar mutaraddid **alternating current**	عداد كهرباء Aaddaad kahrabaa' **electric meter**	

السباكة as-sibaaka • plumbing

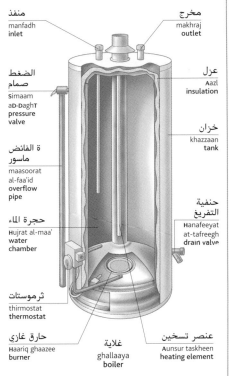

منفذ
manfadh
inlet

مخرج
makhraj
outlet

الضغط صمام
simaam
aD-DaghT
pressure valve

عزل
Aazl
insulation

ة الفائض ماسور
maasoorat
al-faa'id
overflow pipe

خزان
khazzaan
tank

حجرة الماء
Hujrat al-maa'
water chamber

حنفية التفريغ
Hanafeeyat
at-tafreegh
drain valve

ثرموستات
thirmostat
thermostat

حارق غازي
Haariq ghaazee
burner

غلاية
ghallaaya
boiler

عنصر تسخين
Aunsur taskheen
heating element

حوض HawD • sink

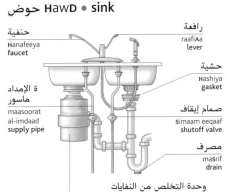

حنفية
Hanafeeya
faucet

ة الإمداد ماسور
maasoorat
al-imdaad
supply pipe

رافعة
raafiAa
lever

حشية
Hashiya
gasket

صمام إيقاف
simaam eeqaaf
shutoff valve

مصرف
maSrif
drain

وحدة التخلص من النفايات
waHdat at-takhalluS min an-nifaayaat
waste disposal unit

مرحاض mirHaaD • toilet

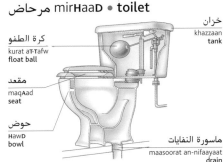

كرة الطفو
kurat aT-Tafw
float ball

مقعد
maqAad
seat

حوض
HawD
bowl

خزان
khazzaan
tank

ماسورة النفايات
maasoorat an-nifaayaat
drain

التخلص من النفايات at-takhalluS min an-nifaayaat • waste disposal

زجاجة
zujaaja
bottle

دواسة
dawwaasa
pedal

غطاء
ghiTaa'
lid

صندوق إعادة التدوير
Sandooq iAaadat
at-tadweer
recycling bin

صندوق النفايات
Sandooq an-nifaayaat
trash can

وحدة الفرز
waHdat al-farz
sorting unit

نفايات عضوية
nifaayaat AuDweeya
organic waste

غرفة الجلوس ghurfat al-juloos • living room

مصباح حائط
misbaaH Haa'iT
wall light
مستوقد
mustawqad
fireplace
سقف
saqf
ceiling
زهرية
zuhreeya
vase
مخدة
mikhadda
pillow
مصباح
misbaaH
lamp
طاولة قهوة
Taawilat qahwa
coffee table
أريكة
areeka
sofa
أرضية
floor

إطار
iTaar
frame

لوحة فنية
lawHa fanneeya
painting

رف للكتب
raff lil-kutub
bookshelf

أريكة سريرية
areeka sareereeya
sofabed

بساط
bisaaT
rug

ستارة
sittaara
curtain

ستارة شبكية
sittaara shabakeeya
net curtain

حاجبة فينيسية
Haajiba feeneeseeya
venetian blind

حاجبة تلف على بكرة
Haajiba taliff Aalaa bakra
roller blind

زخرفة السقف
zakhrafat as-saqf
moulding

كرسي وثير
kursee watheer
armchair

غرفة المكتب ghurfat al-maktab | study

غرفة الطعام ghurfat aT-TaAaam • dining room

فلفل
filfil
pepper
ملح
milH
salt
مائدة
maa'ida
table
أوان فخارية
awaanin fukhaareeya
crockery
أدوات المائدة
adawaat al-maa'ida
flatware
كرسي
kursee
chair
ظهر
zahr
back
مقعد
maqAad
seat
ساق
saaq
leg

المفردات al-mufradaat • vocabulary

يفرش المائدة yafrish al-maa'ida **set the table (v)**	جائع jaa'iA **hungry**	غداء ghadaa' **lunch**	شبعان shabAaan **full**	مضيف muDeef **host**	أنا شبعان، شكراً. ana shabAaan, shukran. **I've had enough, thank you.**
يقدم الأكل yaqaddim al-akl **serve (v)**	مفرش mafrash **tablecloth**	عشاء Aashaa' **dinner**	حصة HiSSa **portion**	مضيفة muDeefa **hostess**	هذا كان لذيذاً. haadha kaana ladheedhan. **That was delicious.**
يأكل ya'kul **eat (v)**	إفطار ifTaar **breakfast**	مفرش فردي mafrash fardee **placemat**	وجبة wajba **meal**	مدعو madAoo **guest**	هل يمكنني أن آخذ المزيد؟ hal yumkinunee an aakhudh al-mazeed? **May I have some more?**

الأواني الفخارية وأدوات المائدة al-awaanee al-fukhaareeya wa adawaat al-maa'ida
• crockery and flatware

ملعقة شاي
milAaqat shaay
teaspoon

قدح
qadaH
mug

فنجان قهوة
finjaan qahwa
coffee cup

فنجان شاي
finjaan shaay
teacup

طبق
Tabaq
plate

سلطانية
sulTaaneeya
bowl

كأس النبيذ
ka's an-nabeedh
wine glass

كأس
ka's
tumbler

إبريق قهوة
ibreeq qahwa
cafetière

إبريق شاي
ibreeq shaay
teapot

دورق
dawraq
pitcher

كوب للبيض
koob lil-bayD
egg cup

أوان زجاجية
awaanin zujaajeeya
glassware

حلقة منديل
Halqat mindeel
napkin ring

طبق جانبي
Tabaq jaanibee
side plate

طبق كبير
Tabaq kabeer'
dinner plate

طبق الحساء
Tabaq al-Hasaa'
soup bowl

ملعقة الحساء
milAaqat al-Hasaa'
soup spoon

منديل مائدة
mindeel maa'ida
napkin

شوكة
shawka
fork

طقم فردي كامل
Taqm fardee kaamil
place setting

ملعقة
milAaqa
spoon

سكين
sikkeen
knife

المطبخ al-maTbakh • kitchen

رفوف
rufoof
shelves

واق من التناثر
waaqin min
at-tanaathur
backsplash

حنفية
Hanafeeya
faucet

حوض
HawD
sink

درج
durj
drawer

مستخرج
mustakhrij
extractor fan

سخان سيراميك
sakhkhaan
seerameek
stovetop

مسطح العمل
musaTTaH
al-Aamal
countertop

فرن
furn
oven

خزانة
khizaana
cabinet

الأدوات al-adawaat • appliances

فرن ميكروويف
furn meekroweef
microwave oven

غلاية
ghalaaya
electric kettle

محمصة خبز
muHamiSSat khubz
toaster

طاسة خلط
Taasat khalT
mixing bowl

نصل
naSl
blade

جهاز إعداد الطعام
jihaaz iAdaad aT-TaAaam
food processor

غطاء
ghaTaa'
lid

خلاط
khallaaT
blender

غسالة الصحون
ghassaalat aS-SuHoon
dishwasher

مكون الثلج
mukawwin
ath-thalj
icemaker
مُجمد
mujammid
freezer
ثلاجة
thallaaja
refrigerator
رف
raff
shelf
الخضراوات حافظ
Haafiz
al-khuDrawaat
crisper

ثلاجة ومجمد thallaaja wa-mujammid | **side-by-side refrigerator**

المفردات al-mufradaat • vocabulary

لوح تجفيف الصحون
lawh tajfeef
aS-SuHoon
draining board

محرقة
muHarriqa
burner

سخان
sakhkhaan
stovetop

صندوق النفايات
sandooq
an-nifaayaat
garbage can

يطبخ بالبخار
yatbukh bil-
bukhaar
steam (v)

يقلي سريعاً
yaqlee sareeAan
sauté (v)

يجمّد
yujammid
freeze (v)

يزيل الثلج
yuzeel ath-
thalj
defrost (v)

طبخ Tabkh • cooking

يقشر
yuqashshir
peel (v)

يشرح
yusharriH
slice (v)

يبشر
yabshur
grate (v)

يدلق
yadluq
pour (v)

يخلط
yukhalliT
mix (v)

يخفق
yakhfuq
whisk (v)

يسلق
yasluq
boil (v)

يقلي
yaqlee
fry (v)

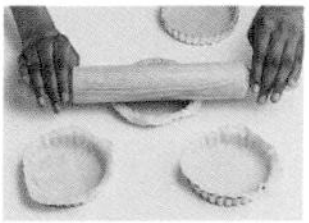

يرقق
yuraqqiq
roll (v)

يقلب
yuqallib
stir (v)

يطبخ على نار هادئة
yaTbukh Aala naar
haadi'a
simmer (v)

يسلق
yasluq
poach (v)

يخبز
yakhbiz
bake (v)

يطبخ في الفرن
yaTbukh fil-furn
roast (v)

يشوي
yashwee
grill (v)

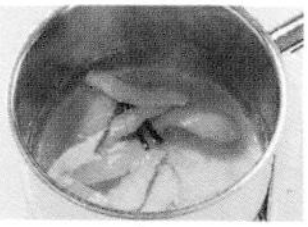

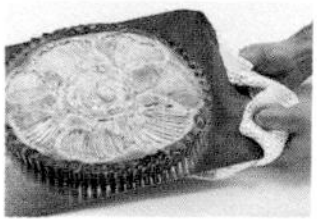

أدوات المطبخ adawaat al-maTbakh • kitchenware

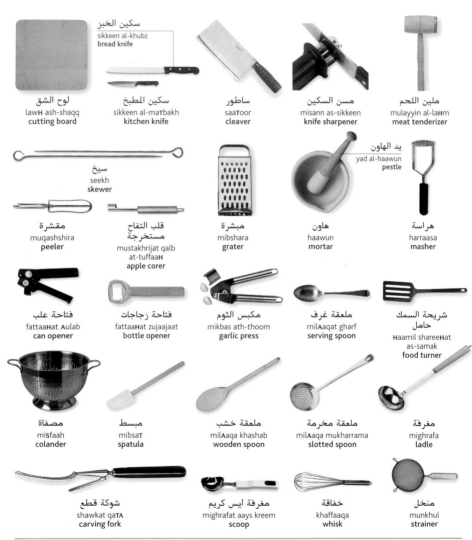

لوح الشق
lawH ash-shaqq
cutting board

سكين الخبز
sikkeen al-khubz
bread knife

سكين المطبخ
sikkeen al-maTbakh
kitchen knife

ساطور
saaToor
cleaver

مسن السكين
misann as-sikkeen
knife sharpener

ملين اللحم
mulayyin al-laHm
meat tenderizer

سيخ
seekh
skewer

مبشرة
mibshara
grater

يد الهاون
yad al-haawun
pestle

هاون
haawun
mortar

هراسة
harraasa
masher

مقشرة
muqashshira
peeler

قلب التفاح مستخرجة
mustakhrijat qalb at-tuffaaH
apple corer

فتاحة علب
fattaaHat Aulab
can opener

فتاحة زجاجات
fattaaHat zujaajaat
bottle opener

مكبس الثوم
mikbas ath-thoom
garlic press

ملعقة غرف
milAaqat gharf
serving spoon

شريحة السمك حامل
Haamil shareeHat as-samak
food turner

مصفاة
misfaah
colander

مبسط
mibsaT
spatula

ملعقة خشب
milAaqa khashab
wooden spoon

ملعقة مخرمة
milAaqa mukharrama
slotted spoon

مغرفة
mighrafa
ladle

شوكة قطع
shawkat qaTA
carving fork

مغرفة آيس كريم
mighrafat aays kreem
scoop

خفاقة
khaffaaqa
whisk

منخل
munkhul
strainer

غطاء
ghaTaa'
lid

لا يلتصق
laa yaltasiq
non-stick

مقلاة
miqlaah
frying pan

كفت
kift
saucepan

شواية
shawwaaya
grill pan

مقلاة مستديرة
miqlaah mustadeera
wok

آنية خزفية
aaniya khazafeeya
earthenware dish

زجاج
zujaaj
glass

لا يتأثر بالفرن
laa yata'aththar bil-furn
ovenproof

طاسة خلط
Taasat khalT
mixing bowl

إناء النفيخة
inaa' an-nafeekha
soufflé dish

إناء تكوين القشرة السمراء
inaa' takween al-qishra
as-samraa'
gratin dish

رمكين
ramakin
ramekin

كسرولة
kasarola
casserole dish

خبز الكعك khabz al-kaAk • baking cakes

ميزان
meezaan
scales

دورق قياس
dawraq qiyaas
measuring cup

صينية كعك
Seneeyat kaAk
cake tin

صينية فطائر
Seneeyat faTaa'ir
pie tin

صينية فلان
Seneeyat flaan
flan tin

فرشاة معجنات
furshaat muAajjinaat
pastry brush

مرقاق mirqaaq | **rolling pin**

كيس تزيين المعجنات
kees tazyeen al-muAajjinaat | **piping bag**

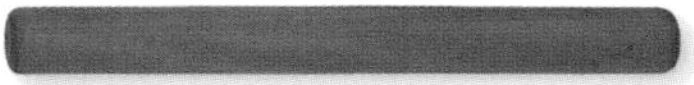

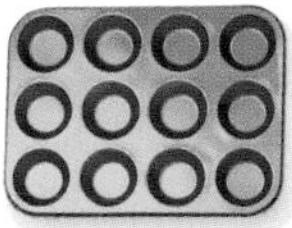

صينية أقراص الكعك
Seneeyat aqraaS al-kaAk
muffin tray

صينية خبز
Seneeyat khabz
baking tray

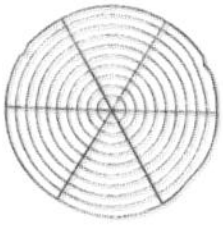

حامل تبريد
Haamil tabreed
cooling rack

قفاز الفرن
quffaaz al-furn
oven mitt

مريلة
maryala
apron

غرفة النوم ghurfat an-nawm • **bedroom**

خزانة
khizaana
wardrobe

مصباح بجوار السرير
misbaaH bi-jiwaar as-sareer
bedside lamp

مسند للرأس
misnad lir-ra's
headboard

منضدة بجوار السرير
minDadda bi-jiwaar as-sareer
nightstand

مجموعة أدراج
majmooAat adraaj
chest of drawers

درج
durj
drawer

سرير
sareer
bed

مرتبة
martaba
mattress

شرشف
sharshaf
bedspread

مخدة
mikhadda
pillow

زجاجة ماء ساخن
zujaajat maa' saakhin
hot-water bottle

راديو بساعة
raadyo bi-saaAa
clock radio

منبه
munabbih
alarm clock

علبة مناديل ورق
Aulbat manaadeel waraq
box of tissues

علاقة ملابس
Aallaaqat malaabis
coat hanger

مرآة
mir'aa
mirror
طاولة الزينة
Taawilat az-zeena
dressing table
أرضية
arDeeya
floor

بياض الفراش bayaaD al-firaash • bed linen

غطاء المخدة
ghaTaa' al-mikhadda
pillowcase
ملاءة
milaa'a
sheet
سجافة
sijaafa
dust ruffle
لحاف
liHaaf
comforter

لحاف مزين
liHaaf muzayyan
quilt
بطانية
baTTaneeya
blanket

المفردات al-mufradaat • vocabulary

سرير فردي sareer fardee **single bed**	مسند للقدم misnad lil-qadam **footboard**	أرق araq **insomnia**	يستيقظ yastayqaz **wake up (v)**	يضبط المنبه yaDbuT al-munabbih **set the alarm (v)**
سرير مزدوج sareer muzdawij **full bed**	زنبرك zanbarak **spring**	يذهب للنوم yadh-hab lin-nawm **go to bed (v)**	يقوم yaqoom **get up (v)**	يشخر yushshakhir **snore (v)**
بطانية كهربائية baTTaneeya kahrabaa'eeya **electric blanket**	سجادة sajjaada **carpet**	ينام yanaam **go to sleep (v)**	يرتب الفراش yurattib al-firaash **make the bed (v)**	خزانة في الحائط khizanna fil-haa'iT **built-in wardrobe**

الحمام al-Hammaam • bathroom

قضيب الفوط
qaDeeb al-fuwaT
towel bar

حوض
HawD
washbasin

صمّة
simma
plug

باب الدش
baab ad-dush
shower door

حنفية الماء البارد
Hanafeeyat al-maa' al-baarid
cold faucet

حنفية الماء الساخن
Hanafeeyat al-maa' as-saakhin
hot faucet

رأس الدش
ra's ad-dush
shower head

دش
dush
shower

مصرف
masrif
drain

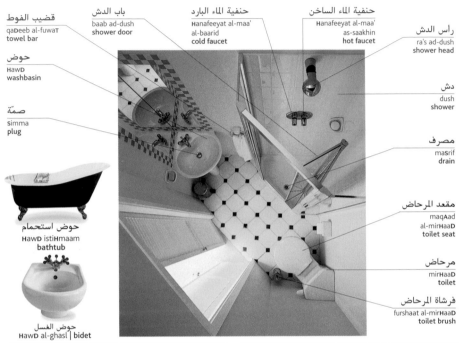

مقعد المرحاض
maqAad al-mirHaaD
toilet seat

مرحاض
mirHaaD
toilet

فرشاة المرحاض
furshaat al-mirHaaD
toilet brush

حوض استحمام
HawD istiHmaam
bathtub

حوض الغسل
HawD al-ghasl | **bidet**

المفردات al-mufradaat • vocabulary

خزانة الأدوية khizaanat al-adwiya **medicine cabinet**	سجادة الحمام sajjaadat al-Hammaam **bath mat**
ورق الحمام waraq al-Hammaam **toilet paper**	ستارة الدش sitaraat ad-dush **shower curtain**
يأخذ دش ya'khudh dush **take a shower (v)**	يستحم yastaHamm **take a bath (v)**

نظافة الأسنان naZaafat al-asnaan • dental hygiene

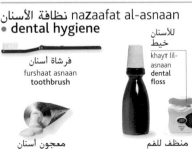

فرشاة أسنان
furshaat asnaan
toothbrush

خيط للأسنان
khayT lil-asnaan
dental floss

معجون أسنان
maAjoon asnaan
toothpaste

منظف للفم
munazzif lil-fam
mouthwash

إسفنج
isfinj
sponge

نسفة
nasfa
pumice stone

فرشاة للظهر
furshaah liz-zahr
back brush

مزيل رائحة العرق
muzeel raai'Hat al-Aaraq
deodorant

وعاء الصابون
waAaa' aS-Saaboon
soap dish

جيل الدش
jel ad-dush
shower gel

صابون
Saaboon
soap

كريمة للوجه
kreema lil-wajh
face cream

رغوة للحمام
raghwa lil-Hammaam
bubble bath

فوطة يد
fooTat yad
hand towel

فوطة حمام
fooTat
Hammaam
bath towel

فوط
fuwaT
towels

غسول للجسم
ghasool lil-jism
body lotion

بودرة تلك
boodrat talk
talcum powder

روب حمام
rohb Hammaam
bathrobe

حلاقة Hilaaqa • shaving

جهاز حلاقة كهربائي
jihaaz Hilaaqa
kahrabaa'eeya
electric razor

موس حلاقة
moos Hilaaqa
razor blade

رغوة حلاقة
raghwat Hilaaqa
shaving foam

موس للرمي
moos lir-ramy
disposable razor

عطر لبعد الحلاقة
Aitr li-baAd al-Hilaaqa
aftershave

الحضانة al-HaDaana • nursery

رعاية الرضيع riAaayat ar-raDeeA • baby care

كريمة لطفح الحفاظ
kreema li-Tafh al-HiffaAZ
diaper cream

مساحة مبللة
massaaHa
muballala
wet wipe

إسفنج
isfinj
sponge

حمام للرضيع
Hammaam lir-radeeA
baby bath

قصرية
qaSreeya
potty

وسادة تغيير
wisaadat taghyeer
changing mat

النوم an-nawm • sleeping

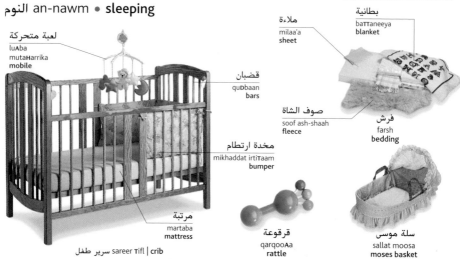

لعبة متحركة
luAba
mutaHarrika
mobile

قضبان
quDbaan
bars

ملاءة
milaa'a
sheet

بطانية
baTTaneeya
blanket

صوف الشاة
soof ash-shaah
fleece

فرش
farsh
bedding

مخدة ارتطام
mikhaddat irtiTaam
bumper

مرتبة
martaba
mattress

سرير طفل sareer Tifl | **crib**

قرقوعة
qarqooAa
rattle

سلة موسى
sallat moosa
moses basket

اللعب al-laAib • playing

دمية
dumya
doll

لعبة طرية
laAba Tareeya
stuffed toy

منزل الدمية
manzil ad-dumya
dollhouse

منزل لعبة
manzil luAba
playhouse

دب كدمية
dubb ka-dumya
teddy bear

لعبة
luAba
toy

سلة اللعب
sallat al-luAab
toy basket

كرة
kura
ball

ملعب متنقل
malAab mutannaqil
playpen

السلامة as-salaama • safety

قفل أطفال
qufl aTfaal
child latches

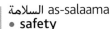

مراقب الطفل
muraaqib aT-Tifl
baby monitor

بوابة السلم
bawwaabat as-sullam
stair gate

الأكل al-akl • eating

كرسي مرتفع
kursee murtafiA
high chair

حلمة الزجاجة
Halamat az-zujaaja
nipple

كوب شرب
kōōb shurb
drinking cup

زجاجة
zujaaja
bottle

الخروج al-khurooj • going out

غطاء العربة
ghiTaa'
al-Aaraba
hood

كرسي بعجل
kursee bi-Aajal
stroller

عربة أطفال
Aarabat aTfaal
baby buggy

حفاظ
HiffaAZ
diaper

مهد
mahd
bassinet

حقيبة تغيير
Haqeebat taghyeer
diaper bag

حمالة رضيع
Hammaalat raDeeA
front pack

غرفة المنافع ghurfat al-manaafiA • utility room

الغسيل al-ghaseel • laundry

ملابس متسخة
malaabis
muttasikha
dirty laundry

ملابس نظيفة
malaabis naZeefa
clean clothes

سلة الغسيل
sallat al-ghaseel
laundry basket

غسالة
ghassaala
washing machine

غسالة ومجففة
ghassaala wa-mujaffifa
washer-dryer

مجففة
mujaffifa
tumble dryer

سلة فرش السرير
sallat farsh as-sareer
laundry basket

حبل غسيل
Habl ghaseel
clothesline

مكواة
mikwaah
iron

مشبك ملابس
mishbak malaabis
clothes pin

يجفّ
yajiff
dry (v)

طاولة الكي Taawilat al-kayy | ironing board

المفردات al-mufradaat • vocabulary

يعبئ yuAabbi' **load (v)**	يدور بسرعة yadoor bi-surAa **spin (v)**	يكوي yakwee **iron (v)**	كيف أشغل الغسالة؟ kayfa ushagh-ghil al-ghassaala? **How do I operate the washing machine?**
يشطف yashTuf **rinse (v)**	مجففة بالدوران majaffifa bil- dawaraan **spin dryer**	منعم الملابس munaAAim al-malaabis **fabric softener**	ما معايير الضبط للملابس الملونة/البيضاء؟ maa maAaayeer aD-DabT lil-malaabis al-mulawwana/ al-bayDaa'? **What is the setting for colors/whites?**

معدات التنظيف muAiddaat at-tanzeef • cleaning equipment

خرطوم الامتصاص
khartoom al-imtiSaaS
suction hose

مكنسة كهربائية
miknasa kahrabaa'eeya
vacuum cleaner

دلو
dilw
bucket

ممسحة
mimsaHa
mop

فرشاة
furshaah
brush

مجرفة
mijrafa
dustpan

مادة تقصير
maadat taqSeer
bleach

مسحوق
mas-Hooq
powder

سائل
saa'il
liquid

منظف
munaZZif
detergent

منفضة
minfaDa
dustcloth

مادة تلميع
maadat talmeeA
polish

الأنشطة al-anshiTa • activities

ينظف
yunaZZif
clean (v)

يغسل
yaghsil
wash (v)

يمسح
yamsaH
wipe (v)

ينظف بالحك
yunaZZif bil-Hakk
scrub (v)

يكشط
yakshiT
scrape (v)

مكنسة
miknasa
broom

يكنس
yaknus
sweep (v)

ينفض الغبار
yanfuD al-ghubaar
dust (v)

يلمّع
yulammiA
polish (v)

ورشة العمل warshat al-Aamal • workshop

قابض لقم
qaabid luqam
chuck

لقمة ثقب
luqmat thaqb
drill bit

مجموعة البطاريات
majmooAat
al-bataareeyaat
battery pack

منشار قطع النماذج
minshaar qatA
al-namaadhij
jigsaw

مثقاب يعاد شحنه
mithqaab yuAaad shaHnuhu
rechargeable drill

مثقاب كهربائي
mithqaab kahrabaa'ee
electric drill

مسدس غراء
musaddas ghiraa'
glue gun

ماسك
maasik
clamp

نصل
naSl
blade

منجلة
manjala
vice

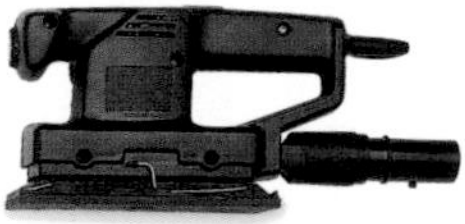

مصنفرة
muSanfira
sander

منشار دائري
minshaar daa'iree
circular saw

منضدة عمل
minDaddat Aamal
workbench

غراء خشب
ghiraa' khashab
wood glue

رف العدة
raff al-Aidda
tool rack

مسحاج تخديد
misHaaj takhdeed
router

ملفاف بلقم
milfaaf bi-luqam
bit brace

قشارة الخشب
qishaarat
al-khashab
wood shavings

سلك إطالة
silk iTaala
extension cord

الأساليب التقنية al-asaaleeb at-taqneeya • techniques

يقطع
yaqTaA
cut (v)

ينشر
yanshur
saw (v)

يثقب
yathqub
drill (v)

يدق
yaduqq
hammer (v)

لحم
laHm
solder

يكشط yakshiT | plane (v)

يدور yudawwir | turn (v)

ينحت yanHit | carve (v)

يلحم yalHum | solder (v)

الخامات al-khaamaat • materials

ألواح متوسطة الكثافة
alwaaH mutawassiTat al-kathaafa
fiberboard

خشب رقائقي
khashab raqaa'iqee
plywood

لوح من رقائق مضغوطة
lawH min raqaa'iq maDghooTa
particle board

لوح صلد
lawH Sald
hardboard

خشب لين
khashab layyin
softwood

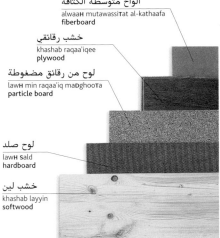

خشب khashab | wood

خشب صلد
khashab Sald
hardwood

ورنيش
warneesh
varnish

صبغة للخشب
sabgha lil-khashab
woodstain

سلك
silk
wire

كبل
kabl
cable

صلب غير قابل للصدأ
sulb ghayr qaabil lis-Sada'
stainless steel

مجلفن
mugalfan
galvanized

معدن maAdin | metal

صندوق العدة sandooq al-Aidda • **toolbox**

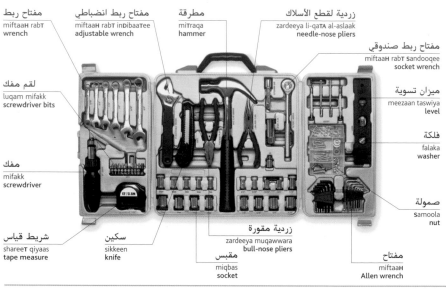

مفتاح ربط
miftaaH rabT
wrench
مفتاح ربط انضباطي
miftaaH rabT inDibaaTee
adjustable wrench
مطرقة
miTraqa
hammer
زردية لقطع الأسلاك
zardeeya li-qaTA al-aslaak
needle-nose pliers
مفتاح ربط صندوقي
miftaaH rabT sandooqee
socket wrench
لقم مفك
luqam mifakk
screwdriver bits
ميزان تسوية
meezaan taswiya
level
فلكة
falaka
washer
مفك
mifakk
screwdriver
صمولة
samoola
nut
زردية مقورة
zardeeya muqawwara
bull-nose pliers
شريط قياس
shareeT qiyaas
tape measure
سكين
sikkeen
knife
مقبس
miqbas
socket
مفتاح
miftaaH
Allen wrench

لقم ثقب luqam thaqb • **drill bits**

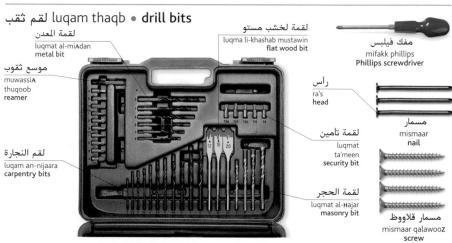

لقمة المعدن
luqmat al-miAdan
metal bit
لقمة لخشب مستو
luqma li-khashab mustawin
flat wood bit
موسع ثقوب
muwassiA
thuqoob
reamer
لقم النجارة
luqam an-nijaara
carpentry bits
لقمة تأمين
luqmat
ta'meen
security bit
لقمة الحجر
luqmat al-Hajar
masonry bit

مفك فيلبس
mifakk phillips
Phillips screwdriver

رأس
ra's
head

مسمار
mismaar
nail

مسمار قلاووظ
mismaar qalawooz
screw

مُعرية الأسلاك المعزولة
muAreeyat al-aslaak
al-maAzoola
wire strippers

قاطعة أسلاك
qaaTiAat aslaak
wire cutters

شريط عازل
shareeT Aaazil
insulating tape

كاوية لحام
kaawiyat liHaam
soldering iron

شريط لحام
shareeT liHaam
solder

مشرط
mishraT
craft knife

منشار منحنيات
minshaar munHanayaat
fretsaw

منشار تلسين
minshaar talseen | tenon saw

نظارات أمان
naZZaaraat amaan
safety goggles

فارة
faara
plane

منشار يدوي
minshaar yadawee
handsaw

قالب القطع المائل
qaalib al-qaTA al-maa'il
miter block

منشار معادن
minshaar maAaadin
hacksaw

مثقاب يدوي
mithqaab yadawee
hand drill

صوف سلكي
soof silkee
steel wool

ورق صنفرة
waraq Sanfara
sandpaper

مفتاح إنكليزي
miftaaH inkleezee
wrench

إزميل
izmeel
chisel

حجر السن
Hajar as-sann
whetstone

كباس
kabbaas
plunger

مبرد
mibrad
file

قاطعة أنابيب
qaaTiAat anaabeeb | pipe cutter

التزيين at-tazyeen • decorating

مقص
miqass
scissors

سكين حرفي
sikkeen Hirafee
utility knife

شاقول البناء
shaaqool al-binaa'
plumb line

مكشطة
mikshaTa
scraper

مزخرف
muzakhrif
decorator

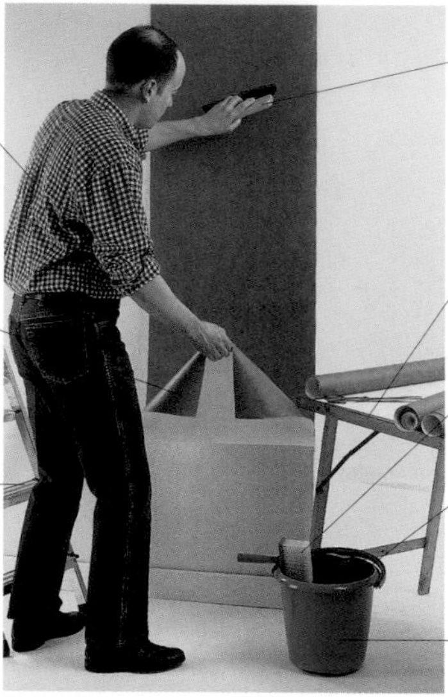

ورق حائط
waraq Haa'iT
wallpaper

سلم نقال
sullam naqqaal
stepladder

فرشاة لورق الحائط
furshaah li-waraq al-Haa'iT
wallpaper brush

طاولة عجن
Taawilat Aajn
pasting table

فرشاة عجن
furshaat Aajn
pasting brush

عجين لورق الحائط
Aajeen li-waraq al-Haa'iT
wallpaper paste

دلو
dilw
pail

يلصق ورق الحائط yulsiq waraq Haa'iT | **wallpaper (v)**

يزيل الورق yuzeel al-waraq | **strip (v)**

يملأ yamla' | **fill (v)**

يصقل بورق صنفرة
yasqul bi-waraq sanfara | **sand (v)**

يملط yumalliT | **plaster (v)**

يلصق yulsiq | **hang (v)**

يركب البلاط yurakkib al-balaaT | **tile (v)**

دلفين
dulfeen
roller

فرشاة
furshaah
brush

علبة طلاء
Aulbat Tilaa'
paint tin

بدلة واقية
badla waaqiya
coveralls

ساتر من الأتربة
saatir min an-atriba
drop cloth

يطلو yaTloo | paint (v)

صينية طلاء
Seeneeyat Tilaa'
paint tray

طلاء
Tilaa'
paint

إسفنج
isfinj
sponge

شريط حاجب
shareeT Haajib
masking tape

ورق صنفرة
waraq sanfara
sandpaper

تربنتين
turbenteen
turpentine

مالئ
maali'
filler

كحول أبيض
kuHool abyaD
paint thinner

المفردات al-mufradaat • vocabulary

جبس jibs plaster	لامع laamiA gloss	ورق بنقش بارز waraq bi-naqsh baariz embossed paper	طبقة أولى Tabaqa oola undercoat	مانع للتسرب maaniA lit-tasarrub sealant
ورنيش warneesh varnish	غير لامع ghayr laamiA matte	طبقة ورق أولى Tabaqa waraq oola lining paper	طبقة أخيرة Tabaqa akheera topcoat	مادة مذيبة maada mudheeba solvent
مستحلب mustaHlib latex	إستنسل istinsil stencil	بطانة طلاء biTaanat Tilaa' primer	مادة حافظة maada Haafiza preservative	ملاط رقيق milaaT raqeeq grout

الحديقة al-Hadeeqa • garden

طرازات الحدائق Tiraazaat al-Hadaa'iq • garden styles

حديقة مبلطة Hadeeqa muballaTa | patio garden

حديقة على السطح
Hadeeqa Aala s-saTH
roof garden

حديقة صخرية
Hadeeqa sakhreeya
rock garden

حديقة رسمية Hadeeqa rasmeeya | formal garden

فناء finaa' | courtyard

حديقة بيت ريفي
Hadeeqat bayt reefee
cottage garden

حديقة أعشاب
Hadeeqat Aashaab
herb garden

حديقة مائية
Hadeeqa maa'eeya
water garden

معالم الحديقة maAaalim al-Hadeeqa • garden features

سلة معلقة
salla muAallaqa
hanging basket

تعريشة taAreesha | trellis

تعريشة أفقية
taAreesha ufuqeeya
arbor

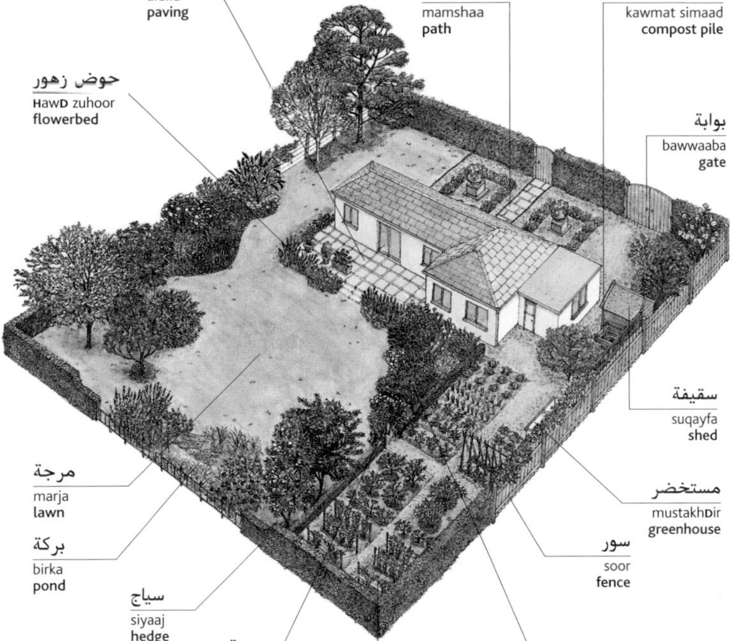

أرصفة
arSifa
paving
ممشى
mamshaa
path
كومة سماد
kawmat simaad
compost pile
حوض زهور
HawD zuhoor
flowerbed
بوابة
bawwaaba
gate
سقيفة
suqayfa
shed
مرجة
marja
lawn
مستخضر
mustakhDir
greenhouse
بركة
birka
pond
سور
soor
fence
سياج
siyaaj
hedge
قوس
qaws
arch
خضراوات حديقة
Hadeeqat khuDrawaat
vegetable garden
حاشية عشبية
Haashiya Aushbeeya
herbaceous border

شرفة خشبية
shurfa khashabeeya
deck

نافورة naafoora | **fountain**

تربة turba • soil

طبقة التربة العليا
Tabaqat at-turba al-Aulya
topsoil

رمل
raml
sand

طباشير
Tabaasheer
chalk

غرين
ghareen
silt

صلصال
Salsaal
clay

نباتات الحديقة nabataat al-Hadeeqa • garden plants

أنواع من النباتات anwaaA min an-nabataat • types of plants

سنوي
sanawee
annual

كل سنتين
kull sanatayn
biennial

معمرة
muAamirra
perennial

بصلة
basala
bulb

سرخس
sirkhas
fern

سمار
samaar
rush

خيزران
khayzaraan
bamboo

أعشاب ضارة
Aashaab Daarra
weed

عشب
Aushb
herb

نباتات مائية
nabataat maa'eeya
water plant

شجرة
shajara
tree

نخلة
nakhla
palm

صنوبرية
Sunawbareeya
conifer

دائم الخضرة
daa'im al-khaDra
evergreen

مُعبل
muAbil
deciduous

تشذيب
tashdheeb
topiary

الألب
al-alb
alpine

عصاري
AuSaaree
succulent

صبار
Sabbaar
cactus

نبات أصيص
nabaat aSeeS
potted plant
نبات الظل
nabaat aZ-Zill
shade plant
متسلق
mutasalliq
climber
جنبة مزهرة
janba muzhira
flowering shrub
غطاء أرضي
ghiTaa' arDee
ground cover
نبات زاحف
nabaat zaaHif
creeper
نبات زينة
nabaat zeena
ornamental
نجيل
najeel
grass

أدوات الحديقة adawaat al-Hadeeqa • garden tools

سماد
simaad
compost

مِلمّ المروج
milamm al-murooj
lawn rake

بذور
budhoor
seeds

مسحوق العظم
mas-Hooq al-Aazam
bone meal

مجراف
mijraaf
spade

شوكة
shawka
fork

مقراض بأذرع طويلة
miqraad bi-adhruA Taweela
long-handled shears

مِدمّة
midamma
rake

فأس
fa's
hoe

حصى
HuSan
gravel

كيس العشب
kees al-Aushb
grass bag

محرك
muHarrik
motor

مقبض
miqbaD
handle

سلة معدنية
salla miAdaneeya
tote

حاجب
Haajib
shield

حامل
Haamil
stand

الة تشذيب
aalat tashdheeb
trimmer

جزازة العشب
jazzaazat al-Aushb
lawnmower

نقالة
naqqaala
wheelbarrow

شوكة يدوية
shawka yadaweeya
hand fork

مالج
maalij
trowel

نصل
nasl
blade

مقراض
miqraaD
shears

منشار يدوي
minshaar yadawee
hand saw

مقراض تقليم صغير
miqraaD taqleem Sagheer
pruners

صينية بذور
Seneeyat budhoor
seed tray

مبيد آفات
mubeed aafaat
pesticide

قفاز للحديقة
quffaaz lil-Hadeeqa
gardening gloves

خيط مجدول
khayT majdool
twine

بطاقات
biTaaqaat
labels

أربطة مجدولة
arbiTa majdoola
twist ties

حلقات ربط
Halqaat rabT
ring ties

خيزران
khayzaraan
canes

منخل
munkhul
sieve

أصيص نبات
aSeeS nabaat
plant pot

حذاء مطاطي
Hidhaa' maTaaTee
rubber boots

سقي saqy • **watering**

بخاخة
bakh-khaakha | **spray bottle**

رشاشة
rashshaasha
sprinkler

مرشة
mirashsha
watering can

رأس المرشة
ra's al-mirashsha
spray

خرطوم
khurToom
hose

فم الخرطوم
fam al-khurtoom
nozzle

دارة لف الخرطوم
daarat laff al-khurToom | **hose reel**

البستنة al-bastana • gardening

مرجة
marja
lawn

حوض زهور
HawD zuhoor
flowerbed

جزازة العشب
jazzaazat
al-Aushb
lawnmower

سياج
siyaaj
hedge

وتد
watad
stake

يجز yajuzz | **mow (v)**

يكسو بالنجيل
yaksoo bin-najeel
sod (v)

يسكك
yusakkik
spike (v)

يلم
yalumm
rake (v)

يشذب
yashdhub
trim (v)

يحفر
yaHfur
dig (v)

يبذر
yabdhur
sow (v)

يفرش السماد
yufarrish as-simaad
top-dress (v)

يسقي
yasqee
water (v)

خيزرانة
khayzaraana
cane

يسند
yasnid
train (v)

يزيل الزهور الميتة
yuzeel az-zuhoor al-mayyita
deadhead (v)

يرش
yarushsh
spray (v)

تقليم
taqleem
cutting

يطعم
yuTaAAim
graft (v)

يتكاثر
yatakaathar
propagate (v)

يقلم
yaqlim
prune (v)

يوتد
yuwattid
stake (v)

ينقل الشتل
yanqil ash-shatl
transplant (v)

يزيل الأعشاب الضارة
yuzeel al-Aashaab aD-Daarra
weed (v)

يفرش الوقاية
yafrish al-wiqaaya
mulch (v)

يحصد
yaHSud
harvest (v)

المفردات al-mufradaat • **vocabulary**

يزرع	يزين الحديقة	يسمد	ينخل	عضوي	شتلة	تحتربة
yazraA	yuzayyin al-Hadeeqa	yusammid	yankhul	AUDwee	shatla	taHturba
cultivate (v)	**landscape (v)**	**fertilize (v)**	**sieve (v)**	**organic**	**seedling**	**subsoil**
يرعي	يزرع في أصص	يقطف	يهوي	الصرف	سماد	مبيد أعشاب ضارة
yarAee	yazraA fi usuS	yaqTif	yuhawwee	aS-Sarf	simaad	mubeed Aashaab Daarra
tend (v)	**pot (v)**	**pick (v)**	**aerate (v)**	**drainage**	**fertilizer**	**weedkiller**

JKL
5
TUV
8
7
0

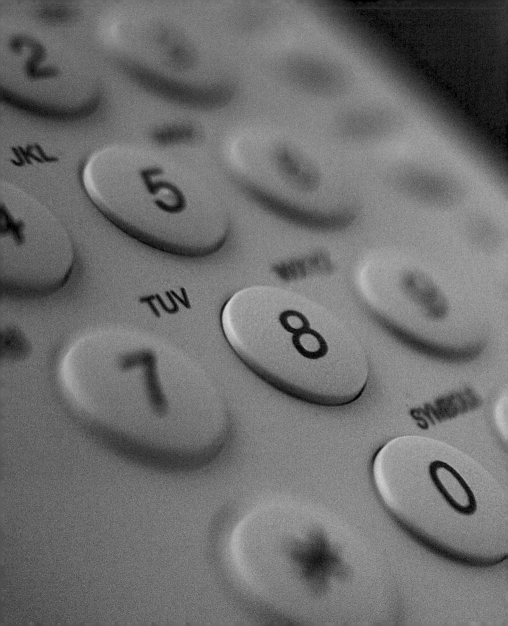

الخدمات al-khidmaat

services

خدمات الطوارئ khidamaat aT-Tawaari' • emergency services

إسعاف isAaaf • ambulance

نقالة
naqqaala
stretcher

إسعاف
isAaaf | ambulance

مساعد طبي
musaaAid Tibbee | **paramedic**

شرطة shurTa • police

زي رسمي
ziyy rasmee
uniform

صفارة إنذار
sifaarat indhaar
siren

مصابيح
maSaabeeH
lights

شارة
shaara
badge

مركز الشرطة
markaz ash-shurTa
police station

هراوة
hiraawa
nightstick

سيارة شرطة
sayyaarat shurTa
police car

مسدس
musaddas
gun

صفاد اليدين
sifaad al-yadayn
handcuffs

ضابط شرطة Daabit shurTa | **police officer**

المفردات al-mufradaat • vocabulary

مفتش mufattish **captain**	مشتبه فيه mutashabbah feehi **suspect**	شكوى shakwa **complaint**	قبض على qabD Aala **arrest**
جريمة jareema **crime**	اعتداء iAtidaa' **assault**	تحقيق taHqeeq **investigation**	زنزانة شرطة zinzaanat shurTa **lockup**
مخبر mukhbir **detective**	بصمة الإصبع basmat al-isbaA **fingerprint**	سطو على منزل saTw Aala manzil **burglary**	تهمة tuhma **charge**

فرقة الإطفاء firqat al-iTfaa' • fire brigade

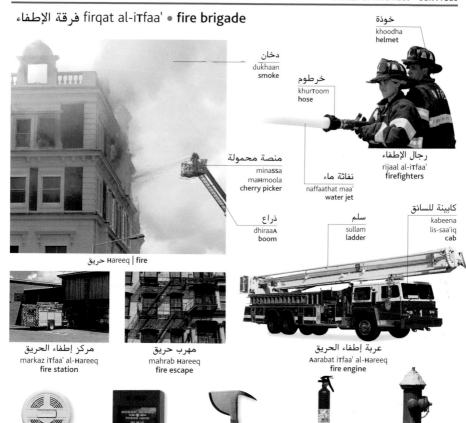

خوذة
khoodha
helmet

دخان
dukhaan
smoke

خرطوم
khurToom
hose

رجال الإطفاء
rijaal al-iTfaa'
firefighters

منصة محمولة
minaSSa maHmoola
cherry picker

نفاثة ماء
naffaathat maa'
water jet

ذراع
dhiraaA
boom

سلم
sullam
ladder

كابينة للسائق
kabeena
lis-saa'iq
cab

حريق Hareeq | fire

مركز إطفاء الحريق
markaz iTfaa' al-Hareeq
fire station

مهرب حريق
mahrab Hareeq
fire escape

عربة إطفاء الحريق
Aarabat iTfaa' al-Hareeq
fire engine

جهاز إنذار بتصاعد دخان
jihaaz indhaar bi-taSaaAud
dukhaan
smoke alarm

جهاز إنذار بوجود حريق
jihaaz indhaar bi-wujood
Hareeq
fire alarm

بلطة
balTa
ax

طفاية حريق
Taffaayat Hareeq
fire extinguisher

مشرعة
mashraAa
hydrant

احتاج الشرطة/فرقة الإطفاء/الإسعاف. aHtaaj ash-shurta/firqat al-iTfaa'/ al-isAaaf. **I need the police/fire department/ ambulance.**	هناك حريق في... hunaaka Hareeq fee.... **There's a fire at...**	لقد حدث حادث. laqad Hadatha Haadith. **There's been an accident.**	استدعوا الشرطة! istadAoo sh-shurTa! **Call the police!**

البنك al-bank • bank

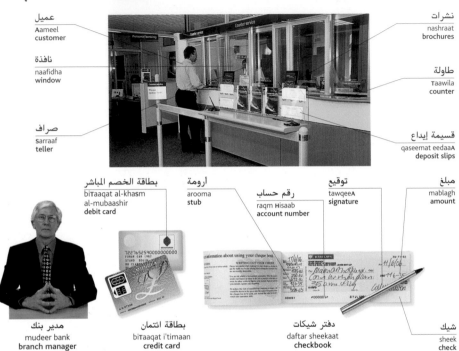

عميل
Aameel
customer

نشرات
nashraat
brochures

نافذة
naafidha
window

طاولة
Taawila
counter

صراف
sarraaf
teller

قسيمة إيداع
qaseemat eedaaA
deposit slips

بطاقة الخصم المباشر
biTaaqat al-khasm al-mubaashir
debit card

أرومة
arooma
stub

رقم حساب
raqm Hisaab
account number

توقيع
tawqeeA
signature

مبلغ
mablagh
amount

مدير بنك
mudeer bank
branch manager

بطاقة ائتمان
biTaaqat i'timaan
credit card

دفتر شيكات
daftar sheekaat
checkbook

شيك
sheek
check

المفردات al-mufradaat • vocabulary

مدخرات muddakharaat savings	رهن عقاري rahn Aaqaaree mortgage	دفع dafA payment	يودع yoodiA deposit (v)	حساب جار Hisaab jaarin checking account
ضريبة Dareeba tax	فرط السحب farT as-saHb overdraft	خصم مباشر khasm mubaashir direct deposit	رسم بنكي rasm bankee service charge	حساب توفير Hisaab tawfeer savings account
قرض qarD loan	معدل الفائدة muAaddal al-faa'ida interest rate	قسيمة سحب qaseemat saHb withdrawal slip	تحويل بنكي taHweel bankee automatic bill payment	رقم سري raqm sirree pin number

عملة معدنية
Aumla
miAdaneeya
coin

عملة ورقية
Aumla
waraqeeya
bill

شاشة
shaasha
screen

لوحة المفاتيح
lawHat
al-mafaateeH
keypad

شق البطاقة
shaqq
al-biTaaqa
card reader

مال maal | money

صراف الي sarraaf aalee | ATM

عملة أجنبية Aumla ajnabeeya • foreign currency

شيك سياحي
sheek siyaaHee
traveller's check

مكتب صرافة
maktab sarraafa
currency exchange

سعر الصرف
siAr as-sarf
exchange rate

تمويل tamweel • finance

سعر السهم
siAr as-sahm
stock price

سمسار مالي
simsaar maalee
stockbroker

مستشار مالي
mustashaar maalee
financial advisor

سوق الأوراق المالية sooq al-awraaq
al-maaleeya | stock exchange

المفردات al-mufradaat • vocabulary

يصرف نقدا
yasrif naqdan
cash (v)

أسهم
ashum
securities

محاسب
muHaasib
accountant

ربحية
ribHeeya
dividends

عمولة
Aumoola
commission

محفظة
maHfaza
portfolio

استثمار
istithmaar
investment

فئة الأوراق المالية
fi'at al-awraaq al-maaleeya
denomination

أوراق مالية
awraaq maaleeya
stocks

أرصدة وأسهم
arsida wa-ashum
equity

هل يمكنني تغيير هذا؟
hal yumkinunee taghyeer haadha?
Can I change this?

ما سعر الصرف اليوم؟
maa siAr as-sarf al-yawm?
What's today's exchange rate?

الاتصالات al-ittiSaalaat • communications

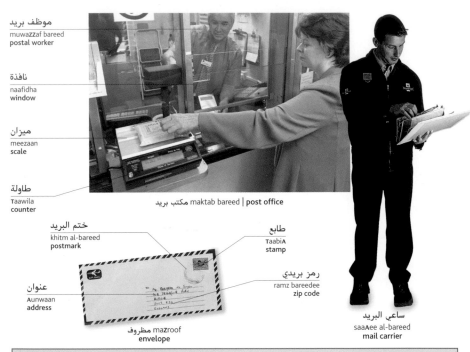

موظف بريد
muwaZZaf bareed
postal worker

نافذة
naafidha
window

ميزان
meezaan
scale

طاولة
Taawila
counter

مكتب بريد maktab bareed | **post office**

ساعي البريد
saaAee al-bareed
mail carrier

ختم البريد
khitm al-bareed
postmark

طابع
TaabiA
stamp

عنوان
Aunwaan
address

رمز بريدي
ramz bareedee
zip code

مظروف maZroof
envelope

المفردات al-mufradaat • vocabulary

خطاب khiTaab **letter**	عنوان الرد Aunwaan ar-radd **return address**	توصيل tawSeel **delivery**	قابل للكسر qaabil lil-kasr **fragile**	لا تثني laa tathnee **do not bend (v)**
بالبريد الجوي bil-bareed al-jawwee **by airmail**	توقيع tawqeeA **signature**	حوالة بريدية Hawwaala bareedeeya **postal ordery**	حقيبة البريد Haqeebat al-bareed **mailbag**	الوضع الصحيح al-waDA aS-SaHeeH **this way up**
بريد مسجل bareed musajjal **registered mail**	جمع jamA **pickup**	سعر الطوابع siAr at-TawaabiA **postage**	تلغراف talighraaf **telegram**	فاكس faks **fax**

صندوق بريد
Sandooq bareed
mailbox

صندوق خطابات
Sandooq khiTaabaat
letter slot

طرد
Tard
parcel

رسول
rasool
courier

هاتف haatif • telephone

سماعة متحركة
sammaaAa mutaHarrika
handset

قاعدة ثابتة
qaaAida thaabita
base station

هاتف لاسلكي
haatif laasilkee
cordless phone

جهاز الرد على المكالمات
jihaaz ar-radd Aalal-mukaalamaat
answering machine

هاتف فيديو
haatif vidyo
video phone

كابينة الهاتف
kabeenat al-haatif
phone booth

هاتف ذكي
haatif dhakee
smartphone

هاتف محمول
haatif maHmool
mobile phone

لوحة المفاتيح
lawHat al-mafaateeH
keypad

سماعة
sammaaAa
receiver

استرداد النقد
istirdaad an-naqd
coin return

هاتف عام haatif Aaamm
payphone

المفردات al-mufradaat • vocabulary

استعلامات الدليل istiAlaamaat ad-daleel **directory assistance**	خدمة جوال khidmat jawwaal **app**	رقم مرورسري raqam muroor sirree **passcode**
أجرتها على المتلقي مكالمة mukaalama ujratuhaa Aalal-mutalaqqee **collect call**	يرد yarudd **answer (v)**	مشغل mushaghghil **operator**
يطلب رقماً yaTlub raqaman **dial (v)**	رسالة جوال risaalat jawwaal **text**	مشغول mashghool **busy**
	رسالة صوتية risaala Sawteeya **voice message**	غير موصول ghayr mawSool **disconnected**

هل يمكنك إعطائي رقم...؟
hal yumkinuka iATaa'ee raqm...?
Can you give me the number for...?

ما رمز الاتصال بـ...؟
maa ramz al-ittiSaal bi...?
What is the area code for...?

ابعث لي رسالة!
ibAth lee risaala!
Text me!

الفندق al-funduq • hotel

ردهة radha • lobby

نزيل
nazeel
guest

مفتاح غرفة
miftaaH ghurfa
room key

رسائل
rasaa'il
messages

صندوق الرسائل
Aayn li-taSneef ar-rasaa'il
pigeonhole

موظف الاستقبال
muwazzaf al-istiqbaal
receptionist

سجل
sijil
register

طاولة
Taawila
counter

استقبال istiqbaal | reception

أمتعة
amtiAa
luggage

حامل بعجل
Haamil bi-Aajal
cart

حمال Hammaal | porter

مصعد misAad | elevator

رقم الغرفة
raqm al-ghurfa
room number

غرف ghuraf • rooms

غرفة لفرد واحد
ghurfa li-fard waaHid
single room

غرفة مزدوجة
ghurfa muzdawija
double room

غرفة لفردين
ghurfa li-fardayn
twin room

حمام خاص
Hammaam khaaSS
private bathroom

خدمات khidmaat • services

خدمات الخادمة
khidmaat al-khaadima
maid service

خدمات الغسيل
khidmaat al-ghaseel
laundry service

صينية الإفطار
seneeyat al-ifTaar
breakfast tray

خدمة الغرف khidmat al-ghuraf | **room service**

بار مصغر
baar muSaghghar
minibar

مطعم
maTAam
restaurant

جمنازيوم
jimnaazyum
gym

حمام سباحة
Hammaam sibaaHa
swimming pool

المفردات al-mufradaat • vocabulary

سرير وإفطار
sareer wa-ifTaar
bed and breakfast

إقامة كاملة
iqaama kaamila
all meals included

نصف إقامة
nisf iqaama
some meals included

هل لديكم غرف خالية؟
hal ladaykum ghuraf khaalya?
Do you have any vacancies?

لدي حجز.
ladayya Hajz.
I have a reservation.

أود غرفة لفرد واحد.
awadd ghurfa li-fard waaHid.
I'd like a single room.

أود غرفة لثلاث ليالي.
awadd ghurfa li-thalaath layaalee.
I'd like a room for three nights.

ما سعر الليلة؟
maa siAr al-layla?
What is the charge per night?

متى علي أن أغادر الغرفة؟
mata Aalayya an ughaadir al-ghurfa?
When do I have to check out?

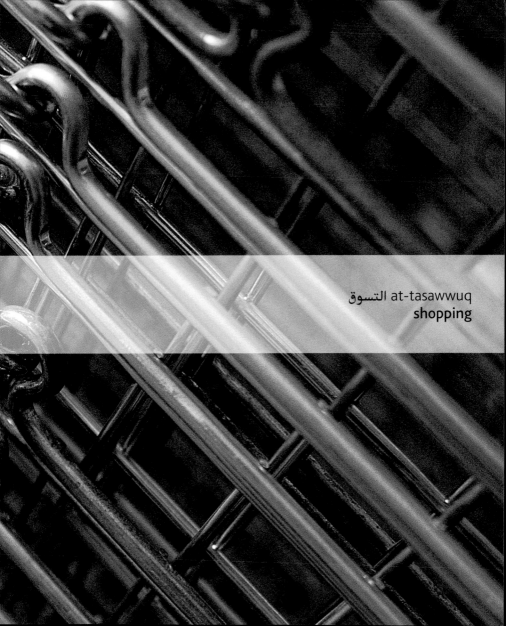

التسوق at-tasawwuq
shopping

مركز التسوق markaz at-tasawwuq • **shopping centre**

ردهة
radha
atrium

لوحة الاسم
lawHat al-ism
sign

مصعد
misAad
elevator

ثاني طابق
thaanee Taabiq
second floor

أول طابق
awwal Taabiq
first floor

درج متحرك
daraj mutaHarrik
escalator

طابق أرضي
Taabiq arDee
ground floor

عميل
Aameel
customer

المفردات al-mufradaat • **vocabulary**

قسم الأطفال
qism al-aTfaal
children's department

قسم الأمتعة
qism al-amtiAa
luggage department

قسم الأحذية
qism al-aHdhiya
shoe department

دليل المتجر
daleel al-matjar
store directory

بائع
baa'iA
sales clerk

خدمة العملاء
khidmat al-Aumalaa'
customer services

غرف تجربة الملابس
ghuraf tajribat al-malaabis
fitting rooms

منافع تغيير حفاظات
manaafiA taghyeer Hifaazaat
baby changing room

دورات المياه
dawraat al-miyaah
rest room

بكم هذا؟
bikam haadha?
How much is this?

هل يمكنني استبدال هذا؟
hal yumkinunee istibdaal
haadha?
May I exchange this?

متجر تجزئة كبير matjar tajzi'a kabeer • department store

ملابس الرجال
malaabis ar-rijaal
menswear

ملابس النساء
malaabis an-nisaa'
womenswear

ملابس النساء الداخلية
malaabis an-nisaa'
ad-daakhileeya
lingerie

عطور
Autoor
perfumes

جمال
jamaal
cosmetics

بياضات
bayyaaDaat
linens

تجهيزات المنزل
tajheezaat al-manzil
home furnishings

مستلزمات الملابس
mustalzamaat al-malaabis
notions

أدوات المطبخ
adawaat al-maTbakh
kitchenware

الخزف والصيني
al-khazaf waS-Seenee
china

أدوات كهربائية
adawaat kahrabaa'eeya
electronics

إضاءة
iDaa'a
lighting

رياضة
riyaaDa
sportswear

لعب
luAab
toys

قرطاسية
qarTaaseeya
stationery

قاعة الغذاء
qaaAat al-ghidhaa'
groceries

سوبر ماركت soobir maarkit • supermarket

ممر
mamarr
aisle

رف
raff
shelf

سير متحرك
sayr mutaHarrik
conveyer belt

صراف
Sarraaf
checker

عروض
Aurood
specials

دفع الحساب dafA al-Hisaab | checkout

عميل
Aameel
customer

درج نقود
durj nuqood
cash register

كيس التسوق
kees at-tasawwuq
shopping bag

منتجات البقالة
muntajaat
al-baqqaala
groceries

مقبض
miqbaD
handle

780863 185779

شفرة التعرف
shufrat at-taAarruf
bar code

عربة
Aaraba
cart

سلة salla | basket

جهاز مسح
jihaaz masH | scanner

منتجات المخبز
muntajaat al-makhbaz
bakery

منتجات الألبان
muntajaat al-albaan
dairy

حبوب الفطور
Huboob al-fuToor
cereals

أغذية معلبة
agh-dhiya muAallaba
canned food

حلويات
Halawiyaat
confectionery

خضراوات
khuDrawaat
vegetables

فاكهة
faakiha
fruit

لحوم ودواجن
luHoom wa-dawaajin
meat and poultry

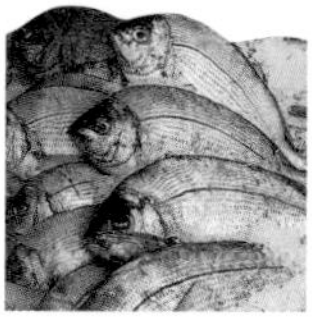

سمك
samak
fish

أغذية مستحضرة
agh-dhiya mustaHDara
deli

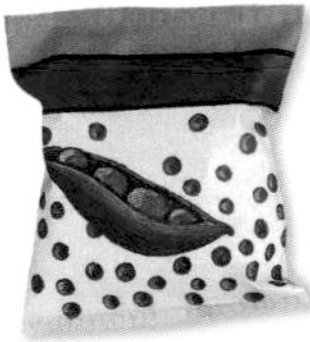

أغذية مجمدة
agh-dhiya mujammada
frozen food

وجبات سريعة
wajbaat sareeAa
convenience food

مشروبات
mashroobaat
drinks

مستلزمات منزلية
mustalzamaat manzileeya
household products

أدوات الحمام
adawaat al-Hammaam
toiletries

مستلزمات الرضع
mustalzamaat ar-ruDDaA
baby products

أدوات كهربائية
adawaat kahrabaa'eeya
electrical goods

أغذية الحيوانات الأليفة
agh-dhiyat
al-Hayawaanaat al-aleefa
pet food

مجلات majallaat | **magazines**

الصيدلية aS-Saydaleeya • drugstore

رعاية الأسنان
riAaayat
al-asnaan
dental care

النظافة الصحية للإناث
an-naZaafa aS-SiHHeeya
lil-inaath
feminine hygiene

مزيل روائح العرق
muzeel rawaa'iH al-Aaraq
deodorants

فيتامينات
fitameenaat
vitamins

مستوصف
mustawSaf
pharmacy

صيدلي
SayDalee
pharmacist

دواء للكحة
dawaa' lil-kuHHa
cough medicine

علاجات عشبية
Ailaajaat Aushbeeya
herbal remedies

رعاية الجلد
riAaayat al-jild
skin care

لما بعد التشمس
limaa baAd
at-tashammus
after-sun lotion

حاجب أشعة الشمس
Haajib ashiAat ash-shams
sunscreen

مانع أشعة الشمس
maaniA ashiAat ash-shams
sunblock

طارد للحشرات
Taarid lil-Hasharaat
insect repellent

مساحة مبللة
massaaHa muballala
wet wipe

مناديل ورق
manaadeel waraq
tissue

فوطة صحية
fooTa SiHHeeya
sanitary napkin

سدادة قطنية
sidaada quTneeya
tampon

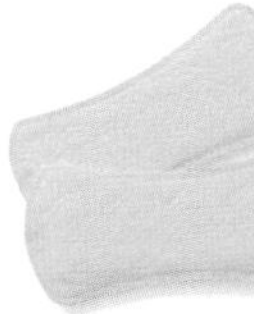

فوطة صحية صغيرة
fooTa SiHHeeya Sagheera
panty liner

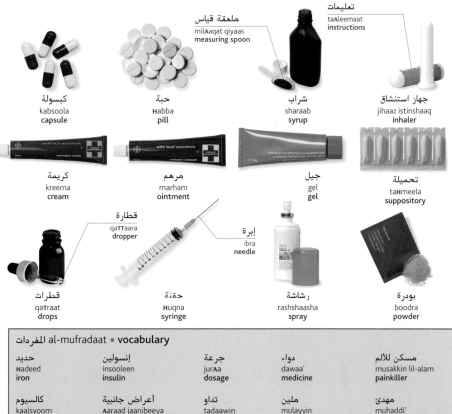

ملعقة قياس
milAaqat qiyaas
measuring spoon

تعليمات
taAleemaat
instructions

كبسولة
kabsoola
capsule

حبة
Habba
pill

شراب
sharaab
syrup

جهاز استنشاق
jihaaz istinshaaq
inhaler

كريمة
kreema
cream

مرهم
marham
ointment

جيل
gel
gel

تحميلة
taHmeela
suppository

قطارة
qaTTaara
dropper

إبرة
ibra
needle

قطرات
qaTraat
drops

حقنة
Huqna
syringe

رشاشة
rashshaasha
spray

بودرة
boodra
powder

المفردات al-mufradaat • vocabulary

حديد Hadeed **iron**	إنسولين insooleen **insulin**	جرعة jurAa **dosage**	دواء dawaa' **medicine**	مسكن للألم musakkin lil-alam **painkiller**
كالسيوم kaalsyoom **calcium**	أعراض جانبية Aaraad jaanibeeya **side effects**	تداوٍ tadaawin **medication**	ملين mulayyin **laxative**	مهدئ muhaddi' **sedative**
مغنيزيوم maghneezyoom **magnesium**	حبوب دوار السفر Huboob dawaar as-safar **travel sickness pills**	للرمي lir-ramy **disposable**	إسهال is-haal **diarrhea**	حبة للنوم Habba lin-nawm **sleeping pill**
فيتامينات متعددة fitameenaat mutaAaddida **multivitamins**	تاريخ انتهاء الصلاحية taareekh intihaa' as-salaaHeeya **expiration date**	قابل للذوبان qaabil lil- dhawabaan **soluble**	قرص دوائي للحنجرة qurs dawaa'ee lil- Hanjara **sore throat lozenger**	مضاد للالتهاب maDaadd lil- iltihaab **anti-inflammatory**

بائع الزهور baa'iA az-zuhoor • florist

زهور
zuhoor
flowers

زنبق
zanbaq
lily

سنط
sanT
acacia

قرنفل
qurunfil
carnation

نبات بأصيص
nabaat bi-asees
potted plant

سيف الغراب
sayf al-ghuraab
gladiolus

سوسن
sawsan
iris

لؤلؤية
lu'lu'eeya
daisy

أقحوان
uqHuwaan
chrysanthemum

جيصية
jeeSeeya
gypsophila

متيولا
matiyoola
stocks

جربارة
jarbaara
gerbera

ورق
waraq
foliage

ورد
ward
roses

فريزيا
freezyaa
freesia

زهرية
zuhreeya
vase

زهرة الأركيد
zahrat al-orkeed
orchid

عود الصليب
Aood aS-Saleeb
peony

باقة
baaqa
bunch

ساق
saaq
stem

نرجس
narjis
daffodil

برعم
burAum
bud

ورق اللف
waraq al-laff
wrapping

تيوليب tyooleeb | **tulip**

التنسيق at-tanseeq • arrangements

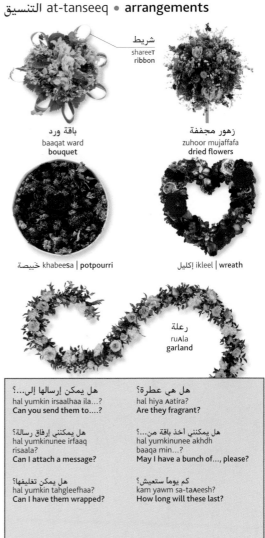

شريط
shareeT
ribbon

باقة ورد
baaqat ward
bouquet

زهور مجففة
zuhoor mujaffafa
dried flowers

خَبيصة khabeeSa | **potpourri**

إكليل ikleel | **wreath**

رعلة
ruAla
garland

هل يمكن إرسالها إلى...؟
hal yumkin irsaalhaa ila...?
Can you send them to....?

هل يمكنني إرفاق رسالة؟
hal yumkinunee irfaaq risaala?
Can I attach a message?

هل يمكن تغليفها؟
hal yumkin tahgleefhaa?
Can I have them wrapped?

هل هي عطرة؟
hal hiya Aatira?
Are they fragrant?

هل يمكنني أخذ باقة من...؟
hal yumkinunee akhdh baaqa min...?
May I have a bunch of..., please?

كم يوماً ستعيش؟
kam yawm sa-taAeesh?
How long will these last?

بائع الجرائد baa'iA al-jaraa'id • newsstand

سجائر
sajaa'ir
cigarettes

علبة سجائر
Aulbat sajaa'ir
pack of cigarettes

طوابع
TawaabiA
stamps

بطاقة بريدية
biTaaqa bareedeeya
postcard

مجلة أطفال
majallat aTfaal
comic

مجلة
majalla
magazine

جريدة
jareeda
newspaper

تدخين tadkheen • smoking

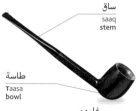

ساق
saaq
stem

طاسة
Taasa
bowl

تبغ
tabgh
tobacco

ولاعة
wallaaAa
lighter

غليون
ghalyoon
pipe

سيجار
seejaar
cigar

محل الحلوى maHall al-Halwa • candy store

علبة شوكولاتة
Aulbat shokolaata
box of chocolates
قطعة حلوة
qiTAa Hilwa
snack bar
رقائق البطاطس
raqaa'iq
al-baTaaTis
potato chips

محل الحلوى maHall al-Hulwa | candy store

المفردات al-mufradaat • vocabulary

شوكولاتة بالحليب
shookolaata bil-Haleeb
milk chocolate

كرملة
karamela
caramel

شوكولاتة سادة
shookolaata saada
dark chocolate

كمأ
kam'
truffle

شوكولاتة بيضاء
shookolaata bayDaa'
white chocolate

بسكوت
baskoot
cookie

اختر واخلط
ikhtar wakhliT
pick and mix

حلويات مغلية
Halawiyaat maghleeya
hard candy

الحلوى al-Halwa • confectionery

شوكولاتة
shookolaata
chocolate

قطعة شوكولاتة
qiTAat shookolaata
chocolate bar

حلويات
Halawiyaat
hard candy

مصاصة
maSSaaSa
lollipop

طوفي Tofee | **toffee**

نوغة noogha | **nougat**

حلوى الخطمي
Hulwa al-khiTmee
marshmallow

نعناع
niAnaaA
mint

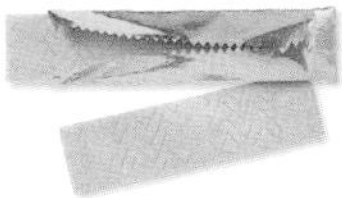

لبان
lubaan
chewing gum

حلوى مغلفة بالسكر
Hulwa mughallafa bis-sukkar
jellybean

حلوى فواكه
Hulwa fawaakih
gumdrop

عرق سوس
Airq soos
licorice

متاجر أخرى mataajir ukhra • other stores

مخبز
makhbaz
bakery

حلواني
Halawaanee
pasty shop

جزارة
jazzaara
butcher shop

بائع سمك
baa'iA samak
fishmonger

خضري
khuDaree
greengrocer

بقالة
baqqaala
grocery store

محل أحذية
maHall aHdhiya
shoe store

خردواتي
khurdawaatee
hardware store

متجر الأنتيكات
matjar al-anteekaat
antique shop

متجر هدايا
matjar hidaayaa
gift shop

وكيل سفر
wakeel safar
travel agent

تاجر جواهر
taajir jawaahir
jeweler

مكتبة
maktaba
bookstore

متجر اسطوانات
matjar usTuwaanaat
record store

متجر بيع الخمور
matjar beeA al-khumoor
liquor store

متجر الحيوانات الأليفة
matjar al-Hayawaanaat
al-aleefa
pet store

متجر أثاث
matjar athaath
furniture store

بوتيك
booteek
boutique

المفردات al-mufradaat • vocabulary

مكتب عقارات maktab Aaqaaraat **real estate agent**	متجر آلات التصوير matjar aalaat at-taSweer **camera store**
مركز البستنة markaz al-bastana **garden center**	متجر الأغذية الصحية matjar al-agh-dhiya aS-SiHHeeya **health food store**
التنظيف الجاف at-tanzeef al-jaaff **dry cleaner**	متجر أدوات فنية matjar adawaat fanneeya **art supply store**
مغسلة maghsala **laundromat**	متجر السلع المستعملة matjar as-silaA al-mustAmala **secondhand store**

خياط
khayyaaT
tailor

مصفف الشعر
muSaffif as-shaAr
salon

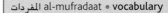

سوق sooq | **market**

المأكولات al-ma'koolaat
food

اللحم al-laHm • meat

لحم الضاني laHm ad-daanee
lamb

جزار jazzaar
butcher

خطاف اللحم khuTTaaf al-laHm
meat hook

ميزان meezaan
scales

مسن السكين misann as-sikkeen
knife sharpener

خنزير مملح khinzeer mumallaH
bacon

سجق sujuq
sausages

كبدة kibda
liver

المفردات al-mufradaat • vocabulary

خنزير khinzeer **pork**	**غزال** ghazzaal **venison**	**فضلات ذبيحة** faDalaat dhabeeHa **variety meat**	**طليق** Taleeq **free range**	**لحم مطبوخ** laHm maTbookh **cooked meat**
بقري baqaraa **beef**	**أرانب** araanib **rabbit**	**مدخن** mudakhkhan **smoked**	**عضوي** AuDwee **organic**	**لحم أبيض** laHm abyaD **white meat**
عجل Aijl **veal**	**لسان** lisaan **tongue**	**مملح ومدخن** mumallaH wa-mudakhkhan **cured**	**لحم خال من الدهن** laHm khaalin min ad-dihn **lean meat**	**لحم أحمر** laHm aHmar **red meat**

قطع qiTAa • cuts

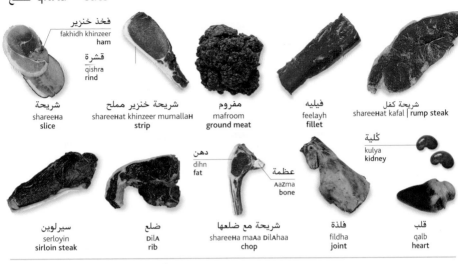

فخذ خنزير
fakhidh khinzeer
ham

قشرة
qishra
rind

شريحة
shareeHa
slice

شريحة خنزير مملح
shareeHat khinzeer mumallaH
strip

مفروم
mafroom
ground meat

فيليه
feelayh
fillet

شريحة كفل
shareeHat kafal | rump steak

دهن
dihn
fat

عظمة
AaZma
bone

كُلية
kulya
kidney

سيرلوين
serloyin
sirloin steak

ضلع
DilA
rib

شريحة مع ضلعها
shareeHa maAa DilAhaa
chop

فلذة
fildha
joint

قلب
qalb
heart

الدواجن ad-dawaajin • poultry

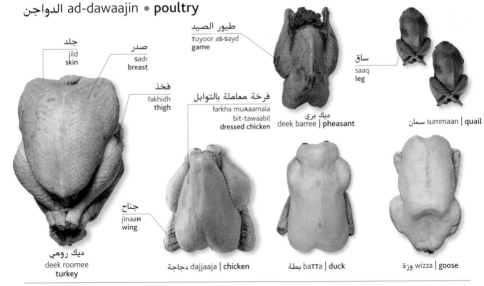

جلد
jild
skin

صدر
Sadr
breast

فخذ
fakhidh
thigh

طيور الصيد
Tuyoor as-Sayd
game

فرخة معاملة بالتوابل
farkha muAaamala
bit-tawaabil
dressed chicken

ديك بري
deek barree | pheasant

ساق
saaq
leg

سمان summaan | quail

جناح
jinaaH
wing

ديك رومي
deek roomee
turkey

دجاجة dajjaaja | chicken

بطة baTTa | duck

وزة wizza | goose

السمك as-samak • fish

جمبري مقشور
gambaree maqshoor
peeled shrimp

ثلج
thalj
ice

بوري أحمر
booree aHmar
red mullet

شرائح الهلبوت
sharaa'iH al-haliboot
halibut fillets

سلمون مرقط نهري
salmoon muraqqaT nahree
rainbow trout

أجنحة شفنين
ajniHat shifneen
skate wings

بائع سمك
baa'iA samak
fish counter

سمك الضفادع
samak aD-DafaadiA
monkfish

إسقمري
isqamaree
mackerel

سلمون مرقط
salmoon muraqqaT
trout

سمك السيف
samak as-sayf
swordfish

موسى دوفر
moosa dover
Dover sole

موسى ليمون
moosa laymoon
lemon sole

قديد
qadeed
haddock

سردين
sardeen
sardine

شفنين
shifneen
skate

مرلانوس
marlaanoos
whiting

ذئب البحر
dhi'b al-baHr
sea bass

سلمون salmoon | **salmon**

بقلة
baqala
cod

أسبور
asboor
sea bream

طون
Toon
tuna

فواكه البحر fawaakih al-baHr • seafood

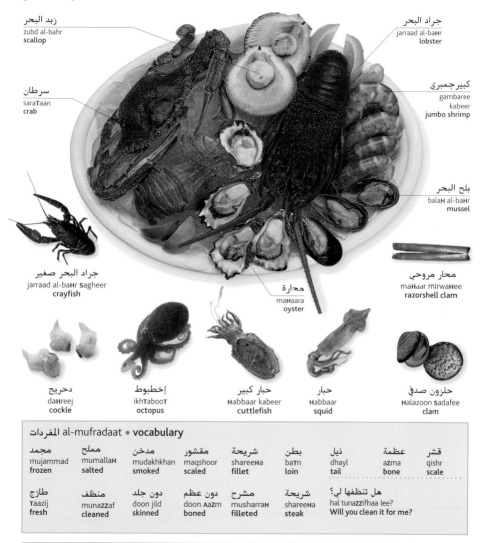

زبد البحر
zubd al-bahr
scallop

جراد البحر
jarraad al-baHr
lobster

سرطان
saraTaan
crab

كبير جمبري
gambaree
kabeer
jumbo shrimp

بلح البحر
balaH al-baHr
mussel

جراد البحر صغير
jarraad al-baHr Sagheer
crayfish

محار مروحي
maHaar mirwaHee
razorshell clam

محارة
maHaara
oyster

دحريج
daHreej
cockle

إخطبوط
ikhTabooT
octopus

حبار كبير
Habbaar kabeer
cuttlefish

حبار
Habbaar
squid

حلزون صدفي
Halazoon Sadafee
clam

المفردات al-mufradaat • vocabulary

مجمد mujammad **frozen**	مملح mumallaH **salted**	مدخن mudakhkhan **smoked**	مقشور maqshoor **scaled**	شريحة shareeHa **fillet**	بطن baTn **loin**	ذيل dhayl **tail**	عظمة aZma **bone**	قشر qishr **scale**
طازج Taazij **fresh**	منظف munaZZaf **cleaned**	دون جلد doon jild **skinned**	دون عظم doon AaZm **boned**	مشرح musharraH **filleted**	شريحة shareeHa **steak**	هل تنظفها لي؟ hal tunaZZifhaa lee? **Will you clean it for me?**		

الخضراوات al-khuDrawaat • vegetables 1

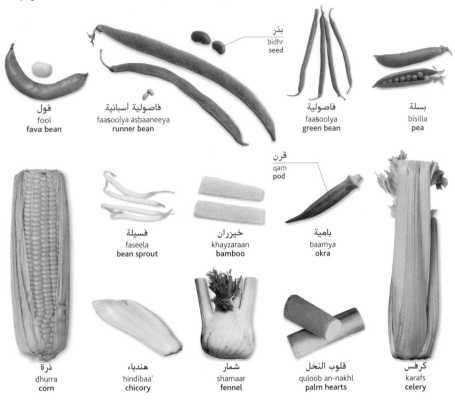

بذر
bidhr
seed

فول
fool
fava bean

فاصولية اسبانية
faaSoolya asbaaneeya
runner bean

فاصولية
faaSoolya
green bean

بسلة
bisilla
pea

قرن
qarn
pod

فسيلة
faseela
bean sprout

خيزران
khayzaraan
bamboo

بامية
baamya
okra

ذرة
dhurra
corn

هندباء
hindibaa'
chicory

شمار
shamaar
fennel

قلوب النخل
quloob an-nakhl
palm hearts

كرفس
karafs
celery

المفردات al-mufradaat • vocabulary

ورقة	زهيرة	طرف	عضوي	هل تبيع خضراوات عضوية؟
waraqa	zuhayra	Tarf	AuDwee	hal tabeeA khuDrawaat AuDweeya?
leaf	**floret**	**tip**	**organic**	**Do you sell organic vegetables?**
ساق	نواة	قلب	كيس بلاستيك	هل هذه مزروعة محلياً؟
saaq	nawaah	qalb	kees blaasteek	hal haadhihi mazrooAa maHalleeyan?
stalk	**kernel**	**heart**	**plastic bag**	**Are these grown locally?**

جرجير
jarjeer
arugula

جرجير الماء
jarjeer al-maa'
watercress

هندباء إيطالية
hindibaa' eeTaaleeya
radicchio

كرنب بروكسل
kurunb brooksel
Brussels sprouts

سلق سويسري
salq sweesree
Swiss chard

كرنب لارُؤيسي
kurunb laaru'eesee
kale

حُماض
HumaaD
sorrel

هِندب
hindab
endive

هندباء برية
hindibaa' barreeya
dandelion

سبانخ
sabaanikh
spinach

كرنب ساقي
kurunb saaqee
kohlrabi

كرنب صيني
kurunb Seenee
bok choy

خس
khass
lettuce

قرنبيط لارُؤيسي
qarnabeeT laaru'eesee
broccoli

كرنب ملفوف
kurunb malfoof
cabbage

كرنب بري
kurunb barree
greens

الخضراوات ٢ al-khuDrawaat ithnaan • vegetables 2

لفت
lift
turnip

خرشوف
kharshoof
artichoke

قرنبيط
qarnabeet
cauliflower

فجل
fijl
radish

هليون
hilyawn
asparagus

بطاطس
baTaaTis
potato

كوسة كبيرة
kosa kabeera
squash

بصل
baSal
onion

فلفل
filfil
pepper

ذرة حلوة
dhurra Hulwa
sweetcorn

فلفل حريف
filfil Hareef
chili

المفردات al-mufradaat • vocabulary

طماطم الكرز TamaaTim al-karaz cherry tomato	كرفس karafs celeriac	مجمد mujammad frozen	مر murr bitter	كيلو بطاطس من فضلك. keelo baTaaTis min faDlak. A kilo of potatoes, please.
جزر jazar carrot	جذر القلقاس jidhr al-qulqaas taro root	نيئ nayy' raw	صلب sulb firm	ما سعر الكيلو؟ maa siAr al-keelo? What's the price per kilo?
شجرة الخبز shajarat al-khubz breadfruit	كسافا kasaafaa cassava	حار Haarr hot (spicy)	لب lubb pulp	ما اسم هذه؟ maa ism haadhihi? What are those called?
بطاطس الموسم baTaaTis al-mawsim new potato	قسطل الماء qasTal al-maa' water chestnut	حلو Hilw sweet	جذر jidhr root	

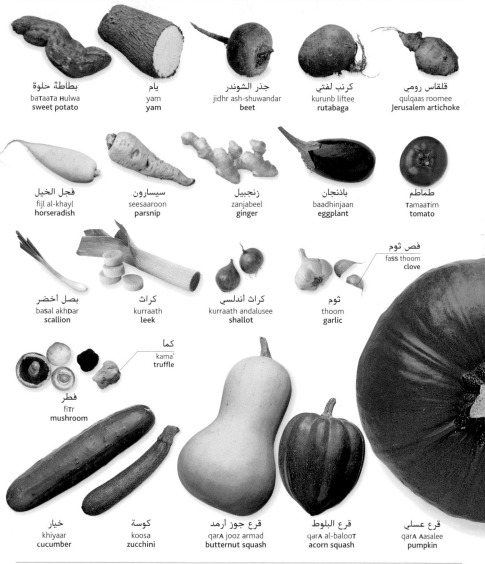

بطاطة حلوة
baTaaTa Hulwa
sweet potato

يام
yam
yam

جذر الشوندر
jidhr ash-shuwandar
beet

كرنب لفتي
kurunb liftee
rutabaga

قلقاس رومي
qulqaas roomee
Jerusalem artichoke

فجل الخيل
fijl al-khayl
horseradish

سيسارون
seesaaroon
parsnip

زنجبيل
zanjabeel
ginger

باذنجان
baadhinjaan
eggplant

طماطم
TamaaTim
tomato

بصل أخضر
baSal akhDar
scallion

كراث
kurraath
leek

كراث أندلسي
kurraath andalusee
shallot

ثوم
thoom
garlic

فص ثوم
faSS thoom
clove

كما
kama'
truffle

فطر
fiTr
mushroom

خيار
khiyaar
cucumber

كوسة
koosa
zucchini

قرع جوز أرمد
qarA jooz armad
butternut squash

قرع البلوط
qarA al-balooT
acorn squash

قرع عسلي
qarA Aasalee
pumpkin

الفواكه ١ al-fawaakih waaHid • fruit 1

الموالح al-mawaaliH • citrus fruit

برتقال
burtuqaal
orange

كلمانتين
klemanteen
clementine

نرنج
naranj
ugli fruit

لب
lubb
pith

جريب فروت
greeb froot
grapefruit

فص
fass
segment

يوسفي ساتسوما
yoosufee satsooma
satsuma

يوسفي
yoosufee
tangerine

لحاء
liHaa'
zest

ليمون مالح
laymoon maaliH
lime

ليمون
laymoon
lemon

كوم كوات
kumkwaat
kumquat

الفواكه ذات النواة al-fawaakiH dhaat al-nawaah • stone fruit

خوخ
khawkh
peach

خوخ أملس
khawkh amlas
nectarine

مشمش
mishmish
apricot

برقوق
barqooq
plum

كرز
karaz
cherry

تفاح
tuffaaH
apple

كمثرى
kumathra
pear

سلة الفواكه sallat al-fawaakiH | **basket of fruit**

العنبيات و البطيخ al-Aanabeeyaat wal-biTTeekh • berries and melons

فراولة
faraawla
strawberry

توت العليق
toot al-Aulayq
raspberry

بطيخ أصفر
biTTeekh asfar
melon

توت أسود
toot aswad
blackberry

كشمش
kishkish
red currant

عنب
Ainab
grapes

قشرة
qishra
rind

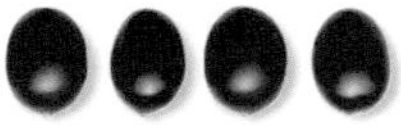

أويسة
aweesa
cranberry

كشمش أسود
kishkish aswad
black currant

بذور
bukhoor
seeds

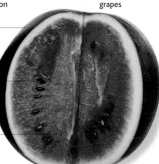

لب
lubb
flesh

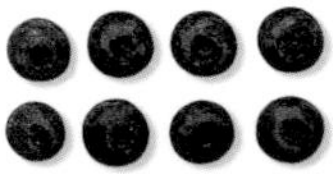

عنب الدب
Ainab ad-dubb
blueberry

كشمش أبيض
kishkish abyaD
white currant

بطيخ أخضر
biTTeekh akhDar
watermelon

توت لوغان
toot looghaan
loganberry

كشمش شائك
kishkish shaa'ik
gooseberry

المفردات al-mufradaat • vocabulary

راوند	مر	ناضر	عصير	هل هي ناضجة؟
raawand	murr	naaDir	Aaseer	hal hiya naaDija?
rhubarb	sour	crisp	juice	Are they ripe?
ألياف	طازج	متعفن	قلب	هل يمكنني تذوق واحدة؟
alyaaf	Taazij	mutaAaffin	qalb	hal yumkinunee tadhawwuq waaHida?
fiber	fresh	rotten	core	Can I try one?
حلو	عصيري	لباب	بدون بذر	كم يوماً ستحتفظ بنضارتها؟
Hilw	Aaseeree	lubaab	bidoon badhr	kam yawm sa-taHtafiz bi-naDaarat-haa?
sweet	juicy	pulp	seedless	How long will they keep?

الفواكه ithnaan ٢ al-fawaakih • fruit 2

مانجو
maango
mango

أناناس
anaanaas
pineapple

أفوكادو
afokaado
avocado

بابايا
babaayaa
papaya

خوخ
khawkh
peach

ليتشية
leetsheeya
lychee

فاكهه الكيوي
faakihat al-keewee
kiwifruit

قرنفش
qunufish
cape gooseberry

حبة
нabba
seed

جلد
jild
peel

سفرجل
safarjal
quince

ثمرة زهرة الآلام
thamrat zahrat al-aalaam
passion fruit

موز
mawz
banana

جوافة
jawaafa
guava

رمان
rummaan
pomegranate

ديوسبيروس
diyoosbeeroos
persimmon

فيجوا
feejowa
feijoa

تين شوكي
teen shawkee
prickly pear

فاكهة النجمة
fakihat an-najma
starfruit

جوز جندم
jawz jandam
mangosteen

الجوزيات والفواكه الجافة al-jowzeeyaat wal-fawaakiH al-jaaffa • nuts and dried fruit

حَبّ الصنوبر
Habb aS-Sanoobar
pine nut

فستق
fustuq
pistachio

بلاذر
balaadhir
cashew

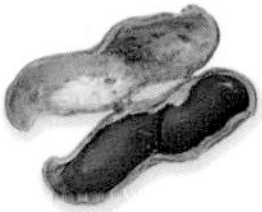

فول سوداني
fool soodaanee
peanut

بندق
bunduq
hazelnut

بندق برازيلي
bunduq braazeelee
Brazil nut

باكانية
baakaneeya
pecan

لوز
lawz
almond

جوز
jawz
walnut

كستنا
kastana
chestnut

بندق كوينزلندة
bunduq kweenzlanda
macadamia

تين
teen
fig

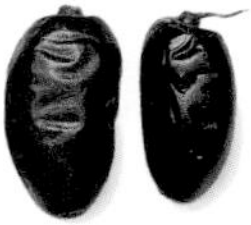

بلح
balaH
date

برقوق مجفف
barqooq mujaffafa
prune

كشمش
kishmish
seedless raisin

زبيب
zabeeb
raisin

سماق
samaaq
currant

جوز الهند
jawz al-hind
coconut

قشر
qishr
shell

لب
lubb
flesh

المفردات al-mufradaat • vocabulary

أخضر	صلب	نواة	مملح	محمر	مقشر	فاكهة مسكرة
akhDar	Sulb	nawaah	mumallaH	muHammar	muqashshar	faakiha musakkara
green	**hard**	**kernel**	**salted**	**roasted**	**shelled**	**candied fruit**
ناضج	طري	مجفف	نيئ	موسمي	كامل	فاكهة استوائية
naaDij	Taree	mujaffaf	nayy'	mawsimee	kaamil	faakiha istiwaa'eeya
ripe	**soft**	**desiccated**	**raw**	**seasonal**	**whole**	**tropical fruit**

الحبوب والبقول al-Huboob wal-buqool • grains and pulses

الحبوب al-Huboob • grains

قمح
qamH
wheat

شوفان
shoofaan
oats

شعير
shaAeer
barley

دخن
dukhn
millet

ذرة
dhura
corn

كينوا
keenwa
quinoa

المفردات al-mufradaat • vocabulary

بذر badhr seed	معطر muAaTTar fragranced	حبوب كاملة Huboob kaamila whole-grain
عصافة AuSaafa husk	غلال ghilaal cereal	حبوب طويلة Huboob Taweela long-grain
نواة nawaah kernel	ينقع yanqaA soak (v)	حبوب قصيرة Huboob qaSeera short-grain
جاف jaaff dry	سهل الطبخ sahl aT-Tabkh quick-cooking	
طازج Taazaj fresh		

الأرز al-aruzz • rice

أرز أبيض
aruzz abyaD
white rice

أرز بني
aruzz bunnee
brown rice

أرز بري
aruzz barree
wild rice

أرز للحلوى
aruzz lil-Halwa
arborio rice

الحبوب المعالجة al-Huboob al-muAaalaja • processed grains

كسكسي
kuskusee
couscous

برغل
burghul
cracked wheat

سميد
sameed
semolina

نخالة
nukhaala
bran

البقول al-buqool • pulses

فاصوليا الزبد
faSoolya az-zubd
butter beans

فازول
faazool
navy beans

فاصوليا حمراء
faSoolya Hamraa'
red kidney beans

حبوب أدوكي
Huboob adookee
adzuki beans

باقلاء
baaqilaa'
fava beans

فول الصويا
fool aS-Soyaa
soybeans

لوبيا
loobya
black-eyed beans

حبوب بنتو
Huboob binto
pinto beans

حبوب مونج
Huboob munj
mung beans

فاصوليا فرنسية
faSoolya faranseeya
flageolet beans

عدس بني
Aads bunnee
brown lentils

عدس أحمر
Aads aHmar
red lentils

بسلة خضراء
bisilla khaDraa'
green peas

حمص
HummuS
chick peas

بسلة مشقوقة
bisilla mashqooqa
split peas

البذور al-budhoor • seeds

بذور القرع
budhoor al-qarA
pumpkin seed

بذور الخردل
budhoor al-khardal
mustard seed

كراويا
karawiya
caraway

بذور السمسم
budhoor as-simsim
sesame seed

بذور عباد الشمس
budhoor Aabbaad ash-shams
sunflower seed

الأعشاب والتوابل al-aAshaab wat-tawaabil • herbs and spices

التوابل at-tawaabil • spices

فانيلا faneelaa | vanilla

جوز الطيب
jawz aT-Teeb
nutmeg

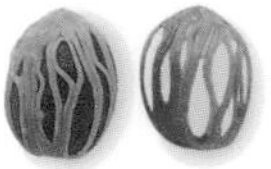

قشرة جوز الطيب
qishrat jawz aT-Teeb
mace

كركم
kurkum
turmeric

كمون
kammoon
cumin

باقة أعشاب
baaqat aAshaab
bouquet garni

حب البهار
Habb al-buhaar
allspice

بذور الفلفل الأسود
budhoor al-filfil al-aswad
peppercorn

حلبة
Hulba
fenugreek

فلفل حريف
filfil Hareef
chili pepper

كامل
kaamil
whole

مسحوق خشنًا
masHooq
khashinan
crushed

زعفران
zaAfaraan
saffron

حب الهال
Habb al-haal
cardamom

كاري
kaaree
curry powder

مسحوق
masHooq
ground

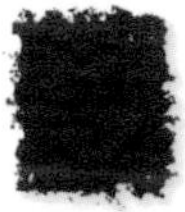

فلفل حلو
filfil Hulw
paprika

قشيرات
qushayraat
flakes

ثوم
thoom
garlic

عيدان
Aeedaan
sticks

قرفة
qirfa
cinnamon

حشيشة الليمون
Hasheeshat al-laymoon
lemon grass

قرنفل
qurunfil
cloves

أنيسون
aneesoon
star anise

زنجبيل
zanjabeel
ginger

الأعشاب al-aAshaab • herbs

شمار
shamaar
fennel

بذور الشمار
budhoor
ash-shamaar
fennel seeds

ورق الغار
waraq al-ghaar
bay leaf

بقدونس
baqdoonis
parsley

ثوم معمر
thoom muAammar
chives

نعناع
niAnaaA
mint

زعتر
zaAtar
thyme

مريمية
maryameeya
sage

طرخون
tarakhoon
tarragon

مردقوش
mardaqoosh
marjoram

ريحان
rayHaan
basil

أوريجانو
oreejaano
oregano

كسبرة
kusbara
cilantro

شبت
shibitt
dill

حصا البان
HaSaa albaan
rosemary

الأغذية في زجاجات al-agh-dhiya fee zujaajaat • bottled foods

زيت الجوز
zayt al-jawz
walnut oil

زيت اللوز
zayt al-lawz
almond oil

زيت بذور العنب
zayt budhoor al-Ainab
grapeseed oil

سدادة
sidaada
cork

زيت عباد الشمس
zayt Aabbaad
ash-shams
sunflower oil

زيت بذور السمسم
zayt budhoor
as-simsim
sesame seed oil

زيت البندق
zayt al-bunduq
hazelnut oil

زيت الزيتون
zayt az-zaytoon
olive oil

أعشاب
Aashaab
herbs

زيت منكه
zayt munakkah
flavored oil

زيوت
zuyoot
oils

بسطات حلوة basaTaat Hulwa • sweet spreads

إناء
inaa'
jar

قرص عسل النحل
qurS Aasal al-naHl
honeycomb

عسل جامد
Aasal jaamid
set honey

خثارة الليمون
khuthaarat al-laymoon
lemon curd

مربى العليق
murabba al-Aullayq
raspberry jam

مربى النرنج
murabba an-naranj
marmalade

عسل رائق
Aasal raa'iq
clear honey

شراب القبقب
sharaab al-qabqab
maple syrup

البهارات al-bihaaraat • condiments

التفاح المخمر خل
khall at-tuffaaH
al-mukhammar
cider vinegar

زجاجة
zujaaja
bottle

خل بلسمي
khall balsamee
balsamic vinegar

خردل إنجليزي
khardal injileezee
English mustard

مايونيز
mayonayz
mayonnaise

كتشب
katshab
ketchup

خردل فرنسي
khardal faransee
French mustard

خل المولت
khall al-molt
malt vinegar

خل النبيذ
khall an-nabeedh
wine vinegar

صوص
saws
sauce

شطني
shuTnee
chutney

خل
khall
vinegar

خردل الحبوب الكاملة
khardal al-huboob
al-kaamila
whole-grain mustard

إناء محكم القفل
inaa' muHkam
al-qafl
canning jar

زبد الفول السوداني
zubd al-fool
as-soodaanee
peanut butter

بسطة شوكولاتة
basTat shokolaata
chocolate spread

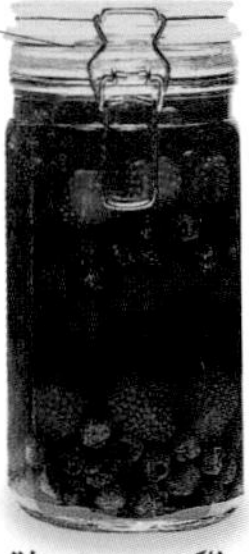

فاكهة محفوظة
faakiha maHfooza
preserved fruit

المفردات al-mufradaat • vocabulary

زيت الذرة
zayt adh-dhura
corn oil

زيت اللفت
zayt al-lift
canola oil

زيت فستق العبيد
zayt fustuq
al-Aabeed
peanut oil

زيت عصرة باردة
zayt Asra baarida
cold-pressed oil

زيت نباتي
zayt nabaatee
vegetable oil

منتجات الألبان muntajaat al-albaan • dairy products

جبن jubn • cheese

قشرة
qishra
rind

جبن شبه جامد
jubn shibh jaamid
semihard cheese

جبن مبشور
jubn mabshoor
grated cheese

جبن جامد
jubn jaamid
hard cheese

جبن شبه طري
jubn shibh Taree
semisoft cheese

جبن منزوع الدسم
jubn manzooA
ad-dasam
cottage cheese

جبن قشدي
jubn qishdee
cream cheese

جبن ازرق
jubn azraq
blue cheese

جبن طري
jubn Taree
soft cheese

جبن طازج jubn Taazij I fresh cheese

الحليب al-Haleeb • milk

حليب كامل
Haleeb kaamil
whole milk

حليب منزوع نصف الدسم
Haleeb manzooA nisf ad-dasam
reduced-fat milk

حليب منزوع الدسم
Haleeb manzooA
ad-dasam
fat-free milk

علبة حليب
Aulbat Haleeb
milk carton

حليب البقر Haleeb al-baqar I cow's milk

حليب الماعز
Haleeb maaAiz
goat's milk

حليب مكثف
Haleeb mukaththaf
condensed milk

زبد
zubd
butter

مرجرين
marjareen
margarine

قشدة
qishda
cream

قشدة سائلة
qishda saa'ila
half-and-half cream

قشدة كثيفة
qishda katheefa
whipping cream

قشدة مخفوقة
qishda makhfooqa
whipped cream

قشدة حامضة
qishda HaamiDa
sour cream

لبن رائب
laban raa'ib
yoghurt

آيس كريم
aays kreem
icecream

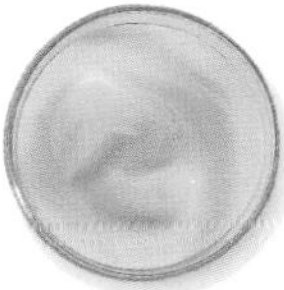

البيض al-bayD • eggs

صفار
Safaar
yolk

بياض
bayaaD
egg white

قشر
qishr
shell

كوب البيض
koob al-bayD
egg cup

بيضة مسلوقة bayDa maslooqa **I soft-boiled egg**

بيضة وزة
bayDat iwizza
goose egg

بيضة دجاجة
bayDat dajaaja
hen's egg

بيضة بطة
bayDat baTTa
duck egg

بيضة سمان
bayDat summaan
quail egg

المفردات al-mufradaat • vocabulary

مبستر
mubastar
pasteurized

شراب حليب مخفوق
sharaab Haleeb makhfooq
milkshake

مملح
mumallaH
salted

حليب الغنم
Haleeb al-ghanam
sheep's milk

لاكتوز
laktooz
lactose

متجانس
mutajaanas
homogenized

غير مبستر
ghayr mubastar
unpasteurized

لبن رائب مجمد
laban raa'ib mujammad
frozen yoghurt

غير مملح
ghayr mumallaH
unsalted

لبن خض
laban khaDD
buttermilk

خالية الدسم
khaaliyat ad-dasam
fat-free

مسحوق الحليب
masHooq al-Haleeb
powdered milk

الخبز والدقيق al-khubz wad-daqeeq • breads and flours

خبز مخرط
khubz mukharraT
sliced bread

بذور الخشخاش
budhoor al-khashkhaash
poppy seeds

خبز الشيلم
khubz ash-shaylam
rye bread

خبز فرنسي
khubz faransee
baguette

مخبز makhbaz | **bakery**

صناعة الخبز SinaaAat al-khubz • making bread

دقيق أبيض
daqeeq abyaD
white flour

دقيق بني
daqeeq bunnee
brown flour

دقيق من حبوب كاملة
daqeeq min Huboob kaamila
whole-wheat flour

خميرة
khameera
yeast

يغربل yugharbil | **sift (v)**

يخلط yukhalliT | **mix (v)**

عجين
Aajeen
dough

يعجن yuAajjin | **knead (v)**

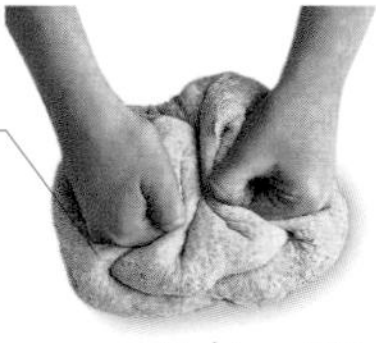

يخبز yakhbiz | **bake (v)**

قشرة
qishra
crust

رغيف
ragheef
loaf

شريحة
shareeHa
slice

خبز أبيض
khubz abyaD
white bread

خبز بني
khubz bunnee
brown bread

خبز من حبوب كاملة
khubz min Huboob kaamila
whole-wheat bread

خبز بحبوب
khubz bi-Huboob
multigrain bread

خبز الذرة
khubz adh-dhurra
corn bread

خبز الصودا
khubz as-Soda
soda bread

خبز من عجينة محمضة
khubz min Aajeena muHammaDa
sourdough bread

خبز مفلطح
khubz mufalTaH
flatbread

خبز عبري
khubz Aibree
bagel

رول كبير
roll kabeer | bun

رول
roll | roll

خبز فواكه
khubz fawaakih
fruit bread

خبز مضاف له بذور
khubz muDaaf lahu budhoor
seeded bread

خبز نان
khubz naan
naan bread

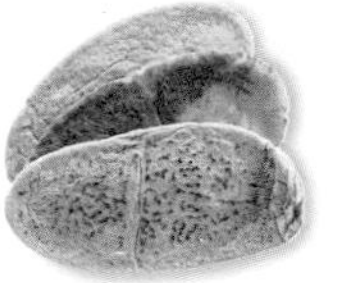

خبز بيتا
khubz bita
pitta bread

بقسمات
buqsumaat
crispbread

المفردات al-mufradaat • **vocabulary**

دقيق قوي daqeeq qawee **bread flour**	ينفخ yanfakh **rise (v)**	يريح yureeH **prove (v)**	فتات الخبز fataat al-khubz **breadcrumbs**	مخرطة خبز mikhraTat khubz **slicer**
دقيق ذاتي النفخ daqeeq dhaatee an-nafkh **self-rising flour**	دقيق عادي daqeeq Aaadee **all-purpose flour**	يكسو yaksoo **glaze (v)**	رغيف على شكل مزمار ragheef Aala shakl mizmaar **flute**	خباز khabbaaz **baker**

الكعك والحلويات al-kaak wal-Halaweeyaat • cakes and desserts

إكلير
iklayr
éclair

عجين شو
Aajeen shoo
choux pastry

عجين بوف
Aajeen buff
puff pastry

كريم
kreem
cream

عجين فيلو
Aajeen feelo
phyllo pastry

حشو
Hashw
filling

كعك بالفواكه
kaAk bil-fawaakih
fruit cake

مكسو بالشوكولاتة
maksoo bish-shokolaata
chocolate-covered

تارت بالفواكه
tart bil-fawaakih
fruit tart

موفينة
mofeena
muffin

كعك إسفنجي
kaAk isfinjee
sponge cake

مرينج
mareeng
meringue

كعك kaAk | cakes

المفردات al-mufradaat • vocabulary

كريم باتيسيري kreem batisayree crème pâtissière	قرص qurs bun	معجنات muAajjanaat pastry	أرز بالحليب aruzz bil-Haleeb rice pudding	ممكن شريحة من فضلك؟ mumkin shareeHa min faDlak? May I have a slice, please?
كعك شوكولاتة kaAk shokolaata chocolate cake	كسترد kustard custard	شريحة shareeHa slice	احتفال iHtifaal celebration	

زر شوكولاتة
zirr shokolaata
chocolate chip

أصابع إسفنجية
aSaabiA isfinjeeya
ladyfinger

بسكوت فلورينتين
baskoot filoorinteen
florentine

ترفيل
tarifeel
trifle

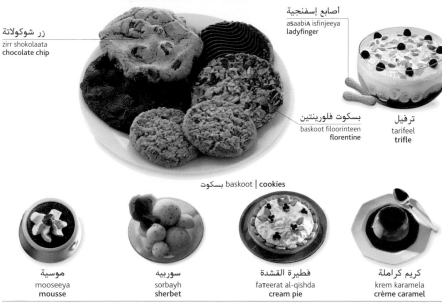

بسكوت baskoot | **cookies**

موسية
mooseeya
mousse

سوربيه
sorbayh
sherbet

فطيرة القشدة
faTeerat al-qishda
cream pie

كريم كراملة
krem karamela
crème caramel

كعك الاحتفالات kaAk al-iHtifaalaat • celebration cakes

طبقة علوية
Tabaqa Aulweeya
top tier

شريط
shareeT
ribbon

طبقة سفلية
Tabaqa sufleeya
bottom tier

كسوة
kiswa
icing

مرزبان
marzibaan
marzipan

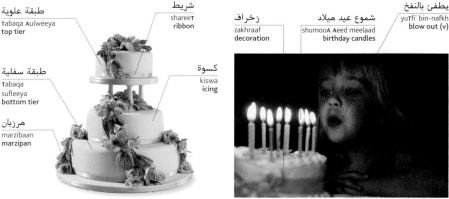

كعكة الزفاف kaAkat al-zifaaf | **wedding cake**

زخراف
zakhraaf
decoration

شموع عيد ميلاد
shumooA Aeed meelaad
birthday candles

يطفئ بالنفخ
yuTfi' bin-nafkh
blow out (v)

كعكة عيد ميلاد kaAkat Aeed meelaad | **birthday cake**

الأطعمة الخاصة al-aTAima al-khaaSSa • delicatessen

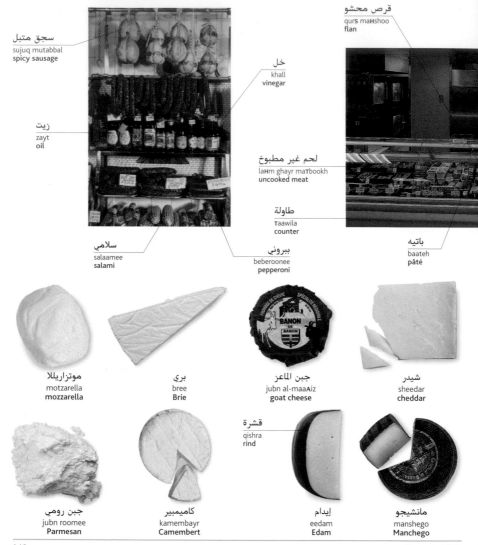

سجق متبل
sujuq mutabbal
spicy sausage

زيت
zayt
oil

خل
khall
vinegar

سلامي
salaamee
salami

ببروني
beberoonee
pepperoni

قرص محشو
qurS maHshoo
flan

لحم غير مطبوخ
laHm ghayr maTbookh
uncooked meat

طاولة
Taawila
counter

باتيه
baateh
pâté

موتزاريللا
motzarella
mozzarella

بري
bree
Brie

جبن الماعز
jubn al-maaAiz
goat cheese

شيدر
sheedar
cheddar

جبن رومي
jubn roomee
Parmesan

كاميمبير
kamembayr
Camembert

قشرة
qishra
rind

إيدام
eedam
Edam

مانشيجو
manshego
Manchego

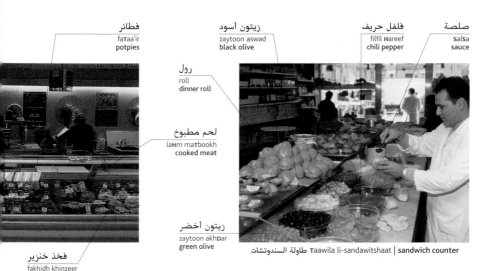

فطائر
faTaa'ir
potpies

زيتون أسود
zaytoon aswad
black olive

فلفل حريف
filfil Hareef
chili pepper

صلصة
salSa
sauce

رول
roll
dinner roll

لحم مطبوخ
laHm maTbookh
cooked meat

زيتون أخضر
zaytoon akhDar
green olive

فخذ خنزير
fakhidh khinzeer
ham

طاولة السندوتشات Taawila li-sandawitshaat | sandwich counter

سمك مدخن
samak mudakhkhan
smoked fish

ثمر الكبوسين
thamr al-kabbooseen
capers

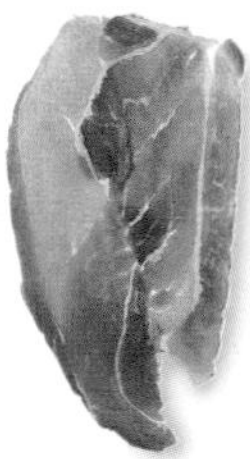

كاريزو
kareezo
chorizo

لحم خنزير مجفف
laHm khinzeer mujaffaf
prosciutto

زيتون محشو
zaytoon maHshoo
stuffed olive

المفردات al-mufradaat • vocabulary

في الزيت fiz-zayt in oil	متبل mutabbil marinated	مدخن mudakhkhan smoked
في محلول ملحي fee maHlool milHee in brine	مملح mumallaH salted	مجفف mujaffaf cured

خذ رقم من فضلك.
khudh raqam min faDlak.
Take a number, please.

ممكن أجرب هذا؟
mumkin ujarrib haadha?
May I try some of that, please?

ممكن ست شرائح من هذا؟
mumkin sitt sharaa'iH min haadha?
May I have six slices of that, please?

المشروبات mashroobaat • drinks

الماء al-maa' • water

ماء معبا
maa' muAabba'
bottled water

فائر مكربن
faa'ir mukarban
sparkling

ساكن
saakin
noncarbonated

ماء من صنبور
maa' min sunboor
tap water

ماء التونك
maa' al-tonik
tonic water

ماء الصودا
maa' as-soda
soda water

مياه معدنية
miyaah miAdaneeya
mineral water

المشروبات الساخنة al-mashroobaat as-saakhina • hot drinks

كيس شاي
kees shaay
teabag

أوراق شاي
awraaq shaay
loose leaf tea

شاي
shaay
tea

بن
bunn
beans

بن مطحون
bunn maTHoon
ground coffee

قهوة
qahwa
coffee

شوكولاتة ساخنة
shokolaata saakhina
hot chocolate

مشروب مولت
mashroob molt
malted drink

مشروب خفيف mashroob khafeef • soft drinks

مصاصة
maSSaaSa
straw

عصير الطماطم
Aaseer aT-TamaaTim
tomato juice

عصير العنب
Aaseer al-Ainab
grape juice

شراب الليمون
sharaab al-laymoon
lemonade

شراب البرتقال
sharaab al-burTuqaal
orangeade

كولا
kola
cola

المشروبات الكحولية al-mashroobaat al-kuHooleeya • alcoholic drinks

جن
jin | **gin**

علبة
Aulba
can

بيرة
beera
beer

سيدر
sidar
hard cider

بيرة بيتير
beera beetir
bitter

بيرة سوداء
beera sawdaa'
stout

فودكا
vodka | **vodka**

وسكي
wiskee | **whiskey**

عرق السكر
Aaraq as-sukkar
rum

براندي
barandee
brandy

بورت
bort
port

جاف
jaaff
dry

شري
sheree
sherry

كمباري
kambaree
campari

(نبيذ) وردي
(nabeedh) wardee
rosé (wine)

(نبيذ) أبيض
(nabeedh) abyaD
white (wine)

(نبيذ) أحمر
(nabeedh)
aHmar
red (wine)

مسكر
musakkar
liqueur

تيكيلا
tekeela
tequila

شمبانيا
shambanya
champagne

نبيذ nabeedh | **wine**

الأكل خارج المنزل al-akl khaarij al-manzil
eating out

المقهى al-maqha • café

ظُلة
zulla
awning

قائمة
qaa'ima
menu

مظلة
miẓalla
umbrella

مقهى على شرفة
maqhan Aala shurfa
terrace café

نادل
naadil
waiter

جهاز إعداد القهوة
jihaaz iAdaad
al-qahwa
coffee machine

مائدة
maa'ida
table

مقهى على الرصيف maqhan Aalar-raSeef | pavement café

مطعم وجبات خفيفة maTAam wajabaat khafeefa | snack bar

القهوة al-qahwa • coffee

قهوة بالحليب
qahwa bil-Haleeb
white coffee

قهوة سادة
qahwa saada
black coffee

بودرة الكاكاو
boodrat al-kakaw
cocoa powder

رغوة
raghwa
froth

قهوة أمريكية
qahwa amreekeeya
filter coffee

إسبرسو
isbreso
espresso

كابتشينو
kabatsheeno
cappuccino

قهوة مثلجة
qahwa muthallaja
iced coffee

148

الشاي ash-shaay • tea

شاي عشبي
shaay Aushbee
herbal tea

شاي بالبابونج
shaay bil-baboonj | camomile tea

شاي أخضر
shaay akhDar | green tea

شاي بالحليب
shaay bil-Haleeb
tea with milk

شاي سادة
shaay saada
black tea

شاي بالليمون
shaay bil-laymoon
tea with lemon

شاي بالنعناع
shaay bin-niAnaaA
mint tea

شاي مثلج
shaay muthallaj
iced tea

العصائر والحليب المخفوق al-AaSaa'ir wal-Haleeb al-makhfooq • juices and milkshakes

عصير البرتقال
AaSeer
al-burtuqaal
orange juice

عصير التفاح
AaSeer
at-tuffaaH
apple juice

عصير الأناناس
AaSeer
al-anaanaas
pineapple juice

عصير الطماطم
AaSeer
aT-TamaaTim
tomato juice

شوكولاتة بالحليب المخفوق
shokolaata bil-Haleeb
al-makhfooq
chocolate milkshake

فراولة بالحليب المخفوق
faraawla bil-Haleeb
al-makhfooq
strawberry milkshake

قهوة بالحليب المخفوق
qahwa bil-Haleeb
al-makhfooq
coffee milkshake

الغذاء al-ghidhaa' • food

خبز بني
khubz bunnee
brown bread

سندوتش محمص
sandawitsh muHammaS
toasted sandwich

سلطة
salaTa
salad

كرة
kura
scoop

آيس كريم
aayis kreem
ice cream

معجنات
muAajjinaat
pastry

البار al-baar • bar

أكواب زجاج
akwaab zujaaj
glasses

صراف بالمقاس
Sarraaf bil-maqaas
dispenser

درج نقود
durj nuqood
cash register

قيم البار
qayyim al-baar
bartender

صنبور البيرة
Sanboor al-beera
beer tap

جهاز إعداد القهوة
jihaaz iAdaad al-qahwa
coffee machine

دلو الثلج
dilw ath-thalj
ice bucket

مقعد البار
maqAad al-baar
bar stool

طفاية سجائر
Tafaayat sajaa'ir
ashtray

وسادة للأكواب
wisaada lil-akwaab
coaster

مسطح البار
musaTTaH al-baar
bar

فتاحة زجاجات
fattaaHat zujaajaat
bottle opener

رافعة
raafiAa
lever

بريمة
barreema | **corkscrew**

ملقط
milqaT
tongs

مرجف
murajjif
stirrer

مقياس
miqyaas
measure

خضاضة الكوكتيل
khaDDaaDat al-koktayl | **cocktail shaker**

دورق
dawraq
pitcher

مكعب ثلج
mukaAAab thalj
ice cube

جن وتونك
jin wa-tonik
gin and tonic

ويسكي سكوتش وماء
weeskee skotsh wa-maa'
scotch and water

رم وكولا
rum wa-kola
rum and coke

فودكا وبرتقال
vodka wa-butuqaal
vodka and orange

مرتيني
marteenee
martini

كوكتيل
koktayl
cocktail

نبيذ
nabeedh
wine

بيرة
beera
beer

قدران
qadraan
double

قدر واحد
qadr waaHid
single

ثلج وليمون
talj wa-laymoon
ice and lemon

قدر بسيط
qadr baseeT
a shot

مقياس
miqyaas
measure

بدون ثلج
bidoon thalj
without ice

بالثلج
bith-thalj
with ice

مزات بار mazzaat baar as-sareeA • **bar snacks**

بلاذر
balaadhir
cashews

فول سوداني
fool soodaanee
peanuts

لوز
lawz
almonds

رقائق بطاطس
raqaa'iq baTaaTis | **potato chips**

جوزيات
jawzeeyaat | **nuts**

زيتون
zaytoon | **olives**

المطعم al-maTAam • restaurant

إعداد المائدة
iAdaad al-maa'ida
place setting

طباخ مساعد
Tabbaakh musaaAid
assistant chef

مطبخ maTbakh | kitchen

طباخ رئيسي
Tabbaakh ra'eesee
chef

كأس
ka's
glass

صينية
Seneeya
tray

نادل naadil | server

المفردات al-mufradaat • vocabulary

قائمة المساء qaa'imat al-masaa' dinner menu	أطباق خاصة aTbaaq khaaSSa specials	سعر siAr price	بقشيش baqsheesh tip	بوفيه boofeh buffet	زبون zaboon customer
قائمة نبيذ qaa'imat nabeedh wine list	أطباق من القائمة aTbaaq min al-qaa'ima à la carte	حساب Hisaab check	تتضمن الخدمة tataDamman al-khidma service charge included	بار baar bar	فلفل filfil pepper
قائمة غداء qaa'imat ghadaa' lunch menu	عربة الحلويات Aarabat al-Halawiyaat dessert cart	إيصال eeSaal receipt	لا تتضمن الخدمة laa tataDamman al-khidma service charge not included	ملح milH salt	

قائمة
qaa'ima
menu

وجبة طفل
wajbat Tifl
child's meal

يطلب yaTlub | order (v)

يدفع yadfaA | pay (v)

أطباق الطعام aTbaaq aT-TaAaam • courses

بادئة
baadi'a
apéritif

مُقبّل
muqabbil
appetizer

حساء
Hisaa'
soup

طبق رئيسي
Tabaq ra'eesee
main course

طبق جانبي
Tabaq jaanibee
side order

حلو Hulw I dessert

قهوة qahwa I coffee

مائدة لاثنين، من فضلك.
maa'ida li-ithnayn, min faDlak
A table for two, please.

الإطلاع على قائمة الطعام/ قائمة النبيذ؟
هل يمكنني
hal yumkinunee al-iTTilaaA Aala qaa'imat
aT-TaAaam/ qaa'imat an-nabeedh?
May I see the menu/wine list?

هل هناك قائمة طعام بسعر ثابت؟
hal hunaaka qaa'imat TaAaam bi-siAr
thaabit?
Is there a prix fixe menu?

هل لديكم أي أطباق للنباتيين؟
hal ladaykum ayy aTbaaq lin-nabaateeyeen?
Do you have any vegetarian dishes?

ممكن الحساب/إيصال؟
mumkin al-Hisaab/eeSaal?
May I have the check/a receipt?

هل يمكننا الدفع كل على حدة؟
hal yumkinuna ad-dafA kull Aala Hida?
Can we pay separately?

أين دورات المياه، من فضلك؟
ayna dawraat al-miyaah, min faDlak?
Where are the restrooms, please?

المأكولات السريعة al-ma'koolaat as-sareeAa • fast food

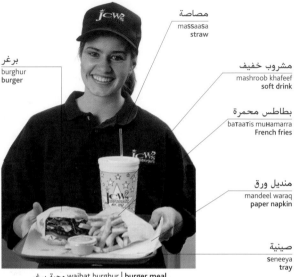

مصاصة
maSSaaSa
straw

برغر
burghur
burger

مشروب خفيف
mashroob khafeef
soft drink

بطاطس محمرة
baTaaTis muHamarra
French fries

منديل ورق
mandeel waraq
paper napkin

صينية
seneeya
tray

وجبة برغر wajbat burghur | burger meal

المفردات al-mufradaat •
vocabulary

مطعم بيتزا
maTAam beetza
pizzeria

مطعم البرغر
maTAam al-burghur
burger bar

قائمة
qaa'ima
menu

الأكل داخل المطعم
al-akl daakhil al-mmaTAam
eat-in

الاصطحاب للمنزل
al-isTiHaab lil-manzil
carry-out

يُعيد التسخين
yuAeed at-taskheen
reheat (v)

صلصة طماطم
salSat TamaaTim
ketchup

هل يمكنني أخذ هذا للمنزل؟
hal yumkinunee akhdh haadha
lil-manzil?
Can I have that to go, please?

هل توصلون للمنازل؟
hal tuwaSSiloon lil-manaazil?
Do you deliver?

بيتزا
beetza
pizza

قائمة أسعار
qaa'imat asAaar
price list

مشروب معلب
mashroob muAallab
canned drink

توصيل للمنزل
tawSeel lil-manzil | home delivery

عربة أطعمة بالشارع
Aarabat aTAima bish-shaariA | street stand

برغر
burghur
hamburger

قرص
qurs
bun

برغر دواجن
burghur dawaajin
chicken patty

برغر نباتي
burghur nabaatee
veggie burger

خردل
khardal
mustard

سجق
sujuq
sausage

سندوتش سجق
sandawitsh sujuq | **hot dog**

سندوتش
sandawitsh
sandwich

سندوتش متعدد الطبقات
sandawitsh mutaAaddid
aT-Tabaqaat
club sandwich

سندوتش مكشوف
sandawitsh makshoof
open-face sandwich

حشو
hashw
filling

لفافة محشوة
laffaafa maHshoowa
wrap

صلصة
salsa
sauce

فاتح للشهية
faatiH lish-shahiya
savory

حلو
Hulw
sweet

كباب
kabaab
kebab

دواجن مفرومة
dawaajin mafrooma
chicken nuggets

فطيرة faTeera | **crêpes**

طبقة علوية
Tabaqa
Aulweeeya
topping

سمك ورقائق بطاطس
samak wa-raqaa-iq baTaaTis
fish and chips

ضلوع
dulooA
ribs

دجاج مقلي
dajjaaj maqlee
fried chicken

بيتزا
beetza
pizza

الفطور al-fuToor • breakfast

حليب
Haleeb
milk

حبوب
Huboob
cereal

مربى
murabba
jam

فواكه جافة
fawaakih jaaffa
dried fruit

فخذ خنزير
fakhidh
khinzeer
ham

جبن
jubn
cheese

بقسمات
buqsumaat
crispbread

بوفيه فطور
boofeh fuToor
breakfast buffet

مربى النرنج
murabba an-narang
marmalade

باتيه
bateh
pâté

زبد
zubd
butter

عصير فواكه
Aaseer fawaakih
fruit juice

قهوة
qahwa
coffee

شوكولاتة ساخنة
shokolaata saakhina
hot chocolate

كرواسان
karawsaan
croissant

شاي
shaay
tea

مائدة فطور maa'idat fuToor | breakfast table

مشروبات mashroobaat | drinks

خبز محمص
khubz muHammaS
toast

طماطم
TamaaTim
tomato

سجق الدم
sujuq ad-dam
blood sausage

سجق
sujuq
sausage

بيضة مقلية
bayDa maqleeya
fried egg

خنزير مملح
khinzeer mumallaH
bacon

بريوش
breeyosh
brioche

خبز
khubz
bread

فطور إنجليزي
futoor injileezee
English breakfast

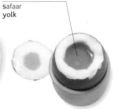

صفار
safaar
yolk

رنكة مدخنة
ranka mudakhkhana
kippers

خبز محمص ومقلي
khubz muHammaS
wa-maqlee
French toast

بيضة مسلوقة
bayDa maslooqa
boiled egg

بيض مضروب
bayD maDroob
scrambled eggs

قشدة
qishda
cream

لبن رائب بالفواكه
laban raa'ib bil-fawaakih
fruit yogurt

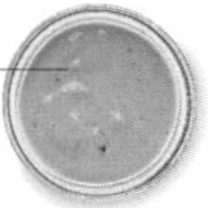

فطائر
faTaa'ir
pancakes

وفل
waffal
waffles

شوفان مطبوخ
shoofaan maTbookh
oatmeal

فواكه طازجة
fawaakih Taazija
fresh fruit

العشاء al-Aashaa' • dinner

حساء Hisaa' | **soup**

حساء خفيف
Hisaa' khafeef | **broth**

يخني yakhnee | **stew**

كاري kaaree | **curry**

مطبوخ في الفرن
maTbookh fil-furn
roast

فطيرة
faTeera
potpie

سوفليه
soofleh
soufflé

كباب
kabaab
kebab

كفتة بالصلصة
kofta bis-Salsa | **meatballs**

عجة
Aijja | **omelet**

نودلز
noodalz
noodles

مقل سريعاً
maqlin sareeAan | **stir-fry**

باستا basta | **pasta**

أرز
aruzz | **rice**

سلاطة مخلوطة
salaTa makhlooTa | **tossed salad**

سلاطة خضراء
salaTa khaDraa' | **green salad**

تتبيلة
tatbeela | **dressing**

الأساليب al-asaaleeb • techniques

محشو maHshoo | **stuffed**

بالصوص bil-saws | **in sauce**

مشوي mashwee | **grilled**

متبل mutabbil | **marinated**

مطبوخ بالماء
maTbookh bil-maa'
poached

مهروس mahroos | **mashed**

في الفرن fil-furn | **baked**

مقل في مقلاة
maqlin fee miqlaah
pan-fried

مقل maqlin | **fried**

مخلل mukhallal | **pickled**

معامل بالدخان muAaamal
bid-dukhaan | **smoked**

مقل في إناء عميق maqlin fee
inaa' Aameeq | **deep-fried**

في شراب
fee sharaab
in syrup

معامل بالتوابل والخل
muAaamal bit-tawaabil
wal-khall | **dressed**

معامل بالبخار
muAaamal bil-bukhaar
steamed

مجفف ومملح
mujaffaf wa-mumallaH
cured

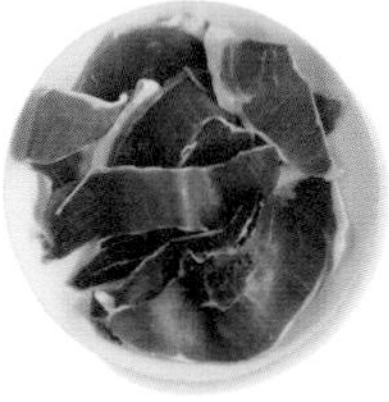

ad-diraasa الدراسة
study

المدرسة al-madrasa • school

سبورة بيضاء
sabboora baydaa'
chalkboard

مدرس
mudarris
teacher

تلميذ
tilmeedh
pupil

تخت
takht
desk

طباشير
Tabaasheer
chalk

فصل fasl | **classroom**

حقيبة مدرسية
Haqeeba madraseeya
book bag

تلميذة
tilmeedha
schoolgirl

تلميذ
tilmeedh
schoolboy

المفردات al-mufradaat • vocabulary

تاريخ taareekh **history**	علوم Auloom **science**	طبيعة TabeeAa **physics**
لغات lughaat **languages**	فن fann **art**	كيمياء keemyaa' **chemistry**
آداب aadaab **literature**	موسيقى mooseeqa **music**	علم الأحياء Ailm al-aHyaa' **biology**
جغرافيا jughraafiya **geography**	رياضيات riyaaDiyaat **math**	تربية بدنية tarbeeya badaneeya **physical education**

الأنشطة al-anshiTa • activities

يقرأ yaqra' | **read (v)**

يكتب yaktub | **write (v)**

يتهجى yatahajja | **spell (v)**

يرسم yarsim | **draw (v)**

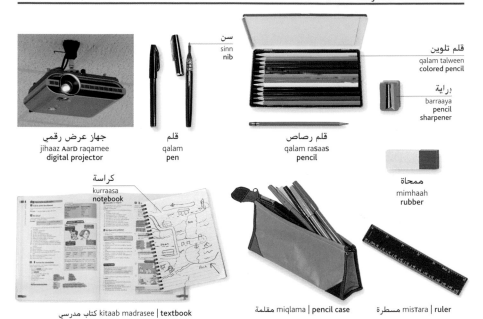

جهاز عرض رقمي
jihaaz AarD raqamee
digital projector

سن
sinn
nib

قلم
qalam
pen

قلم تلوين
qalam talween
colored pencil

قلم رصاص
qalam raSaaS
pencil

براية
barraaya
pencil sharpener

ممحاة
mimhaah
rubber

كراسة
kurraasa
notebook

كتاب مدرسي kitaab madrasee | **textbook**

مقلمة miqlama | **pencil case**

مسطرة misTara | **ruler**

يسأل yas'al | **question (v)**

يجيب yujeeb | **answer (v)**

يناقش yunaaqish | **discuss (v)**

يتعلم yataAallam | **learn (v)**

المفردات al-mufradaat • **vocabulary**

ناظر naazir **principal**	إجابة ijaaba **answer**	صف saff **grade**
درس dars **class**	واجب منزلي waajib manzilee **homework**	عام Aaam **year**
سؤال su'aal **question**	امتحان imtiHaan **examination**	قاموس qaamoos **dictionary**
يدون ملاحظات yudawwin mulaaHaZaat **take notes (v)**	مقالة maqaala **essay**	موسوعة mawsooAa **encyclopedia**

الرياضيات ar-riyaaDiyaat • math

أشكال askhkaal • shapes

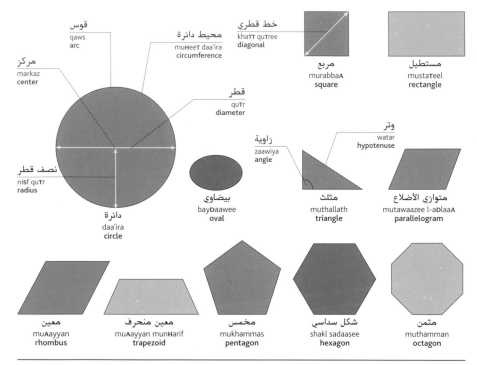

قوس
qaws
arc

محيط دائرة
muHeeT daa'ira
circumference

خط قطري
khaTT quTree
diagonal

مربع
murabbaA
square

مستطيل
mustaTeel
rectangle

مركز
markaz
center

قطر
quTr
diameter

نصف قطر
nisf quTr
radius

زاوية
zaawiya
angle

وتر
watar
hypotenuse

دائرة
daa'ira
circle

بيضاوي
bayDaawee
oval

مثلث
muthallath
triangle

متوازي الأضلاع
mutawaazee l-aDlaaA
parallelogram

معين
muAayyan
rhombus

معين منحرف
muAayyan munHarif
trapezoid

مخمس
mukhammas
pentagon

شكل سداسي
shakl sadaasee
hexagon

مثمن
muthamman
octagon

الأشكال المصمتة al-ashkaal al-muSammata • solids

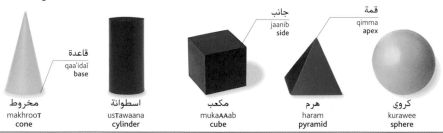

قاعدة
qaa'idaī
base

جانب
jaanib
side

قمة
qimma
apex

مخروط
makhrooT
cone

اسطوانة
usTawaana
cylinder

مكعب
mukaAAab
cube

هرم
haram
pyramid

كروي
kurawee
sphere

الخطوط al-khuTOOT • lines

مستقيم	متوازٍ	مُتعامد	منحنٍ
mustaqeem	mutawaazin	mutaAaamid	munHanin
straight	parallel	perpendicular	curved

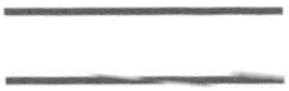

القياسات al-qiyaasat • measurements

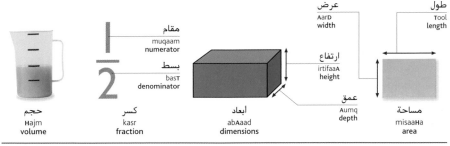

طول
Tool
length

عرض
AarD
width

مقام
muqaam
numerator

بسط
basT
denominator

ارتفاع
irtifaaA
height

عمق
Aumq
depth

حجم	كسر	أبعاد	مساحة
Hajm	kasr	abAaad	misaaHa
volume	fraction	dimensions	area

المعدات al-muAaddaat • equipment

مثلث قائم الزاوية	منقلة	مسطرة	برجل	آلة حاسبة
muthallath qaa'im az-zaawiya	manqala	misTara	barjal	aala Haasiba
set square	protractor	ruler	compass	calculator

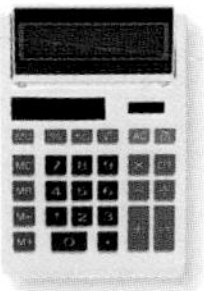

المفردات al-mufradaat • vocabulary

هندسة	زائد	مضروب في	يعادل	يُضيف	يضرب	معادلة
handasa	zaa'id	maDroob fee	yuAaadil	yuDeef	yaDrib	muAaadala
geometry	plus	times	equals	add (v)	multiply (v)	equation

رياضيات	ناقص	مقسوم على	يعد	يطرح	يقسم	نسبة مئوية
riyaaDiyaat	naaqis	maqsoom Aala	yaAidd	yaTraH	yaqsim	nisba mi'aweeya
arithmetic	minus	divided by	count (v)	subtract (v)	divide (v)	percentage

العلوم al-Auloom • science

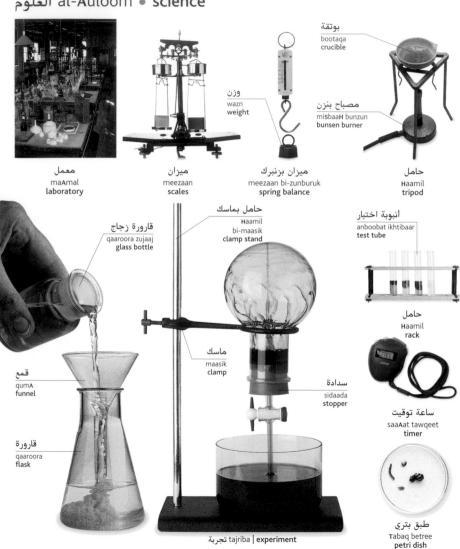

بوتقة
bootaqa
crucible

وزن
wazn
weight

مصباح بنزن
misbaaH bunzun
bunsen burner

معمل
maAmal
laboratory

ميزان
meezaan
scales

ميزان بزنبرك
meezaan bi-zunburuk
spring balance

حامل
Haamil
tripod

قارورة زجاج
qaaroora zujaaj
glass bottle

حامل بماسك
Haamil
bi-maasik
clamp stand

أنبوبة اختبار
anboobat ikhtibaar
test tube

ماسك
maasik
clamp

حامل
Haamil
rack

قمع
qumA
funnel

سدادة
sidaada
stopper

ساعة توقيت
saaAat tawqeet
timer

قارورة
qaaroora
flask

طبق بتري
Tabaq betree
petri dish

تجربة tajriba | experiment

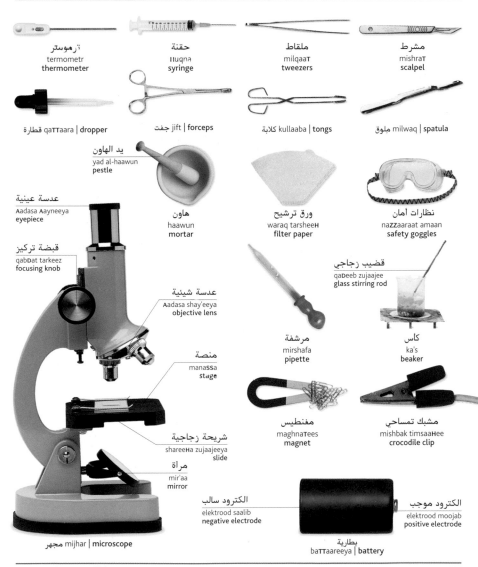

آرموستر
termometr
thermometer

حقنة
Huqna
syringe

ملقاط
milqaaT
tweezers

مشرط
mishraT
scalpel

قطارة qaTTaara | dropper

جفت jift | forceps

كلابة kullaaba | tongs

ملوق milwaq | spatula

يد الهاون
yad al-haawun
pestle

هاون
haawun
mortar

ورق ترشيح
waraq tarsheeH
filter paper

نظارات أمان
naZZaaraat amaan
safety goggles

عدسة عينية
Aadasa Aayneeya
eyepiece

قبضة تركيز
qabDat tarkeez
focusing knob

عدسة شيئية
Aadasa shay'eeya
objective lens

منصة
manaSSa
stage

شريحة زجاجية
shareeHa zujaajeeya
slide

مرآة
mir'aa
mirror

قضيب زجاجي
qaDeeb zujaajee
glass stirring rod

مرشفة
mirshafa
pipette

كأس
ka's
beaker

مغنطيس
maghnaTees
magnet

مشبك تمساحي
mishbak timsaaHee
crocodile clip

الكترود سالب
elektrood saalib
negative electrode

الكترود موجب
elektrood moojab
positive electrode

بطارية
baTTaareeya | battery

مجهر mijhar | microscope

الجامعة al-jaamiAa • college

مكتب القبول
maktab al-qubool
admissions office

قاعة طعام
qaaAat taAaam
dining room

مركز صحي
markaz SiHHee
health center

ساحة رياضة
saaHat riyaaDa
playing field

مبنى نوم الطلاب
mabna nawm
aT-Tullaab
residence hall

باحة baaHa | **campus**

المفردات al-mufradaat • vocabulary

بطاقة مكتبة	استعلامات	استعارة
biTaaqat maktaba	istiAlaamaat	istiAaara
library card	**inquiries**	**loan**
غرفة قراءة	يستعير	كتاب
ghurfat qiraa'a	yastaAeer	kitaab
reading room	**borrow (v)**	**book**
قائمة قراءة	يحجز	عنوان
qaa'imat qiraa'a	yaHjiz	Aunwaan
reading list	**reserve (v)**	**title**
تاريخ الإرجاع	يُجدد	ممر
taareekh al-irjaaA	yujaddid	mamarr
due date	**renew (v)**	**aisle**

أمين مكتبة
ameen maktaba
librarian

مكتب استعارة الكتب
maktab istiAaarat
al-kutub
checkout desk

رف للكتب
raff lil-kutub
bookshelf

مطبوعة دورية
maTbooAa
dawreeya
periodical

مجلة
majalla
journal

مكتبة maktaba | **library**

طالب لم يتخرج بعد
Taalib lam yatakharraj baAd
undergraduate
محاضر
muHaaDir
professor

قاعة محاضرات
qaaAat muHaaDaraat | lecture hall

خريج
khareej
graduate
رداء
ridaa'
gown

احتفالية تخرج
iHtifaaleeyat takharruj | graduation ceremony

الكليات al-kulliyaat • schools

موديل
modeel
model

كلية الفنون
kulleeyat al-funoon | art school

قسم الموسيقى
qism al-mooseeqa | music school

معهد الرقص
maAhad ar-raqs | dance school

المفردات al-mufradaat • vocabulary

منحة دراسية minHa diraaseeya **scholarship**	أبحاث abHaath **research**	بحث baHth **dissertation**	طب Tibb **medicine**	فلسفة falsafa **philosophy**
دبلوم dibloom **diploma**	ماجستير majisteer **master's degree**	قسم qism **department**	علم الحيوان Ailm al-Hayawaan **zoology**	آداب aadaab **literature**
درجة جامعية daraja jaamiAeeya **degree**	دكتوراه doktooraah **doctorate**	الحقوق al-Huqooq **law**	طبيعة TabeeAa **physics**	تاريخ الفنون taareekh al-funoon **art history**
دراسات عليا diraasaat Aulyaa **postgraduate**	أطروحة بحثية uTrooHa baHtheeya **thesis**	هندسة handasa **engineering**	سياسة siyaasa **political science**	اقتصاد iqtisaad **economics**

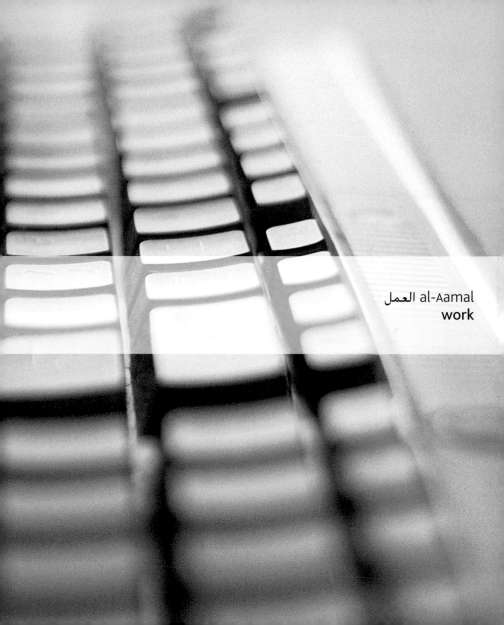

العمل al-Aamal
work

المكتب ١ al-maktab waaHid • office 1

شاشة
shaasha
monitor
منظم المكتب
munaZZim al-maktab
desktop organizer
دفتر
daftar
notebook
كومبيوتر محمول
kombyootir mahmool
laptop
سلة الصادر
sallat as-SaaDir
out-tray
سلة الوارد
sallat al-waarid
in-tray
درج
durj
drawer
مكتب
maktab
desk
مقعد دوار
maqAad
dawwaar
swivel chair
سلة نفايات
sallat nifaayaat
wastebasket
خزانة حفظ ملفات
kizaanat Hifz milaffaat
filing cabinet

معدات مكتب muAaddaat al-maktab • office equipment

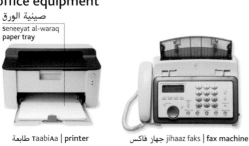

صينية الورق
Seneeyat al-waraq
paper tray

طابعة TaabiAa | printer

جهاز فاكس jihaaz faks | fax machine

المفردات al-mufradaat • vocabulary

يطبع yaTbaA **print (v)**	يُكبر yukabbir **enlarge (v)**
ينسخ yansakh **copy (v)**	يُصغر yuSaghghir **reduce (v)**

أحتاج عمل بعض النسخ.
aHtaaj Aamal baAd an-nusakh
I need to make some copies.

مستلزمات المكاتب mustalzamaat al-maktab • office supplies

بطاقة مجاملة
biTaaqat mujaamala
compliments slip

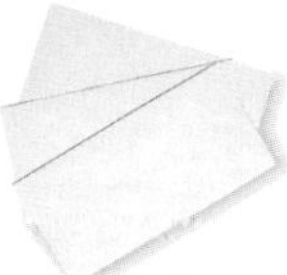

مظروف
maZroof
envelope

صندوق ملفات
sunduuq milaffaat
box file

أوراق خطابات معنونة
awraaq khiTaabaat
muAanwana
letterhead

لسان
lisaan
tab

فاصل
faasil
divider

لوح كتابة
lawH kitaaba
clipboard

نوتة ملاحظات
notat mulaaHaZaat
note pad

ملف يعلق
milaff yuAallaq
hanging file

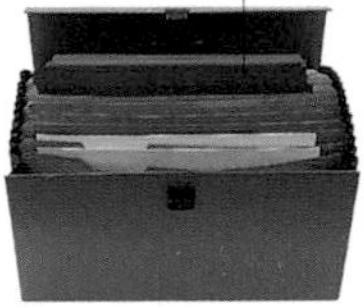

ملف يفتح كالأكورديون
milaff yuftaH
kal-akordiyon
accordion file

ملف بالرافعة
milaff bir-raafiAa
binder file

دبابيس ورق
dabaabees
waraq
staples

شريط لاصق
shareeT laasiq
adhesive tape

وسادة حبر
wisaadat Hibr
ink pad

منسق شخصي
munassiq shakhSee
personal organizer

دباسة
dabbaasa
stapler

موزع شريط
muwaaziA shareeT
tape dispenser

خرامة
kharraama
hole punch

ختامة
khattaama
rubber stamp

بندة مطاط
banda maTaaT
rubber band

مشبك قوي
mishbak qawee
bulldog clip

مشبك ورق
mishbak waraq
paper clip

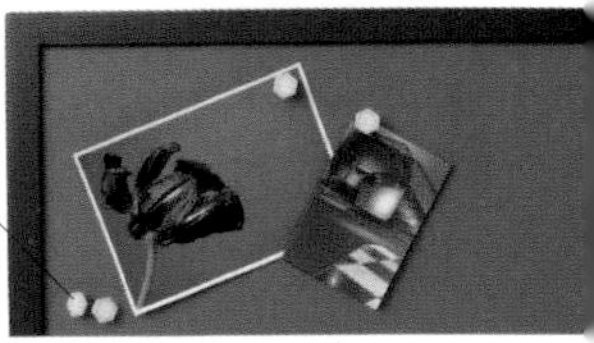

دبابيس رسم
dabaabees rasm
thumbtack

لوحة إعلانات lawHat iAlaanaat
bulletin board

المكتب ٢ al-maktab ithnaan • office 2

سبورة ورق
sabboora waraq
flipchart

حامل
Haamil
easel

عرض
AarD
proposal

وقائع
waqaa'iA
minutes

مدير
mudeer
manager

تقرير
taqreer
report

موظف تنفيذي
muwaZZaf
tanfeedhee
executive

اجتماع ijtimaaA | meeting

المفردات al-mufradaat • vocabulary

غرفة اجتماعات ghurfat ijtimaaAaat **meeting room**	يحضر yaHDur **attend (v)**
جدول أعمال jadwal Aamaal **agenda**	يترأس yatara"as **chair (v)**

ما موعد عقد الاجتماع؟
maa mawAid Aaqd al-ijtimaaA?
What time is the meeting?

ما ساعات عمل مكتبك؟
maa saaAaat Aamal maktabak?
What are your office hours?

متحدث
mutaHaddith
speaker

عرض AarD | presentation

الأعمال al-Aamaal • business

رجل أعمال
rajul Aamaal
businessman

سيدة أعمال
sayyidat Aamaal
businesswoman

غداء عمل ghadaa' Aamal | **business lunch**

مهمة عمل muhammat Aamal | **business trip**

موعد
mawAid
appointment

مفكرة mufakkira | **diary**

المدير العام
al-mudeer al-Aaamm
managing director

عميل
Aameel
client

صفقة Safqa | **business deal**

المفردات al-mufradaat • vocabulary

شركة sharika **company**	العاملون al-Aaamiloon **staff**	قسم الحسابات qism al-Hisaabaat **accounting department**	قسم الشؤون القانونية qism ash-shu'oon al-qaanooneeya **legal department**
مركز رئيسي markaz ra'eesee **head office**	مرتب murattab **salary**	قسم التسويق qism at-tasweeq **marketing department**	قسم خدمة العملاء qism khidmat al-Aumalaa' **customer service department**
فرع farA **branch**	جدول رواتب jadwal rawaatib **payroll**	قسم المبيعات qism al-mabeeAaat **sales department**	قسم شؤون الأفراد qism shu'oon al-afraad **human resources department**

الكومبيوتر al-kompyootir • computer

طابعة
TaabiAa
printer

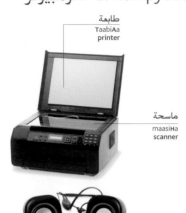

ماسحة
maasiHa
scanner

شاشة
shaasha
screen

كومبيوتر محمول
kombyootir mahmool
laptop

سماعة
sammaaAa
speaker

مفتاح
miftaaH
key

لوحة مفاتيح
lawHat mafaateeH
keyboard

فأرة
fa'ra
mouse

مكونات صلبة
mukawwanaat salba
hardware

| عصا ذاكرة
Aasaa dhaakira
memory stick | قرص صلب خارجي
qurs sulb khaarijee
external hard drive |

المفردات al-mufradaat • vocabulary

ذاكرة dhaakira **memory**	مجموعة برامج majmooAat baraamij **software**	خادم khaadim **server**
بايتات baaytaat **bytes**	برنامج تطبيق barnaamaj taTbeeq **application**	منفذ manfadh **port**
نظام nizaam **system**	برنامج barnaamaj **program**	معالج muAaalij **processor**
ذاكرة التوصل العشوائي dhaakirat at-tawassul al-Aashwaanee **RAM**	شبكة shabaka **network**	تيار كهربائي كبل kabl tayyaar kahrabaa'ee **power cable**

جهاز ايباد
jihaaz "ipad"
iPad®

هاتف ذكي
haatif dhakee
smartphone

سطح المكتب sat-H al-maktab • desktop

شريط القائمة
shareeT al-qaa'ima
menubar

بنط/خط
bunT/khaTT
font

أيقونة
ayqoona
icon

شريط الأدوات
shareeT al-adawaat
toolbar

شريط تمرير
shareeT tamreer
scrollbar

نافذة
naafidha
window

ورق حائط
waraq Haa'it
wallpaper

ملف
milaff
file

ضبارة
Dubaara
folder

نفايات
nifaayaat
trash

الإنترنت al-internet • internet

مستعرض
mustaAriD
browser

Great Books
Great Gifts

يستعرض yastaArid | **browse (v)**

رسالة إليكترونية risaala iliktrooneeya • email

عنوان البريد الإلكتروني
Aunwaan al-bareed al-iliktroonee
email address

موقع الوارد
mawqiA
al-waarid
inbox

موقع بالإنترنت
mawqiA bil-internet
website

المفردات al-mufradaat • vocabulary

يتصل yattasil **connect (v)**	مقدم خدمة muqaddim khidma **service provider**	يُسجل الدخول yusajjil ad-dukhool **log on (v)**	يُحمل yuHammil **download (v)**	يُرسل yursil **send (v)**	يحفظ yaHfaz **save (v)**
يُركب yurakkib **instal (v)**	حساب بريد إليكتروني hisaab bareed ileektronee **email account**	متصل بالانترنت mutassal bil-internet **online**	ملحق mulHaq **attachment**	يستقبل yastaqbil **receive (v)**	يبحث yabHath **search (v)**

الوسائط الإعلامية al-wasaa'iT al-iAlaameeya • media

أستوديو تليفزيون istoodiyo tileefizyon • television studio

تصميم إستوديو
tasmeem istoodiyo
set

مقدم
muqaddim
host

إضاءة
iDaa'a
light

آلة تصوير
aalat taSweer
camera

حامل آلة تصوير
Haamil aalat taSweer
camera crane

فني آلة تصوير
fannee aalat taSweer
cameraman

المفردات al-mufradaat • vocabulary

قناة qanaat **channel**	أخبار akhbaar **news**	صحافة SaHaafa **press**	قصة مسلسلة qiSSa musalsala **soap**	صور متحركة Suwar mutaHarrika **cartoon**	حي Hayy **live**
برمجة barmaja **programming**	وثائقي wathaa'iqee **documentary**	سلسلة silsila **series**	برنامج ألعاب barnaarmij alAaab **game show**	سبق تسجيله sabaqa tasjeeluhu **prerecorded**	يُذيع yudheeA **broadcast (v)**

محاور muHaawir | **interviewer**

صحفي saHafee | **reporter**

جهاز تلقين آلي
jihaaz talqeen aalee
teleprompter

قارئ الأخبار
qaari' al-akhbaar
anchor

ممثلون
mumaththiloon
actors

حامل الميكروفون
Haamil al-mikrofoon
sound boom

لوح الكلابير
lawH al-clapper
clapper board

تصميم مناظر
tasmeem manaazir
film set

الراديو ar-raadyo • radio

فني صوت
fannee sawT
sound technician

مكتب الخلط
maktab al-khalT
mixing desk

ميكروفون
mikrofoon
microphone

أستوديو التسجيل
istoodiyo at-tasjeel | **recording studio**

المفردات al-mufradaat • vocabulary

محطة إذاعة mahaTTat idhaaAa **radio station**	تردد taraddud **frequency**
بث baththth **broadcast**	حجم الصوت Hajm as-sawT **volume**
طول موجي Tool mawjee **wavelength**	يضبط yaDbuT **tune (v)**
موجة طويلة mawja Taweela **long wave**	مقدم برنامج موسيقي muqaddim barnaamij mooseeqee **DJ**
موجة قصيرة mawja qaseera **short wave**	تماثلي tamaathulee **analogue**
موجة متوسطة mawja mutawassiTa **medium wave**	رقمي raqmee **digital**

القانون al-qaanoon • law

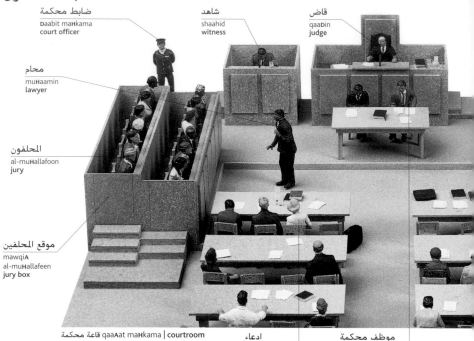

ضابط محكمة
Daabit maHkama
court officer

شاهد
shaahid
witness

قاض
qaaDin
judge

محام
muHaamin
lawyer

المحلفون
al-muHallafoon
jury

موقع المحلفين
mawqiA
al-muHallafeen
jury box

قاعة محكمة qaaAat maHkama | courtroom

ادعاء
iddiAaa'
prosecution

موظف محكمة
muwaZZaf maHkama
court official

المفردات al-mufradaat • vocabulary

مكتب محام maktab muHaamin **lawyer's office**	استدعاء istidAaa' **summons**	أمر محكمة amr maHkama **writ**	قضية محكمة qaDeeyat maHkama **court case**
مشورة قانونية mashoora qaanooneeya **legal advice**	بيان bayaan **statement**	تاريخ أمام محكمة taareekh amaam maHkama **court date**	تهمة tuhma **charge**
موكل muwakkil **client**	إذن idhn **warrant**	دفع dafA **plea**	متهم mutahham **accused**

مختزل
mukhtazil
stenographer

مدعى عليه
muddaAan Aalayhi
defendant

دفاع
difaaA
defense

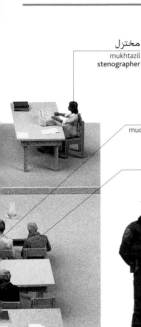

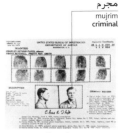

مشتبه فيه
mushtabah feehi
suspect

تشكيل ليلائم الوصف tashkeel li-yulaa'im al-wasf
composite

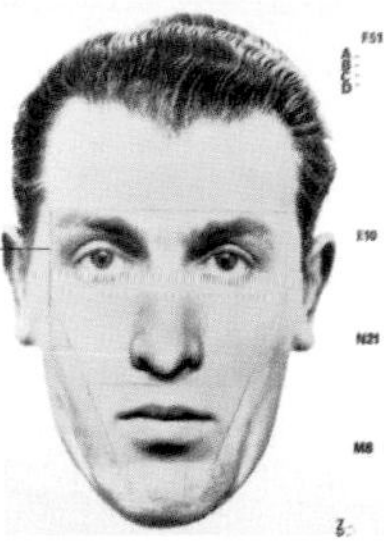

مجرم
mujrim
criminal

سجل جرائم
sijjil jaraa'im | **criminal record**

حارس سجن Haaris sijn | **prison guard**

زنزانة zinzaana | **cell**

سجن sijn | **prison**

المفردات al-mufradaat • vocabulary

دليل
daleel
evidence

قرار محلفين
qaraar muHallafeen
verdict

بَريء
baree'
innocent

مذنب
mudhnib
guilty

بُرّئ
burri'
acquitted

حكم
Hukm
sentence

كفالة
kafaala
bail

استئناف
isti'naaf
appeal

إفراج مشروط
ifraaj mashrooT
parole

أريد أن أقابل محامياً.
ureed an uqaabil muHaamiyan
I want to see a lawyer.

أين المحكمة؟
ayna l-maHkama?
Where is the courthouse?

هل يمكنني تقديم ضمان مالي؟
hal yumkinunee taqdeem Damaan maalee?
Can I post bail?

المزرعة ١ al-mazraAa waaHid • farm 1

مزارع
muzaariA
farmer

أرض زراعية
arD ziraaAeeya
farmland
فناء مزرعة
finaa' mazraAa
farmyard
مبنى على الأطراف
mabna Aalal-aTraaf
outbuilding
منزل المزارع
manzil
al-muzaariA
farmhouse
حقل
Haql
field
حظيرة
HaZeera
barn
رقعة خضراوات
riqA'at khuDrawaat
vegetable garden
سياج
siyaaj
hedge
بوابة
bawaaba
gate
سور
soor
fence
مرعى
marAa
pasture
مواش
muwaashin
livestock

مِسلفة
mislafa
cultivator

جرار jarraar | **tractor**

حصادة درّاسة Hassaada darraasa | **combine**

أنواع المزارع anwaaA al-mazaariA • types of farm

محصول
maHSool
crop

قطيع
qaTeeA
flock

مزرعة زراعية
mazraAa ziraaAeeya
crop farm

مزرعة ألبان
mazraAat albaan
dairy farm

مزرعة أغنام
mazraAat aghnaam
sheep farm

مزرعة دواجن
mazraAat dawaajin
poultry farm

كرم
karm
vine

مزرعة خنازير
mazraAat khanaazeer
pig farm

مزرعة سمكية
mazraAa samakeeya
fish farm

مزرعة فواكه
mazraAat fawaakih
fruit farm

مزرعة عنب
mazraAat Ainab
vineyard

العمليات al-Aamaleeyaat • actions

شق
shaqq
furrow

يحرث
yaHrith
plow (v)

يبذر
yabdhur
sow (v)

يحلب
yaHlib
milk (v)

يُطعم
yuTAim
feed (v)

يسقي yasqee | **water (v)**

يحصد yaHSud | **harvest (v)**

المفردات al-mufradaat • vocabulary

مبيد أعشاب mubeed Aashaab **herbicide**	قطيع qateeA **herd**	مِعلف miAlaf **trough**
مبيد آفات mubeed aafaat **pesticide**	صومعة sawmaAa **silo**	يغرز yaghriz **plant (v)**

المزرعة ٢ al-mazraAa ithnaan • farm 2

محاصيل maHaaSeel • crops

قمح
qamH
wheat

ذرة
dhurra
corn

شعير
shaAeer
barley

لفت
lift
rapeseed

عباد الشمس
Aabbaad ash-shams
sunflower

بالة
baala
bale

تبن
tibn
hay

برسيم حجازي
barseem Hijaazee
alfalfa

تبغ
tabgh
tobacco

أرز
aruzz
rice

شاي
shaay
tea

بن
bunn
coffee

كتان
kattaan
flax

قصب السكر
qaSab as-sukkar
sugarcane

قطن
quTn
cotton

نُطار
nuTTaar
scarecrow

المواشي al-mawaashee • livestock

ولد الخنزير
wild al-khinzeer
piglet

عجل
Aijl
calf

خنزير
khinzeer
pig

بقرة
baqara
cow

ثور
thawr
bull

خروف
kharoof
sheep

جدي
jady
kid

مُهر
muhr
foal

حمل
Hamal
lamb

معزة
maAza
goat

حصان
HiSaan
horse

حمار
Himaar
donkey

كتكوت
katkoot
chick

بطبطة
baTbaTa
duckling

دجاجة
dajaaja
chicken

ديك
deek
rooster

ديك رومي
deek roomee
turkey

بطة
baTTa
duck

إسطبل
isTabl
stable

حظيرة
HaZeera
pen

حظيرة دواجن
HaZeerat dawaajin
chicken coop

زريبة خنازير
zareebat khanaazeer
pigsty

البناء al-binaa' • construction

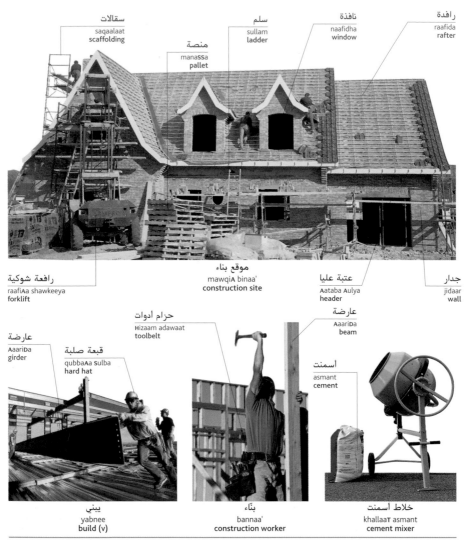

سقالات
saqaalaat
scaffolding

منصة
manaSSa
pallet

سلم
sullam
ladder

نافذة
naafidha
window

رافدة
raafida
rafter

رافعة شوكية
raafiAa shawkeeya
forklift

موقع بناء
mawqiA binaa'
construction site

عتبة عليا
Aataba Aulya
header

جدار
jidaar
wall

عارضة
AaariDa
girder

قبعة صلبة
qubbaAa Sulba
hard hat

يبني
yabnee
build (v)

حزام أدوات
Hizaam adawaat
toolbelt

عارضة
AaariDa
beam

بنّاء
bannaa'
construction worker

أسمنت
asmant
cement

خلاط أسمنت
khallaaT asmant
cement mixer

الخامات al-khaamaat • materials

طوب
Toob
brick

خشب
khashab
lumber

قرميد السقف
qarmeed as-saqf
roof tile

كتلة مسلح
kutla musallaH
concrete block

الأدوات al-adawaat • tools

ملاط
milaaT
mortar

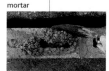

مالج
maalij
trowel

ميزان تسوية
meezaan taswiya
level

مطرقة ثقيلة
miTraqa thaqeela
sledgehammer

مقبض
miqbaD
handle

حدأة
Hada'a
pickax

مجرفة
mijrafa
shovel

الماكينات al-makeenaat • machinery

هراسة
harraasa
roller

عربة الإلقاء
Aarabat al-ilqaa'
dump truck

دعم
daAm
support

خطاف
khuTTaaf
hook

ونش winsh | **crane**

أعمال الطرق Aamaal aT-Turuq • roadwork

أسفلت
asfalt
asphalt

مخروط
makhrooT
cone

مثقاب ضغط هوائي
mithqaab DaghT hawaa'ee
jackhammer

إعادة رصف
iAaadat raSf
resurfacing

حفار ميكانيكي
Haffaar meekaneekee
excavator

١ المهن al-mihan waaHid • occupations 1

نجار
najjaar
carpenter

كهربائي
kahrabaa'ee
electrician

سباك
sabbaak
plumber

بنّاء
bannaa'
construction worker

بستاني
bustaanee
gardener

مكنسة كهربائية
miknasa
kahrabaa'eeya
vacuum cleaner

منظف
munazzif
cleaner

ميكانيكي
mekaneekee
mechanic

جزار
jazzaar
butcher

بائع سمك
baa'iA samak
fishmonger

خضري
khuDaree
greengrocer

بائع زهور
baa'iA zuhoor
florist

مزين
muzayyin
hairdresser

حلاق
Hallaaq
barber

تاجر جواهر
taajir jawaahir
jeweler

بائع
baa'iA
shop assistant

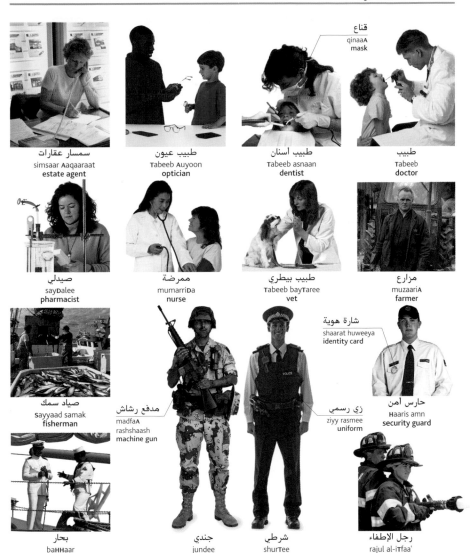

سمسار عقارات
simsaar Aaqaaraat
estate agent

طبيب عيون
Tabeeb Auyoon
optician

قناع
qinaaA
mask

طبيب أسنان
Tabeeb asnaan
dentist

طبيب
Tabeeb
doctor

صيدلي
sayDalee
pharmacist

ممرضة
mumarriDa
nurse

طبيب بيطري
Tabeeb bayTaree
vet

مزارع
muzaariA
farmer

صياد سمك
Sayyaad samak
fisherman

مدفع رشاش
madfaA
rashshaash
machine gun

جندي
jundee
soldier

زي رسمي
ziyy rasmee
uniform

شرطي
shurTee
policeman

شارة هوية
shaarat huweeya
identity card

حارس أمن
Haaris amn
security guard

بحار
baHHaar
sailor

رجل الإطفاء
rajul al-iTfaa'
fireman

المهن ٢ al-mihan ithnaan • occupations 2

محام
muHaamin
lawyer

محاسب
muHaasib
accountant

نموذج
namoodhaj
model

مهندس معماري muhandis miAmaaree | **architect**

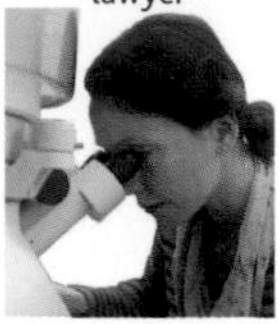

عالم
Aaalim
scientist

مدرس
mudarris
teacher

أمين مكتبة
ameen maktaba
librarian

موظف استقبال
muwaZZaf istiqbaal
receptionist

حقيبة بريد
Haqeebat
bareed
mailbag

ساعي بريد
saaAee bareed
mail carrier

سائق حافلة
saa'iq Haafila
bus driver

سائق شاحنة
saa'iq shaaHina
truck driver

سائق تاكسي
saa'iq taksee
taxi driver

طيار
Tayyaar
pilot

مضيفة طائرة
muDeefat Taa'ira
flight attendant

وكيل سفر
wakeel safar
travel agent

قبعة طباخ
qubbaAat
Tabbaakh
chef's hat

طباخ
Tabbaakh
chef

زي الباليه
ziyy al-baaleh
tutu

موسيقار
mooseeqaar
musician

راقصة
raaqiSa
dancer

ممثلة
mumaththila
actress

مغن
mughghanin
singer

نادلة
naadila
waitress

قيم البار
qayyim al-baar
barman

رياضي
riyaaDee
sportsman

نحات
naHHaat
sculptor

ملاحظات
mulaaHaZaat
notes

رسام
rassaam
painter

مصور
muSawwir
photographer

قارئ أخبار
qaari' akhbaar
anchor

صحفي
SaHafee
journalist

محرر
muharrir
editor

مصمم
muSammim
designer

خياطة
khayyaaTa
seamstress

خياط
khayyaaT
tailor

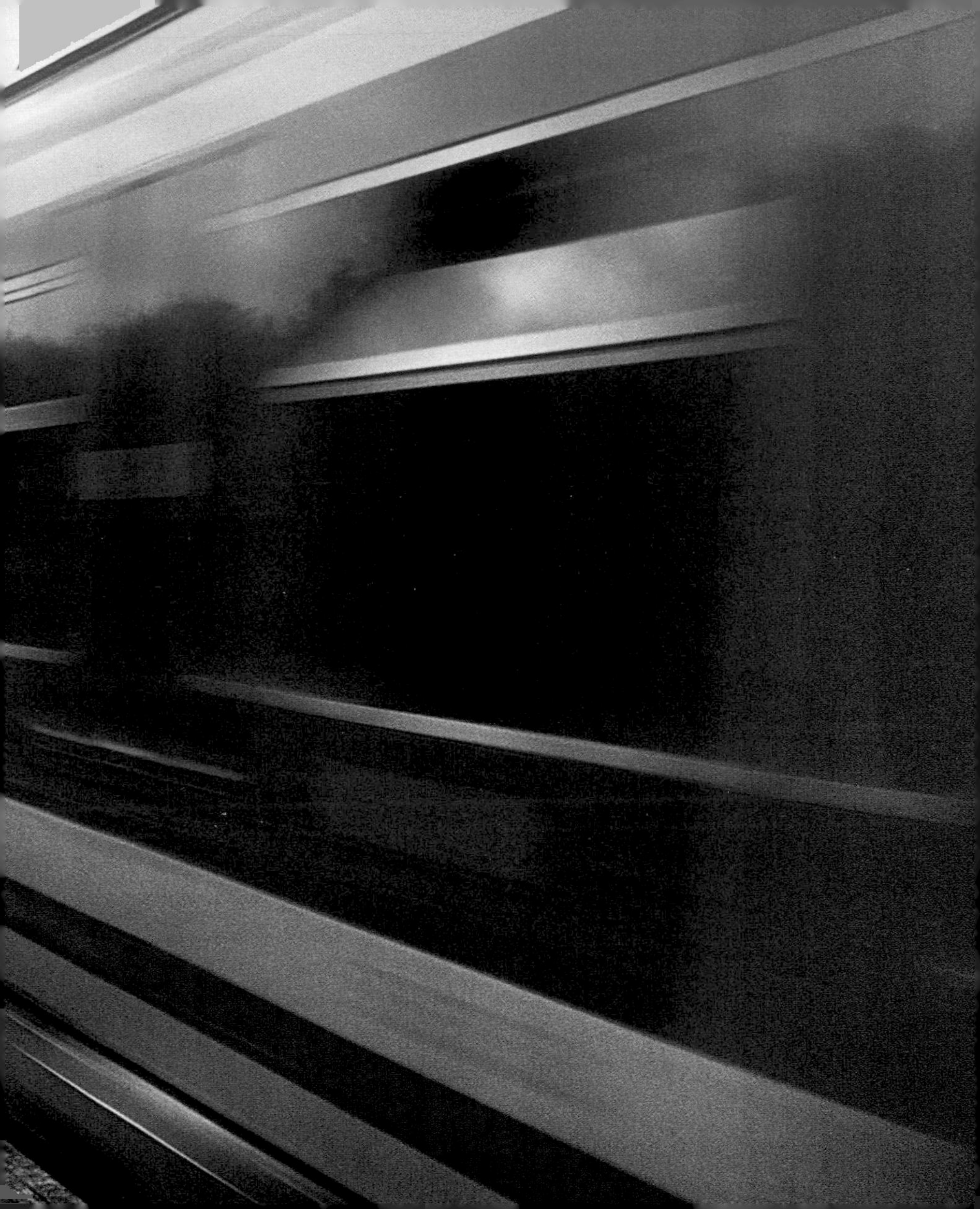

المواصلات al-muwaaSalaat
transportation

الطرق aT-Turuq • roads

طريق سريع
Tareeq sareeA
highway

بوابات الرسوم
bawwaabaat ar-rusoom
toll booth

علامات الطريق
Aalaamaat aT-Tareeq
entrance ramp

مدخل
madkhal
slip road

اتجاه واحد
ittijaah waaHid
one-way

فاصل
faaSil
divider

مفترق طرق
muftaraq Turuq
junction

إشارة مرور
ishaarat muroor
traffic light

شاحنة
shaaHina
truck

شريط بالوسط
shareeT bil-wasaT
median strip

حارة داخلية
Haara daakhileeya
inside lane

حارة وسطى
Haara wusTa
middle lane

حارة خارجية
Haara khaarijeeya
outside lane

منحدر خروج
munHadar khurooj
exit ramp

مرور
muroor
traffic

طريق علوي
Tareeq Aulwee
overpass

حافة طريق
Haaffat Tareeq
hard shoulder

ممر سفلي
mamarr suflee
underpass

معبر مشاة
maAbar mushaah
crosswalk

هاتف طوارئ
haatif tawaari'
emergency phone

موقف معاقين
mawqaf muAaaqeen
disabled parking place

تكدس مرور
takaddus muroor
traffic jam

جهاز توجيه إليكتروني
jihaaz tawjeeh iliktroonee
satnav

عداد موقف
Aaddaad mawqaf
parking meter

شرطي مرور
shurTee muroor
traffic policeman

المفردات al-mufradaat • vocabulary

ميدان meedaan **rotary**	ثنائي الاتجاه طريق Tareeq thunaa'ee al-ittijaah **divided highway**	يتعدى yataAadda **pass (v)**
تحويل taHweel **detour**	يصف yaSuff **park (v)**	يجر yajurr **tow away (v)**
أعمال طرق Aamaal Turuq **roadworks**	يقود yaqood **drive (v)**	هل هذا الطريق إلى...؟ hal haadha aT-Tareeq ila...? **Is this the road to...?**
حاجز تصادم Haajiz taSaaDum **guardrail**	يرتد للخلف yartadd lil-khalf **reverse (v)**	أين أصف سيارتي؟ ayna aSuff sayyaaratee? **Where can I park?**

إشارات طريق ishaaraat Tareeq • road signs

ممنوع الدخول
mamnooA ad-dukhool
no entry

حد السرعة
Hadd as-surAa
speed limit

خطر
khaTar
hazard

ممنوع التوقف
mamnooA at-tawaqquf
no stopping

ممنوع الدوران لليمين
mamnooA ad-dawaraan lil-yameen
no right turn

الحافلة al-Haafila • bus

مقعد السائق
maqAad as-saa'iq
driver's seat

درابزين
darabzeen
handrail

باب أوتوماتيكي
baab otomateekee
automatic door

عجلة أمامية
Aajala amaameeya
front wheel

مخزن الأمتعة
makhzan al-amtiAa
luggage hold

باب baab | **door**

مركبة markaba | **bus**

أنواع الحافلات Anwaaa al-Haafilaat • types of buses

رقم الخط
raqm al-khaTT
route number

سائق
saa'iq
driver

حافلة من طابقين
Haafila min Taabiqayn
double-decker bus

ترام
tiraam
tram

حافلة كهربائية
Haafila kahrabaa'eeya
streetcar

حافلة مدرسة Haafilat madrasa | **school bus**

عجلة خلفية
Aajala khalfeeya
rear wheel

نافذة
naafidha
window

زر توقف
zirr tawaqquf
stop button

تذكرة حافلة
tadhkarat Haafila
bus ticket

جرس
jaras
bell

محطة حافلات
maHaTTat Haafilaat
bus station

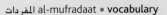

موقف حافلات
mawqaf Haafilaat
bus stop

المفردات al-mufradaat • **vocabulary**

أجرة ujra **fare**	إتاحة كرسي بعجل itaaHat kursee bi-Aajal **wheelchair access**
جدول المواعيد jadwal al-mawaaAeed **timetable**	مأوى حافلات ma'waa Haafilaat **bus shelter**
هل تتوقف عند...؟ hal tatawaqqaf Ainda...? **Do you stop at...?**	أية حافلة تذهب إلى...؟ ayya Haafila tadh-hab ila...? **Which bus goes to...?**

حافلة صغيرة
Haafila Sagheera
minibus

This is an official London Sightseeing Bus.

حافلة سياح Haafilat suyyaaH | **tourist bus**

حافلة مكوكية Haafila makkookeeya | **shuttle bus**

السيارة ١ as-sayyaara waaHid • car 1

من الخارج min al-khaarij • exterior

مساحة شباك أمامي
masaaHat shubbaak amaamee
windscreen wiper

مراة رؤية خلفية
mir'aah ru'ya khalfeeya
rearview mirror

باب
baab
door

مراة جانبية
mir'aah jaanibeeya
mirror

شباك أمامي
shubbaak
amaamee
windshield

حقيبة أمتعة
Haqeebat
amtiAa
trunk

غطاء محرك
ghiTaa'
muHarrik
hood

مؤشر
mua'shshir
turn signal

مصدم
masdam
bumper

كشافات أمامية
kashshaafaat
amaameeya
headlight

عجلة
Aajala
wheel

إطار
iTaar
tire

لوحة رقم السيارة
lawHat raqm as-sayyaara
license plate

أمتعة
amtiAa
luggage

حامل علوي
Haamil Aulawee
roof rack

باب خلفي
baab khalfee
tailgate

حزام أمان
Hizaam amaan
seat belt

مقعد طفل
maqAad Tifl
child seat

الأنواع al-anwaaA • types

سيارة كهربائية
sayaara kahrabaa'eeya
electric car

هاتشباك
hatshbaak
hatchback

صالون
Saloon
sedan

إستبت
istayt
station wagon

مكشوفة
makshoofa
convertible

سيارة رياضية
sayyaara riyaaDeeya
sports car

حاملة ركاب
Haamilat rukkaab
minivan

رباعية الدفع
rubaaAeeyat ad-dafA
four-wheel drive

عتيقة
Aateeqa
vintage

ليموزين
limoozeen
limousine

محطة بنزين maHaTTat benzeen • petrol station

مضخة بنزين
miDakhkhat benzeen
gas pump

سعر
siAr
price

ساحة أمامية
saaHa amaameeya
forecourt

مصدر هواء
maSdar hawaa'
air supply

المفردات al-mufradaat • vocabulary

زيت	برصاص	غسيل سيارة
zayt	bi-raSaaS	ghaseel sayyaara
oil	**leaded**	**car wash**
بنزين	ديزل	جراج
benzeen	deezil	garaaj
gasoline	**diesel**	**garage**
من الرصاص خال	مضاد التجمد	الشباك الأمامي غسل
khaalin min ar-raSaaS	muDaadd at-tajammud	ghasl ash-shubbaak al-amaamee
unleaded	**antifreeze**	**windshield wiper fluid**

املأ الخزان، من فضلك.
imla' al-khizaan, min faDlak.
Fill it up, please.

السيارة ٢ as-sayyaara ithnaan • car 2

من الداخل min ad-daakhil • interior

مقعد خلفي
maqAad khalfee
backseat
مسند للذراع
masnad lidh-dhiraaA
armrest
مسند للرأس
masnad lir-ra's
headrest
قفل الباب
qufl al-baab
door lock
مقبض
miqbaD
handle

المفردات al-mufradaat • vocabulary

ذات بابين dhaat baabayn **two-door**	أربعة أبواب arbaAa abwaab **four-door**	أوتوماتيكي otomateekee **automatic**	فرملة farmala **brake**	دواسة تسريع dawwaasat tasreeA **accelerator**
ذات ثلاثة أبواب dhaat thalaatat abwaab **three-door**	يدوي yadawee **manual**	إدارة المحرك idaarat al-muHarrik **ignition**	دبرياج dibriyaaj **clutch**	تكييف هواء takyeef hawaa' **air-conditioning**

كيف أصل إلى...؟
kayfa asil ila...?
Can you tell me the way to...?

أين موقف السيارات؟
ayna mawqaf as-sayyaaraat?
Where is the parking lot?

هل بإمكاني التوقف هنا؟
hal bi-imkaanee at-tawaqquf huna?
Can I park here?

أدوات التحكم adawaat at-taHakkum • controls

عجلة قيادة
Aajalat qiyaada
wheel

بوق
booq
horn

لوحة أجهزة
lawHat ajhiza
dashboard

أضواء تحذير
aDwaa' taHdheer
hazard lights

الملاحة بالأقمار الصناعية
al-milaaHa bil-aqmaar
as-sinaaAeeya
satellite navigation

قيادة من اليسار qiyaada min al-yasaar I left-hand drive

مقياس درجة الحرارة
miqyaas darajat
al-Haraara
temperature gauge

عداد دورات
Aaddaad dawraat
tachometer

عداد سرعة
Aaddaad surAa
speedometer

مقياس الوقود
miqyaas al-wuqood
fuel gauge

ستريو السيارة
stereo as-sayyaara
car stereo

مفتاح المصابيح
miftaaH al-maSaabeeH
lights switch

أداة التحكم في السخان
adaat at-taHakkum fis-sakhkhaan
heater controls

مقياس مسافة رحلة
miqyaas masaafat riHla
odometer

ذراع التعشيق
dhiraaA at-taAsheeq
gearshift

كيس هواء
kees hawaa'
air bag

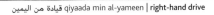

قيادة من اليمين qiyaada min al-yameen | right-hand drive

السيارة ٣ as-sayyaara thalaatha • car 3

الميكانيكا al-meekaaneeka • mechanics

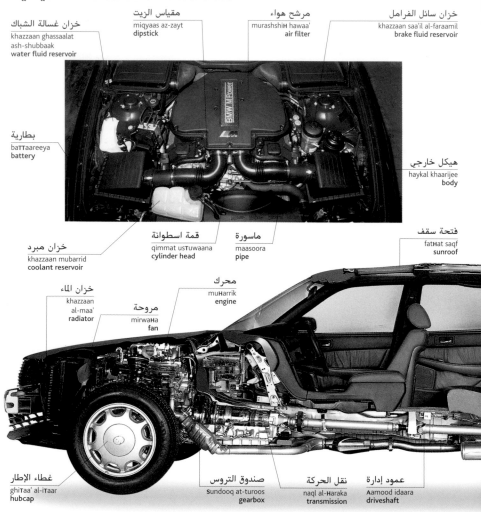

خزان غسالة الشباك
khazzaan ghassaalat
ash-shubbaak
water fluid reservoir

مقياس الزيت
miqyaas az-zayt
dipstick

مرشح هواء
murashshiH hawaa'
air filter

خزان سائل الفرامل
khazzaan saa'il al-faraamil
brake fluid reservoir

بطارية
baTTaareeya
battery

هيكل خارجي
haykal khaarijee
body

خزان مبرد
khazzaan mubarrid
coolant reservoir

قمة اسطوانة
qimmat usTuwaana
cylinder head

ماسورة
maasoora
pipe

فتحة سقف
fatHat saqf
sunroof

خزان الماء
khazzaan
al-maa'
radiator

محرك
muHarrik
engine

مروحة
mirwaHa
fan

غطاء الإطار
ghiTaa' al-iTaar
hubcap

صندوق التروس
sundooq at-turoos
gearbox

نقل الحركة
naql al-Haraka
transmission

عمود إدارة
Aamood idaara
driveshaft

الثقب ath-thuqb • **puncture**

إطار إضافي
iTaar iDaafee
spare tire
مفتاح إنكليزي
miftaaH inkileezee
tire iron
صواميل عجلة
sawaameel Aajala
lug nuts
رافعة
raafiAa
jack
يغير عجلة
yughayyir Aajala
change a tire (v)

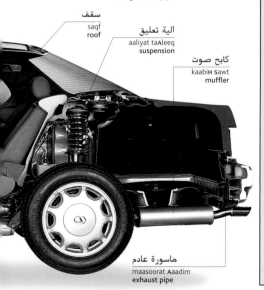

سقف
saqf
roof
آلية تعليق
aaliyat taAleeq
suspension
كابح صوت
kaabiH sawt
muffler
ماسورة عادم
maasoorat Aaadim
exhaust pipe

المفردات al-mufradaat • **vocabulary**

حادث سيارة
Haadith sayyaara
car accident

عُطل
AuTl
breakdown

تأمين
ta'meen
insurance

مركبة جر
markabat jarr
tow truck

ميكانيكي
meekaneekee
mechanic

ضغط الإطار
daghT al-iTaar
tire pressure

صندوق مصاهر
sundooq masaahir
fuse box

شمعة إشعال
shamAat ishAaal
spark plug

سير مروحة
sayr mirwaHa
fan belt

خزان بنزين
khazzaan benzeen
gas tank

توقيت
tawqeet
timing

شاحن تربيني
shaaHin turbeenee
turbocharger

موزع
muwazziA
distributor

هيكل
haykal
chassis

فرملة يد
farmalat yad
parking brake

مولد تيار متناوب
muwallid tayyaar mutanaawib
alternator

سير كامة
sayr kaama
cam belt

حدث عُطل لسيارتي.
Hadath AuTl li-sayyaaratee
I've had a breakdown.

محرك سيارتي لا يعمل.
muHarrik sayyaaratee laa yaAmal
My car won't start.

هل تقوم بإصلاحات؟
hal taqoom bi-islaaHaat?
Do you do repairs?

المحرك يسخن جدا.
al-muHarrik yaskhun jiddan
The engine is overheating.

الدراجة البخارية ad-darraaja al-bukhaareeya •
motorbike

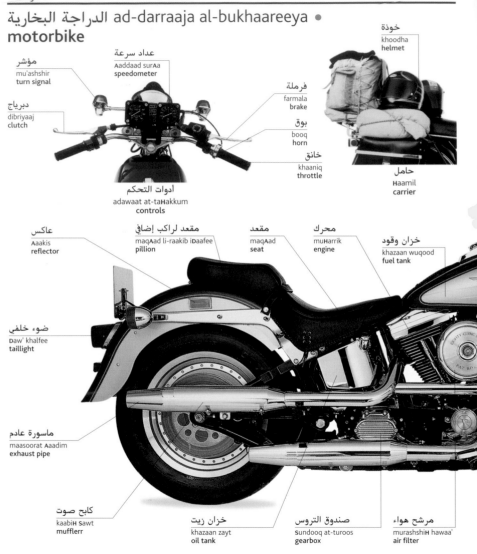

خوذة
khoodha
helmet

مؤشر
mu'ashshir
turn signal

عداد سرعة
Aaddaad surAa
speedometer

فرملة
farmala
brake

دبرياج
dibriyaaj
clutch

بوق
booq
horn

خانق
khaaniq
throttle

حامل
Haamil
carrier

أدوات التحكم
adawaat at-taHakkum
controls

عاكس
Aaakis
reflector

مقعد لراكب إضافي
maqAad li-raakib iDaafee
pillion

مقعد
maqAad
seat

محرك
muHarrik
engine

خزان وقود
khazaan wuqood
fuel tank

ضوء خلفي
Daw' khalfee
taillight

ماسورة عادم
maasoorat Aaadim
exhaust pipe

كابح صوت
kaabiH Sawt
mufflerr

خزان زيت
khazaan zayt
oil tank

صندوق التروس
Sundooq at-turoos
gearbox

مرشح هواء
murashshiH hawaa'
air filter

قناع
qinaaA
visor

جلود
julood
leathers

وسادة للركبة
wisaada lir-rukba
knee pad

حزام عاكس
Hizaam Aaakis
reflector strap

زي ziyy I clothing

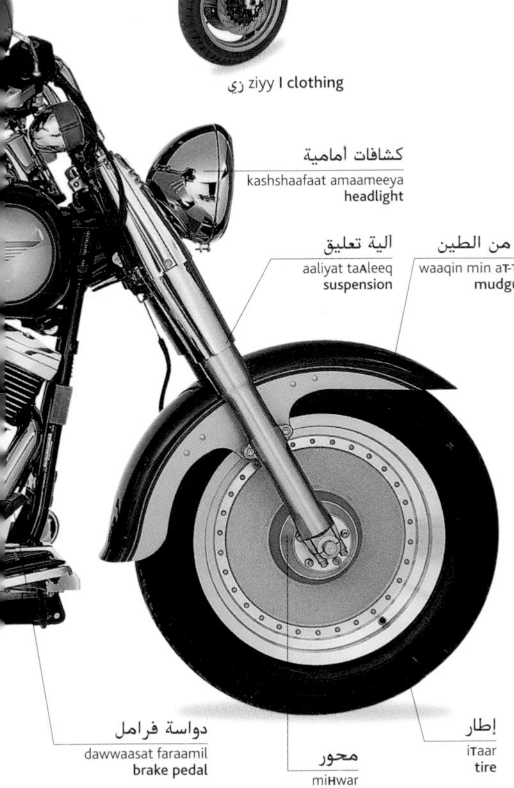

كشافات أمامية
kashshaafaat amaameeya
headlight

الية تعليق
aaliyat taAleeq
suspension

واق من الطين
waaqin min aT-Teen
mudguard

دواسة فرامل
dawwaasat faraamil
brake pedal

محور
miHwar
axle

إطار
iTaar
tire

الأنواع al-anwaaA • types

دراجة سباق darraajat sibaaq | racing bike

حاجز هواء
Haajiz hawaa'
windshield

جوالة jawwaala | tourer

دراجة للطرق الوعرة
darraaja liT-Turuq al-waAra | dirt bike

مسند
masnad
stand

سكوتر sikootir | scooter

الدراجة ad-darraaja • bicycle

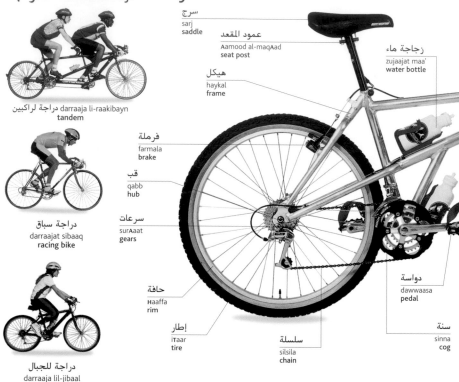

سرج
sarj
saddle

عمود المقعد
Aamood al-maqAad
seat post

زجاجة ماء
zujaajat maa'
water bottle

هيكل
haykal
frame

فرملة
farmala
brake

قب
qabb
hub

سرعات
surAaat
gears

حافة
Haaffa
rim

إطار
iTaar
tire

دواسة
dawwaasa
pedal

سنة
sinna
cog

سلسلة
silsila
chain

دراجة لراكبين darraaja li-raakibayn
tandem

دراجة سباق
darraajat sibaaq
racing bike

دراجة للجبال
darraaja lil-jibaal
mountain bike

دراجة تجوال
darraajat tijwaal
touring bike

خوذة
khoodha
helmet

دراجة للشوارع
darrajja lish-shawaariA
road bike

حارة الدراجات Haarat ad-darraajaat I **cycle lane**

عارضة
AaariDa
crossbar

عارضة قيادة
AaariDat qiyaada
handlebar

منظم السرعة
munazzim as-surAa
gear lever

مقبض الفرامل
miqbaD al-faraamil
brake lever

عتلة إطارات
Aatalat iTaaraat
tire lever

عدة الإصلاح Aiddat al-islaaH
repair kit

رقعة
ruqAa
patch

قضيب عجلة
qaDeeb Aajala
fork

مفتاح
miftaaH
key

شعاع
shuAaaA
spokes

منفاخ
minfaakh
pump

قفل
qufl
lock

عجلة
Aajala
wheel

إطار داخلي
iTaar dakhilee
inner tube

مقعد طفل
maqAad Tifl
child seat

صمام
Simaam
valve

دوس
daws
tread

المفردات al-mufradaat • vocabulary

مصباح	مسند دراجة	وسادة فرملة	سلة	ماسك القدم	يُفرمل
misbaaH	masnad darraaja	wisaadat farmala	salla	maasik al-qadam	yufarmil
headlight	kickstand	brake block	basket	toe clip	brake (v)
مصباح خلفي	موقف ركن	كبل	ثقب	مولد كهربائي	يقود دراجة
misbaaH khalfee	mawqaf rukn	kabl	thuqb	muwallid kahrabaa'ee	yaqood darraaja
rear light	bike rack	cable	flat tire	generator	cycle (v)
عاكس	موازن	سن ترس	حزام القدم	يدوس الدواسة	يُغير السرعة
Aaakis	muwaazin	sinn turs	Hizaam al-qadam	yadoos ad-dawwaasa	yughayyir as-surAa
reflector	training wheels	sprocket	toe strap	pedal (v)	change gear (v)

القطار al-qiTaar · train

عربة
Aaraba
carriage

رصيف
raSeef
platform

عربة حقائب
Aaraba
haqaa'ib
cart

رقم رصيف
raqam raSeef
platform number

مسافر يومي
musaafir yawmee
commuter

محطة قطار mahaTTat qiTaar | train station

أنواع القطارات anwaaA al-qiTaaraat · types of train

محرك
muHarrik
engine

قطار بخاري
qiTaar bukhaaree
steam train

كابينة سائق
kabeenat saa'iq
conducter's
cabin

قضبان
quDbaan
rail

قطار ديزل qiTaar deezil | diesel train

قطار كهربائي
qiTaar kahrabaa'ee
electric train

قطار عالي السرعة
qiTaar Aaalee as-suraa
high-speed train

خط أحادي
khaTT uHaadee
monorail

قطار أنفاق
qiTaar anfaaq
underground train

ترام
tiraam
streetcar

قطار بضائع
qiTaar baDaa'iA
freight train

رف أمتعة
raff amtiAa
luggage rack

نافذة
flɑɑfidha
window

خط قضبان
khaTT quDbaan
track

باب
baab
door

مقعد
maqAad
seat

مقصورة maqSoora
compartment

حاجز فحص تذاكر
Haajiz faHS tadhaakir | ticket barrier

نظام مخاطبة الجمهور
niZaam mukhaaTabat
al-jumhoor
public address system

جدول مواعيد
jadwal mawaaAeed
timetable

تذكرة
tadhkara
ticket

عربة المطعم Aarabat al-maTAam | dining car

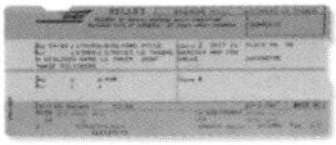

ساحة saaHa | concourse

مقصورة نوم
maqSoorat nawm
sleeping compartment

المفردات al-mufradaat • vocabulary

شبكة خطوط قطارات
shabakat khuTooT qiTaaraat
railroad network

خريطة قطارات الأنفاق
khareeTat qiTaaraat al-anfaaq
underground map

مكتب تذاكر
maktab tadhaakir
ticket office

قضيب مكهرب
qaDeeb mukahrab
live rail

قطار بين المدن
qiTaar bayna l-mudun
inter-city train

تأخر
ta'akhkhur
delay

مفتش تذاكر
mufattish tadhaakir
ticket inspector

إشارة
ishaara
signal

ذروة
adh-dhurwa
rush hour

أجرة
ujra
fare

يُغير
yughayyir
change (v)

مقبض طوارئ
miqbaD Tawaari'
emergency lever

الطائرات aT-Taa'iraat • aircraft

الطائرة aT-Taa'ira • airliner

مقدمة
muqaddima
nose

غرفة قيادة
ghurfat qiyaada
cockpit

محرك
muHarrik
engine

بدن طائرة
badan Taa'ira
fuselage

جناح
jinaaH
wing

ذيل
dhayl
tail

دفة
daffa
rudder

مخرج
makhraj
exit

عجلة المقدمة
Aajalat al-muqaddima
nosewheel

أجهزة هبوط
ajhizat huboot
landing gear

رانفة أفقية
raanifa ufqeeya
aileron

زعنفة
ziAnifa
fin

رفراف جناح
rifraaf jinaaH
tailplane

الكابينة al-kabeena • cabin

مخرج طوارئ
makhraj Tawaari'
emergency exit

مضيفة
muDeefa
flight attendant

صندوق علوي
Sundooq Aulwee
overhead bin

منفذ هواء
minfadh hawaa'
air vent

نافذة
naafidha
window

مصباح قراءة
misbaaH qiraa'a
reading light

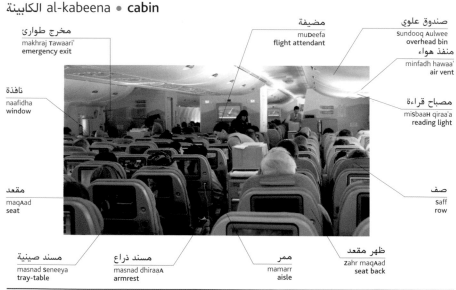

مقعد
maqAad
seat

صف
Saff
row

مسند صينية
masnad Seneeya
tray-table

مسند ذراع
masnad dhiraaA
armrest

ممر
mamarr
aisle

ظهر مقعد
zahr maqAad
seat back

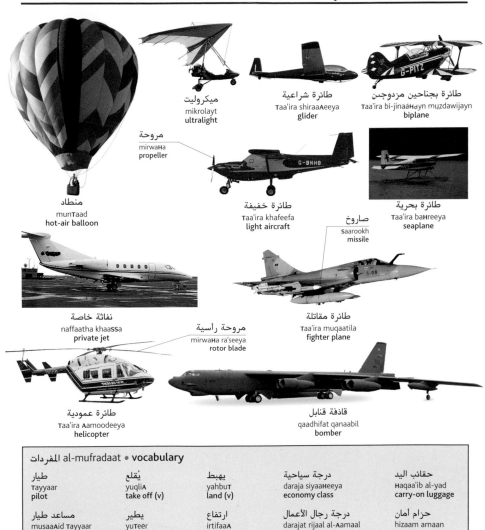

منطاد
munTaad
hot-air balloon

ميكروليت
mikrolayt
ultralight

طائرة شراعية
Taa'ira shiraaAeeya
glider

طائرة بجناحين مزدوجين
Taa'ira bi-jinaaHayn muzdawijayn
biplane

مروحة
mirwaHa
propeller

طائرة خفيفة
Taa'ira khafeefa
light aircraft

طائرة بحرية
Taa'ira baHreeya
seaplane

نفاثة خاصة
naffaatha khaaSSa
private jet

صاروخ
Saarookh
missile

طائرة مقاتلة
Taa'ira muqaatila
fighter plane

مروحة رأسية
mirwaHa ra'seeya
rotor blade

طائرة عمودية
Taa'ira Aamoodeeya
helicopter

قاذفة قنابل
qaadhifat qanaabil
bomber

المفردات al-mufradaat • **vocabulary**

طيار Tayyaar **pilot**	يُقلع yuqliA **take off (v)**	يهبط yahbuT **land (v)**	درجة سياحية daraja siyaaHeeya **economy class**	حقائب اليد Haqaa'ib al-yad **carry-on luggage**
مساعد طيار musaaAid Tayyaar **copilot**	يطير yuTeer **fly (v)**	ارتفاع irtifaaA **altitude**	درجة رجال الأعمال darajat rijaal al-Aamaal **business class**	حزام أمان hizaam amaan **seatbelt**

المطار al-maTaar • airport

ممر
mamarr
apron

مقطورة أمتعة
maqToorat amtiAa
baggage trailer

محطة
maHaTTa
terminal

مركبة خدمات
markabat khidmaat
service vehicle

ممشى
mamsha
jetway

طائرة Taa'ira I airliner

المفردات al-mufradaat • vocabulary

مدرج madraj **runway**	رقم رحلة raqam riHla **flight number**	سير الأمتعة sayr al-amtiAa **baggage carousel**	عطلة AuTla **vacation**
رحلة دولية riHla duwaleeya **international flight**	فحص الجوازات faHS al-jawaazaat **immigration**	أمن amn **security**	يسجل yusajjil **check in (v)**
رحلة داخلية riHla daakhileeya **domestic flight**	جمارك jamaarik **customs**	جهاز أشعة أكس jihaaz ashiAAat aks **X-ray machine**	برج التحكم burj at-taHakkum **control tower**
وصلة waSla **connection**	تجاوز وزن الأمتعة tajaawuz wazn al-amtiAa **excess baggage**	كتالوج عطلات kataalog AaTlaat **travel brochure**	يحجز رحلة yaHjiz riHla **make a flight reservation (v)**

حقائب اليد
Haqaa'ib al-yad
carry-on
luggage

أمتعة
amtiAa
luggage

عربة
Aaraba
cart

مكتب التسجيل
maktab at-tasjeel
check-in desk

جواز سفر jawaaz safar l passport

تأشيرة
ta'sheera
visa

مراقبة الجوازات
muraaqabat al-jawaazaat
passport control

تصريح ركوب
tasreeH rukoob
boarding pass

تذكرة
tadhkara
ticket

قاعة مغادرة
qaaAat mughaadara
departure lounge

رقم بوابة
raqam bawwaaba
gate number

مغادرة
mughaadara
departures

شاشة معلومات
shaashat maAloomaat
information screen

الجهة المقصودة
al-jiha
al-maqsooda
destination

وصول
wusool
arrivals

متجر سوق حرة
matjar sooq Hurra
duty-free shop

استعادة أمتعة
istiAaadat amtiAa
baggage claim

موقف تاكسيات
mawqaf taksiyaat
taxi stand

تأجير سيارة
ta'jeer sayyaara
car rental

الباخرة al-baakhira • ship

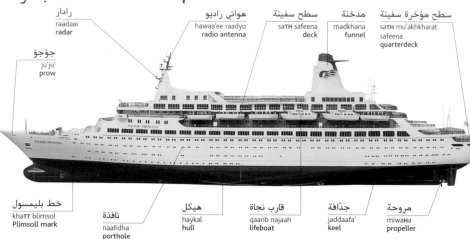

رادار
raadaar
radar

هوائي راديو
hawaa'ee raadyo
radio antenna

سطح سفينة
saTH safeena
deck

مدخنة
madkhana
funnel

سطح مؤخرة سفينة
saTH mu'akhkharat
safeena
quarterdeck

جؤجؤ
ju'ju'
prow

خط بليمسول
khaTT blimsol
Plimsoll mark

نافذة
naafidha
porthole

هيكل
haykal
hull

قارب نجاة
qaarib najaah
lifeboat

جَدّافة
jaddaafa'
keel

مروحة
miwaHa
propeller

عابرة محيطات Aabirat muHeeTaat I **ocean liner**

برج قيادة
burj qiyaada
bridge

غرفة المحرك
ghurfat al-muHarrik
engine room

قمرة
qamara
cabin

مطبخ
maTbakh
galley

المفردات al-mufradaat • vocabulary

حوض
HawD
dock

ميناء
meenaa'
port

ممر
mamarr
gangway

مرساة
mirsaah
anchor

مربط حبال
marbaT Hibaal
bollard

مرفاع
mirfaAA
windlass

قبطان
qubTaan
captain

زورق بخاري
zawraq bukhaaree
speedboat

قارب تجديف
qaarib tajdeef
rowboat

قارب تجديف صغير
qaarib tajdeef Sagheer
canoe

البواخر الأخرى al-bawaakhir al-ukhra • other ships

معدية
maAdeeya
ferry

محرك قابل للفصل
muHarrik qaabil lil-fasl
outboard motor

زورق مطاطي قابل للنفخ
zawraq maTaaTee qaabil lin-nafkh
inflatable dinghy

هيدروفويل
hidrofoyil
hydrofoil

يخت
yakht
yacht

كاتامران
katamaraan
catamaran

عَوّافة
Aawwaafa
tugboat

حوامة
Hawwaama
hovercraft

سفينة حاويات
safeenat Haawiyaat
container ship

حبال تثبيت
Hibaal tathbeet
rigging

مركبة شراعية
markaba shiraaAeeya
sailboat

مخزن بضائع
makhzan baDaa'iA
hold

ناقلة بضائع
naaqilat baDaa'iA
freighter

ناقلة بترول
naaqilat betrool
oil tanker

حاملة طائرات
Haamilat Taa'iraat
aircraft carrier

سفينة حربية
safeena Harbeeya
battleship

برج مراقبة
burj muraaqaba
conning tower

غواصة
ghawwaaSa
submarine

الميناء al-meenaa' • port

مستودع
mustawdaA
warehouse

ونش
winsh
crane

رافعة شوكية
raafiAa shawkeeya
fork-lift

شارع يتيح الدخول
shaariA yuteeH ad-dukhool
access road

دار الجمارك
daar al-jamaarik
customs house

حوض
HawD
dock

حاوية
Haawiya
container

رصيف
raSeef
quay

بضائع
baDaa'iA
cargo

محطة معدية
maHaTTat maAdeeya
ferry terminal

معدية
maAdeeya
ferry

مكتب تذاكر
maktab
tadhaakir
ticket office

راكب
raakib
passenger

ميناء حاويات meenaa' Haawiyaat | **container port**

ميناء ركاب meenaa' rukkaab | **passenger port**

شبك
shabak
net

مركب صيد
markab sayd
fishing boat

مربط بالمرسى
marbaT bil-marsa
mooring

مرسى marsaa | marina

ميناء meenaa' | harbor

ميناء صيد
meenaa' sayd | fishing port

جسر داخل البحر
jisr daakhil al-baHr | pier

لسان داخل البحر
lisaan daakhil al-baHr
jetty

حوض بناء السفن
HawD binaa' as-sufun
shipyard

مصباح
misbaaH
beacon

منارة
manaara
lighthouse

عوامة
Aawwaama
buoy

المفردات al-mufradaat • vocabulary

حرس سواحل Haras sawaaHil coastguard	حوض جاف HawD jaaff dry dock	يصعد yasAad board (v)
مدير الميناء mudeer al-meenaa' harbor master	يرسي yursee moor (v)	ينزل yanzil disembark (v)
يسقط المرساة yasquT al-mirsaah drop anchor (v)	يحاذي الرصيف yuHaadhee ar-raseef dock (v)	يبحر yubHir set sail (v)

ULTRA
3
DUNLOP
DDH III
4
DUNLOP
MOLITOR
TOUR
EDITION
1
ProStaff
4
GOLF CLUB
TOP-FLITE
XL
4
ProStaff
4
RAM TOUR
1
MAXFLI
DISTANCE
TOP-FLITE
STRATA
3

الرياضة ar-riyaaDa
sports

كرة القدم الأمريكية kurat al-qadam al-amreekeeya • football

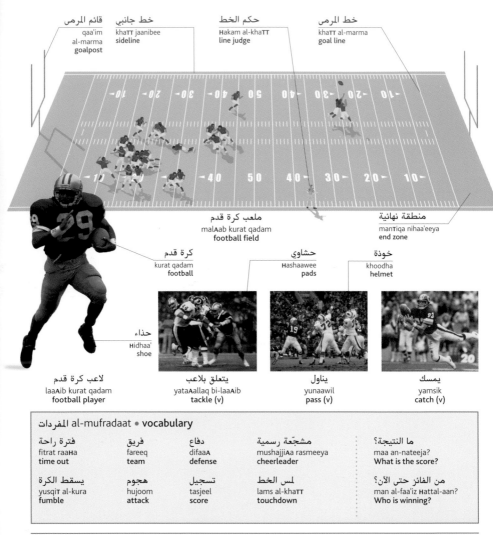

قائم المرمى
qaa'im
al-marma
goalpost

خط جانبي
khaTT jaanibee
sideline

حكم الخط
Hakam al-khaTT
line judge

خط المرمى
khaTT al-marma
goal line

ملعب كرة قدم
malAab kurat qadam
football field

منطقة نهائية
manTiqa nihaa'eeya
end zone

كرة قدم
kurat qadam
football

حشاوي
Hashaawee
pads

خوذة
khoodha
helmet

حذاء
Hidhaa'
shoe

لاعب كرة قدم
laaAib kurat qadam
football player

يتعلق بلاعب
yataAallaq bi-laaAib
tackle (v)

يناول
yunaawil
pass (v)

يمسك
yamsik
catch (v)

المفردات al-mufradaat • vocabulary

فترة راحة fitrat raaHa **time out**	فريق fareeq **team**	دفاع difaaA **defense**	مشجّعة رسمية mushajjiAa rasmeeya **cheerleader**	ما النتيجة؟ maa an-nateeja? **What is the score?**
يسقط الكرة yusqiT al-kura **fumble**	هجوم hujoom **attack**	تسجيل tasjeel **score**	لمس الخط lams al-khaTT **touchdown**	من الفائز حتى الآن؟ man al-faa'iz Hattal-aan? **Who is winning?**

الرجبي ar-rugbee • rugby

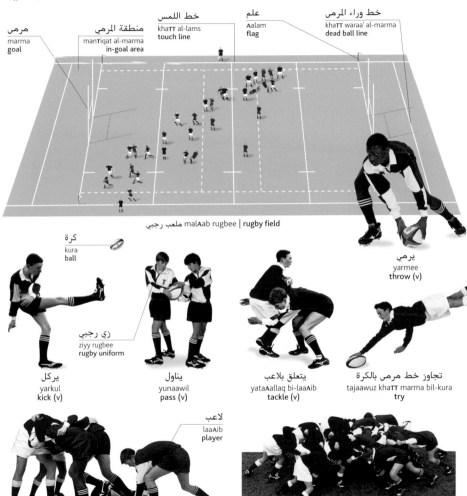

مرمى
marma
goal

منطقة المرمي
manTiqat al-marma
in-goal area

خط اللمس
khaTT al-lams
touch line

علم
Aalam
flag

خط وراء المرمى
khaTT waraa' al-marma
dead ball line

ملعب رجبي malAab rugbee | rugby field

كرة
kura
ball

زي رجبي
ziyy rugbee
rugby uniform

يرمي
yarmee
throw (v)

يركل
yarkul
kick (v)

يناول
yunaawil
pass (v)

يتعلق بلاعب
yataAallaq bi-laaAib
tackle (v)

تجاوز خط مرمى بالكرة
tajaawuz khaTT marma bil-kura
try

لاعب
laaAib
player

تجمهر مهاجمين صغير tajamhur muhaajimeen Sagheer | ruck

تجمهر مهاجمين tajamhur muhaajimeen | scrum

لعبة كرة القدم laaBat kurat al-qadam • soccer

كرة قدم
kurat qadam
soccer ball

مهاجم
muhaajim
forward

حكم
Hakam
referee

دائرة وسط
daa'irat wasaT
center circle

حارس مرمى
Haaris marma
goalkeeper

زي كرة قدم
ziyy kurat qadam
soccer uniform

لاعب كرة القدم
laaAib kurat qadam
soccer player

قائم مرمى
qaa'im marma
goalpost

شباك
shibaak
net

عارضة
Aaariдa
crossbar

ملعب كرة قدم
malAab kurat qadam
football field

يجري بالكرة yajree bil-kura l
dribble (v)

يضرب الكرة بالرأس
yadrib al-kura bir-ra's
head (v)

حائط
Haa'it
wall

هدف hadaf l goal

ضربة حرة Дarba Hurra l free kick

منطقة الجزاء
manTiqat al-jazaa'
penalty area

خط المرمى
khaTT al-marma
goal line

منطقة المرمى
manTiqat al-marma
goal area

هدف
hadaf
goal

مدافع
mudaafiA
defender

مراقب خط
muraaqib khaTT
linesman

علم ركن
Aalam rukn
corner flag

رمية تماس ramyat tamaass
throw-in

يركل yarkul I **kick (v)**

حذاء
Hidhaa'
shoe

يمرر
yumarrir
pass (v)

يسدد
yusaddid
shoot (v)

ينقذ
yanqidh
save (v)

يراوغ
yuraawigh
tackle (v)

المفردات al-mufradaat • vocabulary

استاد istaad **stadium**	فاول faawil **foul**	بطاقة صفراء biTaaqa Safraa' **yellow card**	دوري dawree **league**	وقت إضافي waqt iDaafee **extra time**
يسجل هدف yusajjil hadaf **score a goal (v)**	ضربة ركنية Darba rukneeya **corner**	متسلل mutasallil **off-side**	تعادل taAaadul **draw**	لاعب احتياطي laaAib iHtiyaaTee **substitute**
ضربة جزاء Darbat jazaa' **penalty**	بطاقة حمراء biTaaqa Hamraa' **red card**	طرد Tard **send off**	فترة ما بين الشوطين fitra maa bayn ash-shooTayn **half time**	استبدال istibdaal **substitution**

لعبة الهوكي laᴀbat al-hokee • hockey

هوكي جليد hokee jaleed • ice hockey

خط المرمى
khaᴛᴛ al-marma
goal line

منطقة هجوم
minᴛaqat hujoom
attack zone

منطقة محايدة
minᴛaqa muʜaayida
neutral zone

منطقة دفاع
minᴛaqat difaaᴀ
defending zone

حارس مرمى
ʜaaris marma
goalkeeper

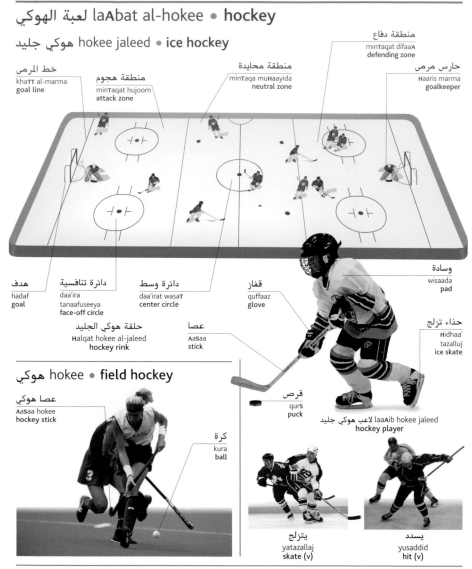

هدف
hadaf
goal

دائرة تنافسية
daa'ira
tanaafuseeya
face-off circle

دائرة وسط
daa'irat wasaᴛ
center circle

حلقة هوكي الجليد
ʜalqat hokee al-jaleed
hockey rink

قفاز
quffaaz
glove

وسادة
wisaada
pad

عصا
ᴀaSaa
stick

حذاء تزلج
ʜidhaa'
tazalluj
ice skate

قرص
qurs
puck

لاعب هوكي جليد laaᴀib hokee jaleed
hockey player

هوكي hokee • field hockey

عصا هوكي
ᴀaSaa hokee
hockey stick

كرة
kura
ball

يتزلج
yatazallaj
skate (v)

يسدد
yusaddid
hit (v)

لعبة الكريكيت laAbat al-kreeket • cricket

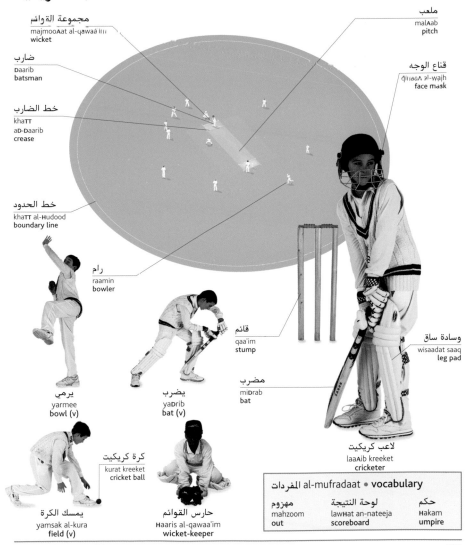

مجموعة الة وائم
majmooAat al-qawaaïm
wicket

ضارب
Daarib
batsman

خط الضارب
khaTT
aD-Daarib
crease

خط الحدود
khaTT al-Hudood
boundary line

ملعب
malAab
pitch

قناع الوجه
qinaaA al-wajh
face mask

رام
raamin
bowler

قائم
qaa'im
stump

وسادة ساق
wisaadat saaq
leg pad

مضرب
miDrab
bat

يرمي
yarmee
bowl (v)

يضرب
yaDrib
bat (v)

كرة كريكيت
kurat kreeket
cricket ball

لاعب كريكيت
laaAib kreeket
cricketer

يمسك الكرة
yamsak al-kura
field (v)

حارس القوائم
Haaris al-qawaa'im
wicket-keeper

المفردات al-mufradaat • vocabulary

مهزوم	لوحة النتيجة	حكم
mahzoom	lawHat an-nateeja	Hakam
out	scoreboard	umpire

لعبة كرة السلة laAbat kurat as-salla • basketball

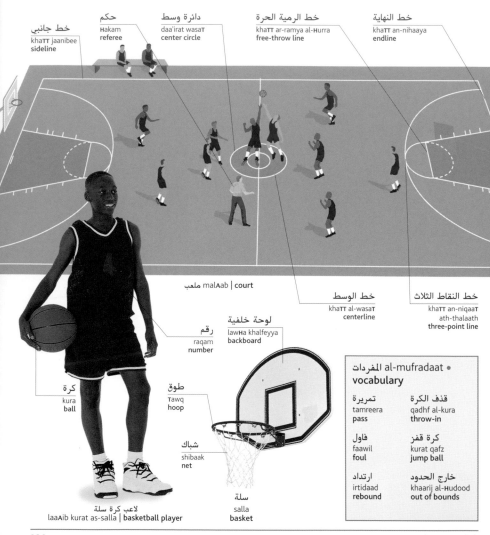

خط جانبي
khaᴛᴛ jaanibee
sideline

حكم
ᴴakam
referee

دائرة وسط
daa'irat wasaᴛ
center circle

خط الرمية الحرة
khaᴛᴛ ar-ramya al-ᴴurra
free-throw line

خط النهاية
khaᴛᴛ an-nihaaya
endline

ملعب malAab | court

خط الوسط
khaᴛᴛ al-wasaᴛ
centerline

خط النقاط الثلاث
khaᴛᴛ an-niqaaᴛ
ath-thalaath
three-point line

رقم
raqam
number

لوحة خلفية
lawᴴa khalfeyya
backboard

كرة
kura
ball

طوق
ᴛawq
hoop

شباك
shibaak
net

سلة
salla
basket

لاعب كرة سلة
laaᴀib kurat as-salla | basketball player

المفردات al-mufradaat • vocabulary

تمريرة tamreera pass	قذف الكرة qadhf al-kura throw-in
فاول faawil foul	كرة قفز kurat qafz jump ball
ارتداد irtidaad rebound	خارج الحدود khaarij al-ᴴudood out of bounds

الحركات al-Harakaat • actions

يرمي
yarmee
throw (v)

يمسك
yumsik
catch (v)

يصوب
yaSawwib
shoot (v)

يقفز
yaqfiz
jump (v)

يلاصق
yulaaSiq
mark (v)

يعترض
yaAtariD
block (v)

ينطط
yunaTTiT
bounce (v)

يدفع من أعلى
yadfaA min aAla
dunk (v)

لعبة الكرة الطائرة laAbat al-kura aT-Taa'ira • volleyball

يعترض
yaAtariD
block (v)

شباك
shibaak
net

حكم
Hakam
referee

يرفع الكرة لأعلى
yarfaA al-kura li-aAla
dig (v)

دعامة ركبة
diAaamat rukba
knee support

ملعب malAab | court

لعبة البيسبول laᴀbat al-baysbool • baseball

الملعب al-malᴀab • field

ملعب اليسار
malᴀab al-yasaar
left field

ملعب داخلي
malᴀab daakhilee
infield

ملعب مركزي
malᴀab markazee
center field

مضرب
miᴅrab
bat

خوذة
khoodha
helmet

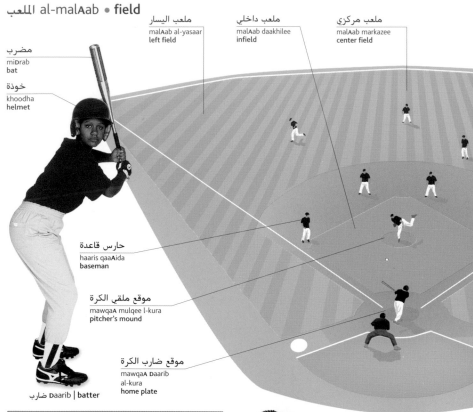

حارس قاعدة
haaris qaaᴀida
baseman

موقع ملقي الكرة
mawqaᴀ mulqee l-kura
pitcher's mound

موقع ضارب الكرة
mawqaᴀ ᴅaarib
al-kura
home plate

ضارب ᴅaarib | batter

المفردات al-mufradaat • vocabulary

مجموعة majmooᴀa inning	يصل لقاعدة yaṣil li-qaaᴀida safe	فشل الضربة fashl aᴅ-ᴅarba foul ball
نقطة nuqᴛa run	مهزوم mahzoom out	ضربة ᴅarba strike

قفاز quffaaz
glove

كرة
kura
ball

قناع qinaaᴀ
mask

ملعب خارجي
malAab khaarijee
outfield
ملعب أيمن
malAab ayman
right field
خط الفاول
khaTT al-faawil
foul line
فريق
fareeq
team
موقع اللاعبين
mawqaA al-laaAibeen
dugout

ماسك maasik | catcher

مُلق mulqin | pitcher

الحركات al-Harakaat • actions

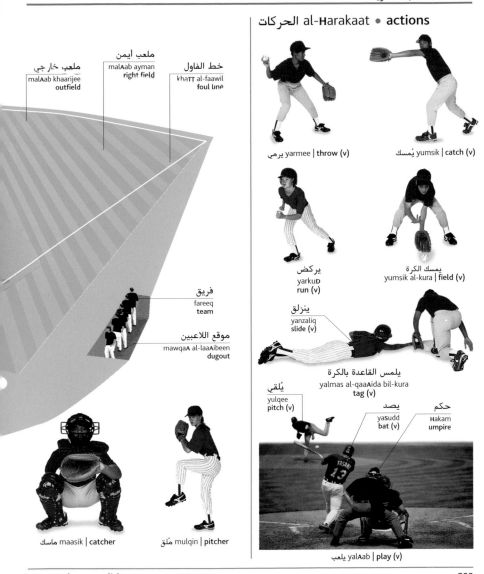

يرمي yarmee | throw (v)

يُمسك yumsik | catch (v)

يركض
yarkuD
run (v)

يمسك الكرة
yumsik al-kura | field (v)

ينزلق
yanzaliq
slide (v)

يلمس القاعدة بالكرة
yalmas al-qaaAida bil-kura
tag (v)

يُلقي
yulqee
pitch (v)
يصد
yaSudd
bat (v)
حكم
Hakam
umpire

يلعب yalAab | play (v)

لعبة التنس laAbat at-tenis • tennis

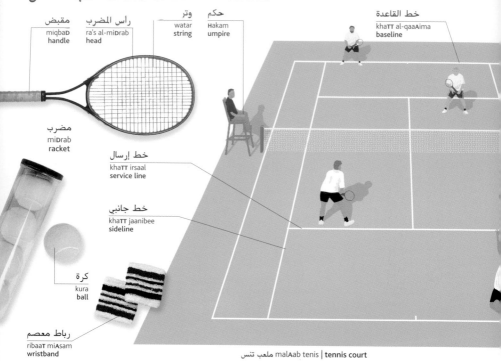

مقبض
miqbaD
handle
رأس المضرب
ra's al-miDrab
head
وتر
watar
string
حكم
umpire
خط القاعدة
baseline
مضرب
racket
خط إرسال
khaTT irsaal
service line
خط جانبي
khaTT jaanibee
sideline
كرة
kura
ball
رباط معصم
ribaaT miAsam
wristband

ملعب تنس malAab tenis | tennis court

المفردات al-mufradaat • vocabulary

مباراة فردية mubaaraah fardeeya **singles**	مجموعة majmooAa **set**	صفر sifr **love**	خطأ khaTaa' **fault**	ضربة بزاوية Darba bi-zaawiya **slice**	مراقب خط muraaqib khaTT **linesman**
مباراة زوجية mubaaraah zawjeeya **doubles**	مباراة mubaaraah **match**	تعادل taAaadul **deuce**	كرة إرسال فائزة kurat irsaal faa'iza **ace**	ضربة لا تحتسب Darba laa tuHtasab **let**	شوط التعادل shawT at-taAaadul **tiebreak**
شوط shawT **game**	بطولة buToola **championship**	متقدم mutaqaddim **advantage**	كرة ساقطة kura saaqiTa **dropshot**	تبادل عدة ضربات tabaadul Aiddat Darabaat **rally**	لف laff **spin**

شبكة
shabaka
net
ضربة قوية
Darba qawiya
smash
صبي جمع الكرات
Sabiyy jamA al-kuraat
ballboy
يرسل
yursil
serve (v)
حذاء تنس
Hidhaa' tenis
tennis shoes

لاعب laaAib | player

الضربات aD-Darabaat • strokes

إرسال
irsaal
serve

ضربة مباشرة
Darba mubaashira
volley

صد
Sadd
return

ضربة في قوس علوي
Darba fee qaws Aulwee
lob

ضربة أمامية
Darba amaameeya
forehand

ضربة خلفية
Darba khalfeeya
backhand

ألعاب المضرب alAaab al-miDrab • racquet games

ريشة
reesha
shuttlecock

تنس الريشة
tenis ar-reesha
badminton

مضرب
bat

تنس طاولة
tenis Taawila
table tennis

سكواش
skwaash
squash

لعبة الراكيت
laAbat ar-raaket
racquetball

الجولف al-golf • golf

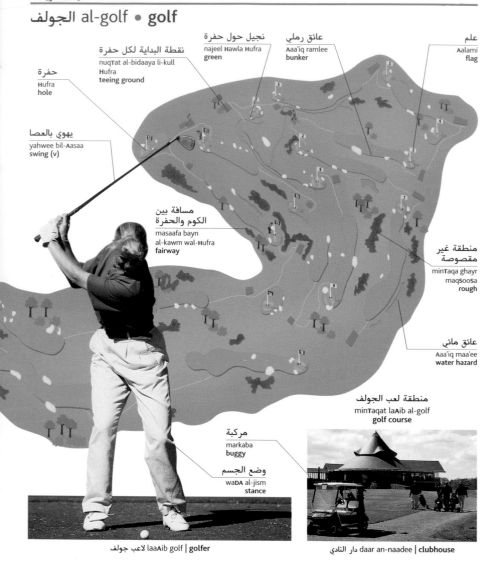

نقطة البداية لكل حفرة
nuqTat al-bidaaya li-kull Hufra
teeing ground

نجيل حول حفرة
najeel Hawla Hufra
green

عائق رملي
Aaa'iq ramlee
bunker

علم
Aalami
flag

حفرة
Hufra
hole

يهوي بالعصا
yahwee bil-Aasaa
swing (v)

مسافة بين الكوم والحفرة
masaafa bayn al-kawm wal-Hufra
fairway

منطقة غير مقصوصة
minTaqa ghayr maqsoosa
rough

عائق مائي
Aaa'iq maa'ee
water hazard

منطقة لعب الجولف
minTaqat laAib al-golf
golf course

مركبة
markaba
buggy

وضع الجسم
waDA al-jism
stance

لاعب جولف laaAib golf | **golfer**

دار النادي daar an-naadee | **clubhouse**

المعدات al-muAiddaat • equipment

كرة الجولف
kurat al-golf
golf ball

قمزة
qamza
tee

قفاز
quffaaz
glove

حقيبة الجولف
Haqeebat al-golf
golf bag

حامل معدات
Haamil maAiddaat
bag cart

مسامير
masaameer
spikes

حذاء جولف
Hidhaa' golf
golf shoe

الأوضاع al-awDaaA • actions

يُسدد من قمزة
yusaddid min qamza
tee-off (v)

يدفع
yadfaA
drive (v)

يُسقط في حفرة
yusqiT fee Hufra
putt (v)

يُسقط عن قرب
yusqiT Aan qurb
chip (v)

عصي الجولف AuSee al-golf • golf clubs

خشب
khashab
wood

مُسقط
musqiT
putter

حديد
Hadeed
iron

إسفين
isfeen
wedge

المفردات al-mufradaat • vocabulary

سوية
sawiya
par

فوق السوية
fawq as-sawiya
over par

معادلة
muAaadala
handicap

حمال الجولف
Hammaal al-golf
caddy

ضربة تدريب
Darba tadreeb
practice swing

ضربة
Darba
stroke

دون السوية
doon as-sawiya
under par

إسقاط بضربة واحدة
isqaaT bi-darba waaHida
hole in one

مسابقة
musaabaqa
tournament

متفرجون
mutafarrijoon
spectators

ضربة طويلة من الخلف
Darba Taweela min al-khalf
backswing

اتجاه مقصود
ittijaah maqsood
line of play

ألعاب القوى aLAaab al-quwa • track and field

حارة
Haara
lane

مضمار
miDmaar
track

خط النهاية
khaTT an-nahaaya
finish line

خط البداية
khaTT al-bidaaya
starting line

ملعب
malAab
field

رياضي
riyaaDee
athlete

كتل البداية
kutal al-bidaaya
starting blocks

عداء
Aaddaa'
sprinter

رمي القرص
ramy al-qurS
discus

رمي الجلة
ramy al-julla
shotput

رمي الرمح
ramy ar-ramH
javelin

المفردات al-mufradaat • vocabulary

سباق sibaaq race	رقم قياسي raqm qiyaasee record	ماراثون maarathon marathon	قفز بالزانة qafz biz-zaana pole vault
زمن zaman time	يحطم رقم قياسي yuHaTTim raqm qiyaasee break a record (v)	تحديد الفائز بالتصوير taHdeed al-faa'iz bit-tasweer photo finish	رقم شخصي raqm shakhSee personal best

ساعة توقيت
saaAat tawqeet
stopwatch

عصا
Aasaa
baton

سباق تتابع
sibaaq tataabuA
relay race

عارضة
AaariDa
crossbar

الوثب العالي
al-wathb al-Aalee
high jump

الوثب الطويل
al-wathb aT-Taweel
long jump

حواجز
Hawaajiz
hurdles

جمباز jumbaaz • gymnastics

حصان
HiSaan
horse

أداء على حصان
adaa' Aala HiSaan
vault

مقفز
maqfaz
springboard

رأساً على عقب
ra'san Aala Auqb
somersault

سجادة
sajjaada
mat

تمارين أرضية
tamaareen arDeeya
floor exercises

لاعب جمباز
laaAib jumbaaz
gymnast

عارضة AaariDa | **beam**

شقلبة
shaqlaba
tumble

شريط
shareeT
ribbon

جمباز إيقاعي
jumbaaz eeqaaAee
rhythmic gymnastics

المفردات al-mufradaat • vocabulary

عارضة أفقية AaariDa ufuqeeya **horizontal bar**	حصان توازن HiSaan tawaazun **pommel horse**	أطواق aTwaaq **rings**	ميداليات meedaalyaat **medals**	فضة fiDDa **silver**
عارضتان موازيتان AaariDataan muwaaziyataan **parallel bars**	عوارض غير متناظرة AawaariD ghayr mutanaazira **asymmetric bars**	منصة minaSSa **podium**	ذهب dhahab **gold**	برونز bironz **bronze**

ألعاب النزال alAaab an-nizaal • combat sports

خصم
khiSm
opponent
واق
waaqin
guard
قفاز
quffaaz
glove
حزام
Hizaam
belt

تي كوندو tai kwondo | **tae-kwon-do**

كراتيه karaateh | **karate**

جودو joodo | **judo**

أيكيدو aykeedo | **aikido**

قناع
qinaaA
mask
سيف
sayf
sword

كيندو kendo | **kendo**

كونفو kunfoo | **kung fu**

ملاكمة بالأرجل
mulaakama bil-arjul
kickboxing

مصارعة muSaaraAa | **wrestling**

ملاكمة mulaakama | **boxing**

الحركات al-Harakaat • actions

وقوع wuqooA | **fall**

مسك mask | **hold**

رمي ramy | **throw**

تثبيت tathbeet | **pin**

ركل rakl | **kick**

لكم lakm | **punch**

ضرب Darb | **strike**

ضربة قاطعة
Darba qaaTiAa | **chop**

قفز qafz | **jump**

صد sadd | **block**

المفردات al-mufradaat • vocabulary

حلقة ملاكمة Halqat mulaakama **boxing ring**	جولة jawla **round**	قبضة يد qabDat yad **fist**	حزام أسود Hizaam aswad **black belt**	كابورا kaboora **capoeira**
واقي الفم waaqee l-fam **mouth guard**	مباراة mubaaraah **bout**	ضربة قاضية Darba qaaDiya **knock out**	دفاع عن النفس difaaA Aan an-nafs **self defense**	تي شي tai shee **tai-chi**
قفازات ملاكمة quffaazaat mulaakama **boxing gloves**	تدريب الملاكم tadreeb al-mulaakim **sparring**	كيس معلق للتدريب kees muAallaq lit-tadreeb **punch bag**	فنون القتال funoon al-qitaal **martial arts**	مصارعة يابانية musaaraAa yaabaaneeya **sumo wrestling**

السباحة as-sibaaHa • swimming

المعدات al-muAiddaat • equipment

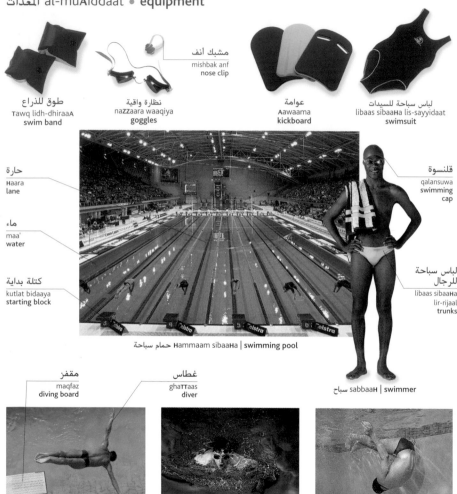

طوق للذراع
Tawq lidh-dhiraaA
swim band

نظارة واقية
naZZaara waaqiya
goggles

مشبك أنف
mishbak anf
nose clip

عوامة
Aawaama
kickboard

لباس سباحة للسيدات
libaas sibaaHa lis-sayyidaat
swimsuit

حارة
Haara
lane

ماء
maa'
water

كتلة بداية
kutlat bidaaya
starting block

قلنسوة
qalansuwa
swimming cap

لباس سباحة للرجال
libaas sibaaHa
lir-rijaal
trunks

حمام سباحة Hammaam sibaaHa | swimming pool

سباح sabbaaH | swimmer

مقفز
maqfaz
diving board

غطاس
ghaTTaas
diver

يغطس yaghTas | dive (v)

يسبح yasbaH | swim (v)

دوران dawaraan | turn

الأساليب al-asaaleeb • styles

سباحة حرة sibaaHa Hurra | front crawl

سباحة صدر sibaaHat Sadr | breaststroke

حركة
Haraka
stroke

سباحة ظهر sibaaHat Zahr | backstroke

ركلة
rakla
kick

سباحة فراشة sibaaHat faraasha | butterfly

الغطس al-ghaTs • scuba diving

حلة من المطاط
Hulla min al-maTTaaT
wetsuit

زعنفة
ziAnifa
fin

حزام أثقال
Hizaam athqaal
weight belt

اسطوانة هواء
usTawaanat hawaa'
air cylinder

قناع
qinaaA
mask

منظم
munaZZim
regulator

أنبوب الهواء
anboob al-hawaa'
snorkel

المفردات al-mufradaat • vocabulary

غطس
ghaTs
dive

سباق غوص
sibaaq ghaws
racing dive

خزانة بقفل
khizaana bi-qufl
lockers

كرة الماء
kurat al-maa'
water polo

جانب ضحل
jaanib DaHl
shallow end

شد عضلي
shadd AaDalee
cramp

غطس عال
ghaTs Aaalin
high dive

يطفو فوق الماء بالركل
yaTfoo fawq al-maa' bir-rakl
tread water (v)

سباح الإنقاذ
sabbaaH al-inqaadh
lifeguard

جانب عميق
jaanib Aameeq
deep end

السباحة التوقيعية
as-sibaaHa at-tawqeeAeeya
synchronized swimming

يغرق
yaghriq
drown (v)

الإبحار al-ibHaar • sailing

بوصلة
bosla
compass

مِرساة
mirsaah
anchor

ركاسة
rikaasa
cleat

ظهر جانبي
zahr jaanibee
sidedeck

ذراع الدفة
dhiraaA ad-daffa
tiller

يبحر yubHir | **navigate (v)**

صار
Saarin
mast

حبال تثبيت
Hibaal tathbeet
rigging

شراع رئيسي
shiraaA ra'eesee
mainsail

شراع أمامي
shiraaA amaamee
headsail

عارضة
AaariDa
boom

مؤخرة
mu'akhkhara
stern

مقدم
muqaddam
bow

هيكل
haykal
hull

يخت yakht | **yacht**

سلامة salaama • safety

شهاب
shihaab
flare

عوامة إنقاذ
Aawaamat inqaadh
lifebuoy

سترة إنقاذ
sutrat inqaadh
life jacket

رمث نجاة
ramath najaah
life raft

الرياضات المائية al-riyaaDaat al-maa'eeya • watersports

جداف
jaddaaf
rower

مجداف
mijdaaf
oar

قايق
qaayaq
kayak

مدرأ
midra'
paddle

يجدف yujaddif | row (v)

ركوب كنو
rukoon kanoo
canoeing

شراع
shiraaA
sail

لوحة ركوب الأمواج
lawHat rukoob al-amwaaj
surfboard

زحلوقة
zaHlooqa
ski

راكب لوح
raakib lawH
windsurfer

ركوب الأمواج
rukoob al-amwaaj
surfing

تزحلق على الماء
tazaHluq Aalal-maa'
waterskiing

ركوب مراكب السرعة
rukoob maraakib as-surAa
speed boating

لوح
lawH
board

حزام القدم
Hizaam al-qadam
footstrap

ركوب رمث
rukoob ramath
rafting

تزحلق نفاث
tazaHluq naffaath
jet skiing

ركوب الرياح rukoob ar-riyaaH | windsurfing

المفردات al-mufradaat • vocabulary

متزحلق على الماء mutazaHliq Aalal-maa' **waterskier**	ملاحون mallaaHoon **crew**	هواء hawaa' **wind**	أمواج amwaaj **surf**	شراع shiraaA **sheet**	لوحة وسطية lawHa wasaTeeya **centerboard**
راكب الأمواج raakib al-amwaaj **surfer**	يتعرج في إبحاره yataAarraj fee ibHaarihi **tack (v)**	موجة mawja **wave**	خرخار kharkhaar **rapids**	دفة daffa **rudder**	ينقلب yanqalib **capsize (v)**

ركوب الخيل rukoob al-khayl • horseback riding

قبعة ركوب
qubbaAat rukoob
riding hat

عُرف
Aurf
mane

راكب
raakib
rider

لجام
lijaam
reins

سرج
sarj
saddle

حصان
HiSaan
horse

بنطلون ركوب
banTalon rukoob
jodhpurs

ذيل
dhayl
tail

حزام
Hizaam
girth

حذاء ركوب
Hidhaa' rukoob
riding boot

ركاب
rikaab
stirrup

حافر
Haafir
hoof

قربوس
qaraboos
pommel

حدوة
Hidwa
horseshoe

مقعد
maqAad
seat

سرج لجلوس جانبي
sarj li-juloos jaanibee
side-saddle

طوق الحاجب
Tawq al-Haajib
browband

طوق الأنف
Tawq al-anf
noseband

شكيمة
shakeema
bit

لجام lijaam | **bridle**

عصا ركوب Aasaa rukoob | **riding crop**

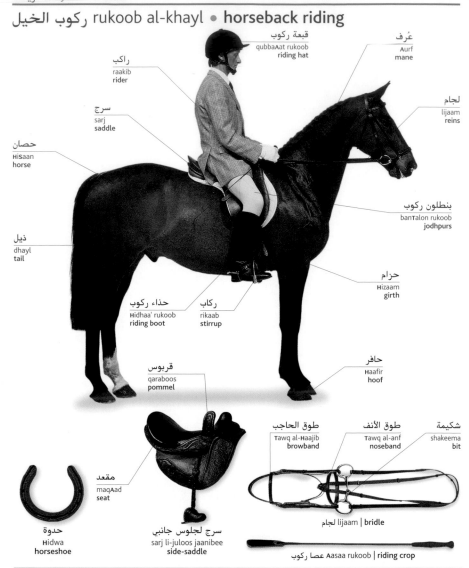

المباريات al-mubaariyaat • events

حصان سباق
HiSaan sibaaq
racehorse

سياج
siyaaj
fence

سباق خيول
sibaaq khuyool
horse race

سباق حوائل
sibaaq Hawaa'il
steeplechase

سباق عربات ذات عجلتين
sibaaq Aarabaat dhaat Aajalatayn
harness race

روديو
roodyo
rodeo

مباراة قفز
mubaraat qafz
showjumping

سباق مركبة
sibaaq markaba
carriage race

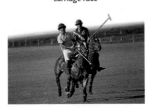

رحلة بالحصان
riHla bil-HuSaan | **trekking**

الراكب يُحرك الحصان ar-raakib yuHarrik
al-HiSaan | **dressage**

بولو
bolo | **polo**

المفردات al-mufradaat • vocabulary

مشي mashy **walk**	خبب khabab **canter**	قفز qafz **jump**	لجام lijaam **halter**	حقل ترويض Haql tarweeD **paddock**	سباق على أرض مستوية sibaaq Aala arD mustawiya **flat race**
هرولة harwala **trot**	جري jary **gallop**	سائس saa'is **groom**	إسطبل isTabl **stable**	ميدان تنافس meedaan tanaafus **arena**	مضمار miDmaar **racecourse**

صيد السمك Sayd as-samak • fishing

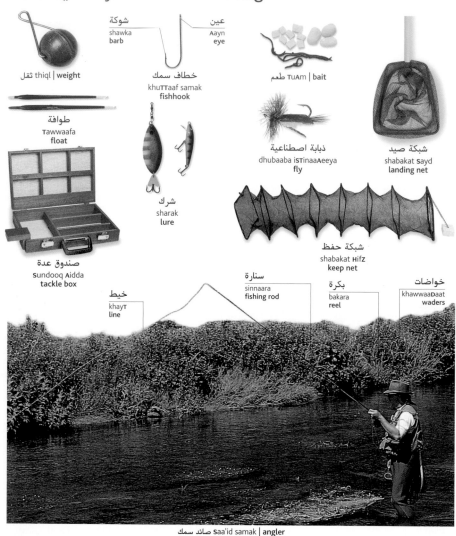

شوكة
shawka
barb

عين
Aayn
eye

ثقل thiql | weight

خطاف سمك
khuTTaaf samak
fishhook

طُعم TUAm | bait

طوافة
Tawwaafa
float

ذبابة اصطناعية
dhubaaba isTinaaAeeya
fly

شبكة صيد
shabakat Sayd
landing net

شرك
sharak
lure

صندوق عدة
Sundooq Aidda
tackle box

شبكة حفظ
shabakat HifZ
keep net

سنارة
sinnaara
fishing rod

بكرة
bakara
reel

خواضات
khawwaaDaat
waders

خيط
khayT
line

صائد سمك Saa'id samak | angler

أنواع صيد السمك anwaaA Sayd as-samak • types of fishing

صيد سمك من ماء حلو
sayd samak min maa' Hulw
freshwater fishing

صيد بذبابة اصطناعية
sayd bi-dhubaaba isTinaaAeeya
fly fishing

رياضة صيد السمك
riyaaɒat Sayd as-samak
sport fishing

صيد في البحار العميقة
Sayd fil-biHaar al-Aameeqa
deep sea fishing

صيد من الشاطئ
Sayd min ash-shaaTi'
surfcasting

الأنشطة al-anshiTa • activities

يرمي
yarmee
cast (v)

يصطاد
yaSTaad
catch (v)

يجر للخارج
yajurr lil-khaarij
reel in (v)

يصطاد في شبكة
yaSTaad fee shabaka
net (v)

يطلق سراح
yuTliq saraaH
release (v)

المفردات al-mufradaat • vocabulary

يُطعم	عدة	زي مقاوم للماء	تصريح صيد	سلة
yuTaAAim	Aidda	ziyy muqaawim lil-maa'	taSreeH Sayd	salla
bait (v)	**tackle**	**waterproofs**	**fishing license**	**creel**
يلتقط الطعم	بكرة خيط	سنارة	صيد بحري	صيد بالحراب
yaltaqiT aT-TuAm	bakrat khayT	sinnaara	Sayd baHree	Sayd bil-Hiraab
bite (v)	**spool**	**pole**	**marine fishing**	**spearfishing**

التزلج at-tazalluj • skiing

منحدر تزلج
munHadar tazalluq
ski slope

مصعد بكرسي
maSAad
bi-kursee
chairlift

عربة كبل
Aarabat kabal
cable car

مجرى تزلج
majra tazalluj
ski run

قفاز
quffaaz
glove

عصا تزلج
AaSaa tazalluj
ski pole

حاجز أمان
Haajiz amaan
safety barrier

طرف
Tarf
tip

حافة
Haafa
edge

زحلوقة
zaHlooqa
ski

معطف تزلج
miATaf tazalluj
ski jacket

متزلج
mutazallij
skier

حذاء تزلج
Hidhaa' tazalluj
ski boot

المباريات al-mubaariyaat • events

تزلج نحو السفح
tazalluj naHw as-safH
downhill skiing

حد المسار
Hadd al-masaar
gate

تزلج متعرج
tazalluj mutaAarrij
slalom

تزلج مع القفز
tazalluj maAa l-qafz
ski jump

تزلج لمسافات طويلة
tazalluj li-masaafaat Taweela
cross-country skiing

رياضات الشتاء riyaaDaat ash-shitaa' • winter sports

صعود الجليد
suAood al-jaleed
ice climbing

تزلج على الجليد
tazalluj Aala l-jaleed
ice-skating

رقص على الجليد
raqs Aala l-jaleed
figure skating

نظارات واقية
naZZaaraat waaqiya
goggles

حذاء تزلج
Hidhaa' tazalluj
skate

تزلج على لوحة
tazalluj Aala lawH
snowboarding

تزلج في مركبة
tazalluj fee markaba
bobsleigh

تزلج في وضع الجلوس
tazalluj fee waDA al-juloos
luge

عربة الثلوج
Aarabat ath-thulooj
snowmobile

استعمال مزالج
istiAmaal mazaalij
sledding

المفردات al-mufradaat • vocabulary

تزلج ترفيهي
tazalluj tarfeehee
alpine skiing

تزلج متعرج طويل
tazalluj mutaAarrij Taweel
giant slalom

خارج المجرى
khaarij al-majra
off-piste

استعانة بكلاب للتزلج
istiAaanat bi-kilaab
lit-tazalluj
dog sledding

كرلنج
kurling
curling

تزلج السرعة
tazalluj as-surAa
speed skating

انهيار
inhiyaar
avalanche

رياضة الرماية والتزلج
riyaaDat ar-rimaaya
wat-tazalluj
biathlon

رياضات أخرى riyaaDaat ukhra • other sports

طائرة شراعية
Taa'ira shiraaAeyya
glider

شراع طائر
shiraaA Taa'ir
hang-glider

طيران بطائرة شراعية
Tayaraan bi-Taa'ira shiraaAeeya
gliding

مظلة هبوط
mizallat hubooT
parachute

طيران بشراع طائر
Tayaraan bi-shiraaA Taa'ir
hang-gliding

حبل
Habl
rope

صعود الصخور
suAood as-sukhoor
rock climbing

قفز بمظلات
qafz bi-mazallaat
parachuting

تعلق على شراع
taAalluq Aala shiraaA
paragliding

سباحة في الفضاء
sibaaHa fil-faDaa'
skydiving

هبوط عبر حبل ثابت
hubooT Aabra Habl thaabit
abseiling

قفز بالبنجي
qafz bil-banjee
bungee jumping

سائق سباق
saa'iq sibaaq
racing driver

سباق الطرق الوعرة
sibaaq aT-Turuq al-waAra
rally driving

سباق سيارات
sibaaq sayyaaraat
motor racing

سباق الطرق الوعرة بدراجات
sibaaq aT-Turuq al-waAra
bi-darraajaat
motorcross

سباق دراجات بخارية
sibaaq darraajaat
bukhaareeya
motorbike racing

الواح بعجل
alwaaH bi-Aajal
skateboard

عصا
AaSaa
stick

قناع
qinaaA
mask

سلاح
silaaH
foil

ركوب الواح بعجل
rukoob alwaaH bi-Aajal
skateboarding

تزلج بعجل خطي
at-tazalluj bi-Ajal khaTTee
inline skating

لعبة لاكروس
laAbat lakros
lacrosse

مبارزة
mubaaraza
fencing

وتد
watad
pin

سهم
sahm
arrow

حامل السهام
Haamil as-sihaam
quiver

قوس
qaws
bow

هدف
hadaf
target

رماية بالقوس والسهم
rimaaya bil-qaws was-sahm
archery

رماية نحو هدف
rimaaya naHwa hadaf
target shooting

كرة البولينج
kurat al-bohling
bowling ball

لعبة بولينج
laAbat bohling
bowling

بلياردو
bilyaardo
pool

سنوكر
snookir
snooker

اللياقة البدنية al-liyaaqa al-badaneeya · fitness

دراجة تمرينات
darraajat
tamreenaat
exercise bike

جهاز جمنازيوم
jihaaz jimnaazyum
gym machine

مقعد طويل
maqᴀad ᴛaweel
bench

أثقال حرة
athqaal ʜurra
free weights

عارضة
ᴀaariᴅa
bar

جهاز تجديف
jihaaz tajdeef
rowing machine

جمنازيوم
jimnaazyum
gym

مشاية
mashshaaya
treadmill

جهاز تمرين شامل
jihaaz tamreen shaamil
cross trainer

مدرب شخصي
mudarrib shakhsᴇe
personal trainer

جهاز تدرب على درج
jihaaz tadarrub ᴀala daraj
step machine

حمام سباحة
ʜammaam sibaaʜa
swimming pool

ساونا
saawna
sauna

التمارين الرياضية at-tamaareen ar-riyaaDeeyaat • exercises

مد
madd
stretch

تحرك للأمام
taHarruk lil-amaam
lunge

جوارب
jawaarib
tights

رفع وخفض الجسم
rafA wa khafD
al-jism
press-up

قرفصاء
qurfuSaa'
squat

رفع الرأس والصدر
rafA ar-ra's waS-Sadr
sit-up

قضيب بكرتين
qaDeeb
bi-kuratayn
dumb bell

تدريب عضلة الذراع
tadreeb AaDalat
adh-dhiraaA
bicep curl

دفع بالأرجل
dafA bil-arjul
leg press

ضغط الصدر
daghT aS-Sadr
chest press

حذاء تدريب
Hidhaa'
tadreeb
trainers

قضيب أثقال
qadeeb athqaal
weight bar

تدريب على رفع الأثقال
tadreeb Aala rafA al-athqaal
weight training

عدو
Aadw
jogging

تمرينات بيلاتس
tamreenaat beelaatis
pilates

المفردات al-mufradaat • **vocabulary**

يتدرب
yatadarrab
train (v)

يعدو على الواقف
yaAdoo Aalal-waaqif
jog on the spot (v)

يمد
yamudd
extend (v)

تدريب ملاكمة
tadreeb mulaakama
boxercise

نط الحبل
naTT al-Habl
skipping

يسخن العضلات
yusakhkhin
al-Aadalaat
warm up (v)

يثني
yathnee
flex (v)

يرفع
yarfaA
pull up (v)

لياقة من جهاز لجهاز
liyaaqa min jihaaz
li-jihaaz
circuit training

الترفيه at-tarfeeh
leisure

المسرح al-masraH • theater

ستارة
sitaara
curtain

أجنحة
ajniHa
wings

مشهد
mash-had
set

مشاهدون
mushaahidoon
audience

اوركسترا
orkestra
orchestra

مسرح masraH | **stage**

مقعد
maqAad
seat

دور علوي
door Aulawee
upper circle

صف
saff
row

مقصورة
maqsoora
box

شرفة دائرية
shurfa
daa'ireeya
circle

شرفة
shurfa
balcony

ممر
mamarr
aisle

أمامية
مقاعد
maqaaAid
amaameeya
**orchestra
seats**

أماكن الجلوس
amaakin al-juloos | **seating**

المفردات al-mufradaat • vocabulary

ممثل mumaththil **actor**	نص nass **script**	ليلة الافتتاح laylat al-iftitaaH **first night**
ممثلة mumaththila **actress**	خلفية khalfeeya **backdrop**	استراحة istiraaHa **interval**
مسرحية masraHeeya **play**	مخرج mukhrij **director**	برنامج barnaamij **program**
شخصيات رواية shakhseeyaat riwaaya **cast**	منتج muntij **producer**	موضع للاوركسترا mawDaA lil-orkestra **orchestra pit**

حفلة موسيقية
Hafla moosiqeeya | concert

مسرحية موسيقية
masraHeeya moosiqeeya | musical

زي
ziyy
costume

باليه baalleh | ballet

المفردات al-mufradaat • vocabulary

مرشد لمقاعد
murshid li-maqaaAid
usher

يصفق
yuSSfiq
applaud (v)

متى تبدأ؟
mata tabda'?
What time does it start?

موسيقى كلاسيكية
moosiqa kelaasikeeya
classical music

استعادة
istiAaada
encore

أريد تذكرتين لبرنامج الليلة.
ureed tadhkaratayn li-barnaamij al-layla
I'd like two tickets for tonight's performance.

نوتة موسيقية
noota moosiqeeya
musical score

الموسيقى المصاحبة
al-moosiqa al-musaaHiba
soundtrack

اوبرا obera | opera

السينما as-seenimaa • cinema

فشار
fishaar
popcorn

ردهة
radha
lobby

مكتب الحجز
maktab al-Hajz
box office

إعلان
iAlaan
poster

قاعة سينما
qaaAat seenimaa
movie theater

شاشة
shaasha
screen

المفردات al-mufradaat • vocabulary

فيلم هزلي
film hazalee
comedy

فيلم غرامي
film gharaamee
romance

فيلم إثارة
film ithaara
thriller

فيلم خيال علمي
film khayaal Ailmee
science fiction movie

فيلم رعب
film raAb
horror movie

فيلم مغامرات
mughaamara
adventure

فيلم رعاة بقر
film ruAaah baqar
Western

رسوم متحركة
rusoom mutaHarrika
animated film

الاوركسترا al-orkestra • **orchestra**

آلات وترية aalaat watareeya • **strings**

قيثارة
qeethaara
harp

قائد اوركسترا
qaa'id orkestra
conductor

كونتربـاص تشيللو
kawntirbaaS tshello
double bass

كمان
kamaan
violin

منصة عالية
minaSSa
Aaalya
podium

فيولا
fiyoola
viola

تشيللو
tshello
cello

نوتة موسيقية
nota moosiqeeya
score

مفتاح "صول"
miftaaH "sol"
treble clef

نغمة
naghma
note

مدرج
madraj
staff

مفتاح "فا" (بـاص)
miftaaH "faa" (baaS)
bass clef

بيانو biyaano | **piano**

تدوين النوتة tadween an-nota | **notation**

المفردات al-mufradaat • **vocabulary**

مقدمة muqaddama **overture**	سوناتة sonaata **sonata**	سكتة sakta **rest**	علامة الزيادة Aalaamat az-ziyaada **sharp**	علامة الطبيعة Aalaamat aT-TabeeAa **natural**	سلم sullam **scale**
سيمفونية seemfoneeya **symphony**	آلات aalaat **instruments**	طبقة الصوت Tabaqat as-sawt **pitch**	علامة التنقيص Aalaamat at-tanqeeS **flat**	حاجز Haajiz **bar**	عصا قائد AaSaa qaa'id **baton**

آلات النفخ aalaat an-nafkh • **woodwind**

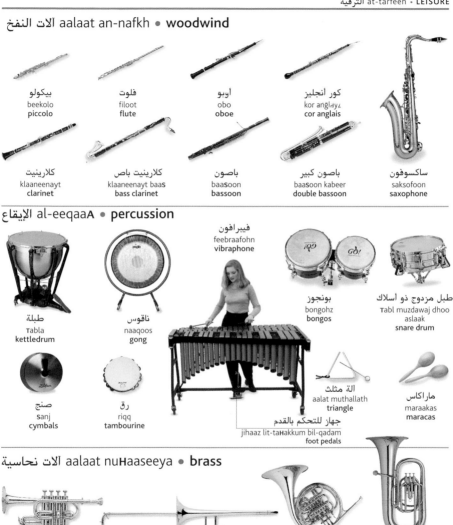

بيكولو
beekolo
piccolo

فلوت
filoot
flute

أوبو
obo
oboe

كور أنجليز
kor anglayz
cor anglais

كلارينيت
klaaneenayt
clarinet

كلارينيت باص
klaaneenayt baaS
bass clarinet

باصون
baaSoon
bassoon

باصون كبير
baaSoon kabeer
double bassoon

ساكسوفون
saksofoon
saxophone

الإيقاع al-eeqaaA • **percussion**

طبلة
Tabla
kettledrum

ناقوس
naaqoos
gong

فيبرافون
feebraafohn
vibraphone

جهاز للتحكم بالقدم
jihaaz lit-taHakkum bil-qadam
foot pedals

بونجوز
bongohz
bongos

طبل مزدوج ذو أسلاك
Tabl muzdawaj dhoo aslaak
snare drum

صنج
Sanj
cymbals

رق
riqq
tambourine

آلة مثلث
aalat muthallath
triangle

ماراكاس
maraakas
maracas

آلات نحاسية aalaat nuHaaseeya • **brass**

بوق
booq
trumpet

ترُمبون
tirumboon
trombone

بوق فرنسي
booq faransee
French horn

توبا
tooba
tuba

الحفلة الموسيقية al-Hafla al-mooseeqeeya • concert

سماعة
sammaaAa
speaker

معجبون
muAjaboon
fans

مطرب رئيسي
muTrib ra'eesee
lead singer

عازف القيثارة
Aaazif
al-qeethaara
guitarist

ميكروفون
meekrofohn
microphone

طبال
Tabbaal
drummer

حفل موسيقى الروك Hafl mooseeqa ar-rok | rock concert

الآلات al-aalaat • instruments

بيك آب
pick up
pickup

عنق
Aunuq
neck

قيثارة باس
qeethaarat baas
bass guitar

لوحة مفاتيح
lawHat mafaateeH
keyboard

مُشط
mushT
bridge

عتبة
Aataba
fret

وتد ضبط الأوتار
watad DabT al-awtaar
tuning peg

وتر
watar
string

طبلة
Tabla
drum

قيثارة كهربائية
qeethaara kahrabaa'eeya
electric guitar

عدة الطبل
Auddat aT-Tabl
drum kit

الأساليب الموسيقية al-asaaleeb al-mooseeqeeya • musical styles

جاز jaaz | **jazz**

بلوز blooz | **blues**

بونك punk | **punk**

موسيقى شعبية mooseeqa shaʌbeeya
folk music

أغاني شباب aghaanee shabaab | **pop**

موسيقى رقص mooseeqa raqs | **dance**

موسيقى راب mooseeqa rap | **rap**

موسيقى روك صاخبة
mooseeqa rok saakhiba
heavy metal

موسيقى كلاسيكية
mooseeqa kalaaseekeeya
classical music

المفردات al-mufradaat • vocabulary

أغنية ughniya **song**	كلمات أغنية kalimaat ughniya **lyrics**	لحن laHn **melody**	إيقاع eeqaaA **beat**	ريجي raygay **reggae**	ريفية أمريكية reefeeya amreekeeya **country**	ضوء المسرح Daw' al-masraH **spotlight**

مشاهدة المعالم mushaahadat al-maAaalim • sightseeing

سائح
saa'iH
tourist

برنامج رحلة
barnaamij riHla
itinerary

دور علوي مكشوف
door Aulwee makshoof
open-top

حافلة سياحية Haafila siyaaHeeya | tour bus

مرشد سياحي
murshid siyaaHee
tour guide

تمثال صغير
timthaal Sagheer
statuette

مزار سياحي mazaar siyaaHee | tourist attraction

جولة مع مرشد
jawla maAa murshid
guided tour

تذكارات
tidhkaaraat
souvenirs

المفردات al-mufradaat • vocabulary

مفتوح maftooH open	كتيب إرشاد kutayb irshaad guide book	آلة تصوير فيديو aalat tasweer fidyo camcorder	يسار yasaar left	أين الـ...؟ ayna-l...? Where is the...?
مغلق mughlaq closed	فيلم film film	آلة تصوير aalat tasweer camera	يمين yameen right	لقد ضللت الطريق. laqad Dalaltu T-Tareeq. I'm lost.
رسم دخول rasm dukhool entrance fee	بطاريات baTTaareeyaat batteries	إرشادات irshaadaat directions	إلى الأمام ilal-amaam straight on	هل ممكن إرشادي إلى...؟ hal mumkin irshaadee ila...? Can you tell me the way to...?

المزارات al-mazaaraat • **attractions**

لوحة فنية
lawHa fanneeya
painting

أحد المعروضات
aHad al-maArooDaat
exhibit

معرض
maAraD
exhibition

أطلال مشهورة
aTlaal mash-hoora
famous ruin

قاعة فنون
qaaAat funoon
art gallery

صرح
SarH
monument

متحف
matHaf
museum

مبنى أثري
mabna atharee
historic building

ناد للقمار
naadee lil-qumaar
casino

حدائق
Hadaa'iq
gardens

منتزه قومي
muntazah qawmee
national park

المعلومات al-maAloomaat • **information**

مواعيد
mawaaAeed
times

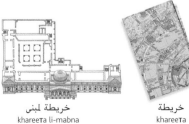

خريطة لمبنى
khareeTa li-mabna
floor plan

خريطة
khareeTa
map

جدول مواعيد
jadwal mawaaAeed
timetable

معلومات سياحية
maAloomaat siyaaHeeya
tourist information

الأنشطة خارج المنزل al-anshiTa khaarij al-manzil •
outdoor activities

ممر مشاة
mamarr mushaah
footpath

ساعة شمسية
saaAa shamseeya
sundial

مقهى
maqhan
café

منتزه muntazah | **park**

نجيل
najeel
grass

مقعد طويل
maqAad Taweel
bench

حدائق رسمية
Hadaaiq rasmeeya
formal gardens

قطار مرتفع
qiTaar murtafiA
roller coaster

مدينة الملاهي
madeenat al-malaahee
fairground

منتزه بموضوع مشترك
muntazah bi-mawDooA
mushtarik
theme park

حديقة رحلة سفاري
Hadeeqat riHlat safaaree
safari park

حديقة حيوانات
Hadeeqat Hayawaanaat
zoo

الأنشطة al-anshiTa • activities

ركوب الدراجات
rukoob ad-darraajaat
cycling

عدو
Aadw
jogging

ركوب الواح بعجل
rukoob alwaaH bi-Aajal
skateboarding

تنزه بأحذية بعجل
tanazzuh bi-aHdhiya bi-Aajal
rollerblading

مسار لركوب الخيل
masaar li-rukoob al-khayl
bridle path

سلة طعام
sallat TaAaam
hamper

مشاهدة الطيور
mushaahadat aT-Tuyoor
bird watching

ركوب الخيل
rukoob al-khayl
horseback riding

المشي لمسافات طويلة
al-mashy li-masaafaat Taweela
hiking

نزهة
nuzha
picnic

ملعب أطفال malAab aTfaal • playground

ملعب رملي
malAab ramlee
sandpit

بركة خوض
birkat khawD
paddling pool

أرجوحة
urjooHa
swings

زحلوفة zaHloofa | seesaw

منزلق munzaliq | slide

هيكل تسلق haykal tasalluq
climbing frame

الشاطئ ash-shaaTi' • beach

فندق	شمسية	كوخ شاطئ	رمل	موجة	بحر
funduq	shamseeya	kookh shaaTi'	raml	mawja	baHr
hotel	**beach umbrella**	**beach hut**	**sand**	**wave**	**sea**

حقيبة شاطئ	بيكيني
Haqeebat shaaTi'	bikeenee
beach bag	**bikini**

يتشمس yatashammas | **sunbathe (v)**

سباح الإنقاذ
sabbaaH al-inqaadh
lifeguard

برج سباح الإنقاذ
burj sabbaaH al-inqaadh
lifeguard tower

مصد ريح
maSadd reeH
windbreak

ممشى ساحلي
mamsha saaHilee
promenade

كرسي شاطئ
kursee shaaTi'
deck chair

نظارة شمس
naZZaarat shams
sunglasses

قبعة شمس
qubbaAat shams
sun hat

كريم للسمار
kreem lis-samaar
suntan lotion

حاجب لأشعة الشمس
Haajib li-ashiAat ash-shams
sunblock

كرة شاطئ
kurat shaaTi'
beach ball

عوامة أطفال
Aawwaamat aTfaa
rubber ring

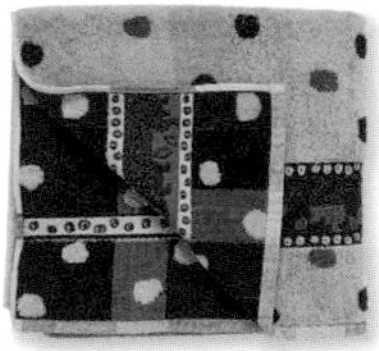

لباس سباحة
libaas sibaaHa
swimsuit

جاروف
jaaroof
shovel

دلو
dalw
bucket

قصر من الرمل
qaSr min ar-raml
sandcastle

صدف
Sadaf
shell

منشفة شاطئ
minshafat shaaTi'
beach towel

التخييم at-takhyeem • camping

دورات المياه
dawraat al-miyaah
toilets
التخلص من النفايات
at-takhallus min an-nifaayaat
waste disposal
مبنى الأدشاش
mabna al-adshaash
shower block
مصدر كهربائي
masdar kahrabee'ee
electric hook-up
إطار خارجي
iTaar khaarijee
flysheet
وتد خيمة
watad khayma
tent peg
حبل
Habl
guy rope
بيت متنقل
bayt mutanaqqil
camper

مخيم mukhayyam | campsite

المفردات al-mufradaat • vocabulary

يخيم
yukhayyim
camp (v)

مكتب مدير الموقع
maktab mudeer al-mawqaA
site manager's office

أماكن متوفرة
amaakin mutawaffira
pitches available

كامل العدد
kaamil al-Aadad
full

موقع نصب خيمة
mawqaA nasb khayma
pitch

ينصب خيمة
yansub khayma
pitch a tent (v)

عمود خيمة
Aamood khayma
tent pole

سرير معسكر
sareer muAaskar
camp bed

مقعد نزهة
maqAad nuzha
picnic bench

أرجوحة مشبوكة
urjooHa mashbooka
hammock

مقطورة للبيات
maqToora lil-bayaat
camper van

مقطورة
maqToora
trailer

فحم
faHm
charcoal

وقيد
waqqeed
firelighter

يشعل نارا
yushAil naaran
light a fire (v)

نار مخيم
naar mukhayyam
campfire

هيكل
haykal
frame

مفرش للأرض
mafrash al-arD
tarp

حقيبة ظهر
Haqeebat Zahr
backpack

ثرموس
thirmos
vacuum flask

زجاجة للماء
zujaajat lil-maa'
water bottle

خيمة
khayma
tent

شبكة للبعوض
shabaka lil-baAood
mosquito net

طارد للحشرات
Taarid lil-Hasharaat
insect repellent

بطارية إضاءة
baTTaareeyat iDaa'a
flashlight

ملابس حافظة للحرارة
mallabis Haafiza lil-Haraara
thermals

حذاء للمشي
Hidhaa' lil-mashy
hiking boots

ملابس مقاومة للماء
malaabis muqaawama
lil-maa'
rain slickers

كيس للنوم
kees lin-nawm
sleeping bag

فرن للمخيمات
furn lil-mukhayyamaat
camping stove

شواية
shawwaaya
barbecue

سجادة للنوم
sajaada lin-nawm
sleeping mat

مرتبة تملأ بالهواء martaba tumla' bil-hawaa' | air mattress

الترفيه المنزلي at-tarfeeh al-manzilee • home entertainment

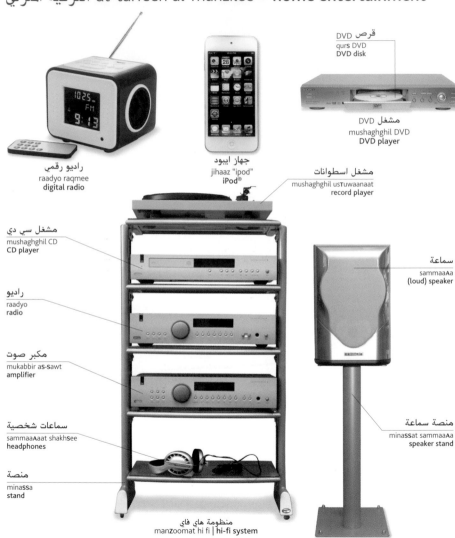

راديو رقمي
raadyo raqmee
digital radio

جهاز ايبود
jihaaz "ipod"
iPod®

قرص DVD
qurs DVD
DVD disk

مشغل DVD
mushaghghil DVD
DVD player

مشغل اسطوانات
mushaghghil usTuwaanaat
record player

مشغل سي دي
mushaghghil CD
CD player

راديو
raadyo
radio

مكبر صوت
mukabbir aS-Sawt
amplifier

سماعات شخصية
sammaaAaat shakhSee
headphones

منصة
minaSSa
stand

منظومة هاي فاي
manZoomat hi fi | **hi-fi system**

سماعة
sammaaAa
(loud) speaker

منصة سماعة
minaSSat sammaaAa
speaker stand

شاشة
shaasha
screen

فتحة للعين
fatHa lil-Aayn
eyecup

جهاز استقبال رقمي
jihaaz istaqbaal raqmee
DTV converter box

آلة تصوير فيديو
aalat taSweer feedyo
camcorder

طبق استقبال الفضائيات
Tabaq istiqbaal al-faDaa'eeyaat
satellite dish

تليفزيون بشاشة مسطحة
tileefizyoon bi-shaasha musaTTaHa
flatscreen TV

خزانة
khizaana
console

مُنظم
munaZZim
controller

لعبة فيديو laAbat feedyo | **video game**

تشغيل للأمام
tashgheel lil-amaam
fast forward

وقفة
waqfa
pause

تسجيل
tasjeel
record

حجم الصوت
Hajm aS-Sawt
volume

إعادة اللف
iAaadat al-laff
rewind

تشغيل
tashgheel
play

إيقاف
eeqaaf
stop

تحكم عن بعد taHakkum Aan buAd | **remote control**

iAlaan

رقمي
raqamee

naqaa' Aaalin

baththth Aabra kablaat

jihaaz taHmeel majaanee

يشاهد التليفزيون
yushaahid at-tileefizyon

يقفل التليفزيون
yuqfil at-tileefizyon

يشغل التليفزيون
yushaghghil at-tileefizyon

التصوير at-taSweer • photography

تحرير مغلاق العدسة
taHreer mighlaaq al-Aadasa
shutter release

تحكم في الفتحة
taHakkum fil-fatHa
aperture dial

عدسة
Aadasa
lens

كاميرا SLR kameera SLR | **SLR camera**

مرشح
murashshiH
filter

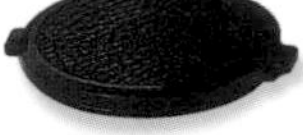

غطاء عدسة
ghaTaa' Aadasa
lens cap

فلاش منفصل
flaash munfaSil
flash gun

عداد الضوء
Aaddaad aD-Daw'
lightmeter

عدسة تزويم
Aadasat tazweem
zoom lens

حامل ثلاثي
Haamil thulaathee
tripod

أنواع الكاميرات anwaaA al-kameeraat • types of camera

كاميرا بولارويد
kameera "Polaroid"
Polaroid camera

فلاش
flaash
flash

كاميرا بمنظومة التصوير المتقدم
kameera bi-manZoomat
at-taSweer al-mutaqaddim
APS camera

كاميرا للجوال
kameera lil-jawwaal
cameraphone

كاميرا للرمي
kameera lir-ramy
disposable camera

يصور yuSawwir • photograph (v)

بكرة فيلم
bakarat film
film spool

فيلم
film
film

يضبط البؤرة
yaDbiT al-bu'ra
focus (v)

يحمض
yuHammiD
develop (v)

صورة سلبية
Soora salbeeya
negative

أفقي
ufuqee
landscape

راسي
ra'see
portrait

صورة Soora | photograph

ألبوم صور
alboom Suwar
photo album

إطار صورة
iTaar Soora
photo frame

المشاكل al-mashaakil • problems

لم يتعرض لضوء كاف
lam yataAarraD li-Daw' kaafin
underexposed

تعرض لضوء أكثر من اللازم
taAarraD li-Daw' akthar min
al-laazim | overexposed

ببؤرة خاطئة
bi-bu'ra khaaTi'a
out of focus

عين حمراء
Aayn Hamraa'
red eye

المفردات al-mufradaat • vocabulary

رؤية المنظر ru'yat al-manzar **viewfinder**	طبع TabA **print**
حقيبة كاميرا Haqeebat kameera **camera case**	غير لامع ghayr laamiA **matte**
تعرض للضوء taAarruD liD-Daw' **exposure**	لامع laamiA **gloss**
غرفة مظلمة ghurfa muZlima **darkroom**	تكبير takbeer **enlargement**

أريد طبع هذا الفيلم.
ureed TabA haadha l-film.
I'd like this film processed.

اللُعب al-luAab • games

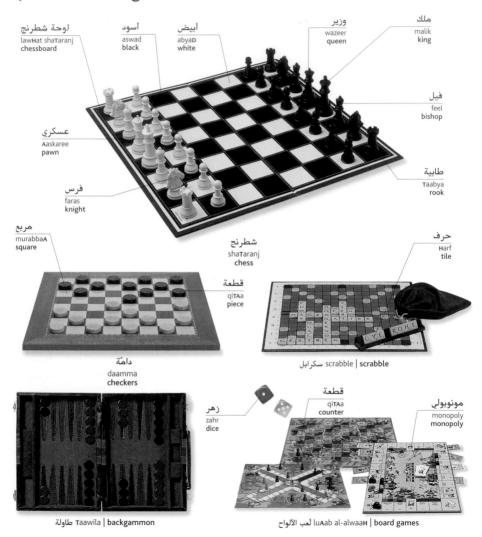

لوحة شطرنج
lawHat shaTaranj
chessboard

أسود
aswad
black

أبيض
abyaD
white

وزير
wazeer
queen

ملك
malik
king

فيل
feel
bishop

عسكري
Aaskaree
pawn

طابية
Taabya
rook

فرس
faras
knight

مربع
murabbaA
square

شطرنج
shaTaranj
chess

حرف
Harf
tile

قطعة
qiTAa
piece

دامّة
daamma
checkers

سكرابل scrabble | **scrabble**

زهر
zahr
dice

قطعة
qiTAa
counter

مونوبولي
monopoly
monopoly

طاولة Taawila | **backgammon**

لعب الألواح luAab al-alwaaH | **board games**

جمع الطوابع jamA aT-TawaabiA
stamp collecting

أحجية صور مقسمة aHjiyat Suwar muqassama | **jigsaw puzzle**

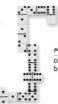

دومينو doomeeno
dominoes

لوحة سهام بريشة
lawHat sihaam bi-reesha
dartboard

ضربة في الصميم
Darba fiS-Sameem
bullseye

سهام بريشة sihaam bi-reesha | **darts**

جوكر
jokar
joker

ولد
walad
jack

بنت
bint
queen

شائب
shaa'ib
king

اص
aaS
ace

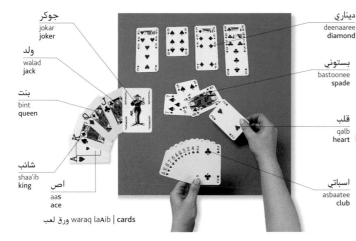

ديناري
deenaaree
diamond

بستوني
bastoonee
spade

قلب
qalb
heart

اسباتي
asbaatee
club

ورق لعب waraq laAib | **cards**

يخلط yukhalliT | **shuffle (v)**

يوزع yuwazziA | **deal (v)**

المفردات al-mufradaat • vocabulary

حركة
Haraka
move

يلعب
yalAab
play (v)

لاعب
laaAib
player

يفوز
yafooz
win (v)

فائز
faa'iz
winner

يخسر
yakhsar
lose (v)

خاسر
khaasir
loser

لعبة
luAba
game

رهان
rihaan
bet

نقطة
nuqTa
point

نتيجة
nateeja
score

بوكر
poker
poker

بريدج
breedj
bridge

طقم ورق اللعب
Taqm waraq al-laAib
deck of cards

نقش واحد
naqsh waaHid
suit

ارمي الزهر.
irmee az-zahr.
Roll the dice.

من عليه الدور؟
man Aalayhi ad-door?
Whose turn is it?

الدور عليك.
ad-door Aalayk(i).
It's your move.

الفنون والحرف ١ al-funoon wal-Hiraf waaHid • arts and crafts 1

فنان
fannaan
artist

لوحة
lawHa
painting

حامل
Haamil
easel

قماش للرسم
qumaash
lir-rasm
canvas

فرشاة
furshaah
brush

لوحة الوان
lawHat
alwaan
palette

رسم وتلوين صور فنية rasm wa-talween Suwar fanneeya | painting

الالوان al-alwaan • paints

الوان زيتية
alwaan zayteeya
oil paints

الوان مائية
alwaan maa'eeya
watercolor paints

بستيل
bastel
pastels

الوان اكريلية
alwaan akreeleeya
acrylic paint

الوان برابط صمغي
alwaan bi-raabiT Samghee
poster paint

الوان alwaan • colors

 احمر aHmar | red

 ازرق azraq | blue

 اصفر asfar | yellow

 اخضر akhDar | green

 برتقالي burtuqaalee orange

 ارجواني urjoowaanee purple

 ابيض abyaD | white

 اسود aswad | black

 رمادي ramaadee | gray

 وردي wardee | pink

 بني bunnee | brown

 نيلي neelee | indigo

عربي Aarabee

الحِرف الأخرى al-Hiraf al-ukhra • other crafts

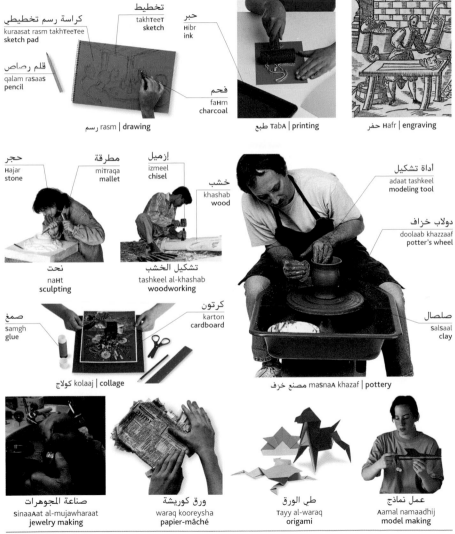

كراسة رسم تخطيطي
kuraasat rasm takhTeeTee
sketch pad
تخطيط
takhTeeT
sketch
قلم رصاص
qalam raSaaS
pencil
فحم
faHm
charcoal

رسم rasm | drawing

حبر
Hibr
ink

طبع TabA | printing

حفر Hafr | engraving

حجر
Hajar
stone
مطرقة
miTraqa
mallet

نحت
naHt
sculpting

إزميل
izmeel
chisel
خشب
khashab
wood

تشكيل الخشب
tashkeel al-khashab
woodworking

أداة تشكيل
adaat tashkeel
modeling tool
دولاب خزاف
doolaab khazzaaf
potter's wheel
صلصال
SalSaal
clay

مصنع خزف maSnaA khazaf | pottery

صمغ
Samgh
glue
كرتون
karton
cardboard

كولاج kolaaj | collage

صناعة المجوهرات
SinaaAat al-mujawharaat
jewelry making

ورق كوريشة
waraq kooreysha
papier-mâché

طي الورق
Tayy al-waraq
origami

عمل نماذج
Aamal namaadhij
model making

الفنون والحِرف ٢ al-funoon wal-Hiraf ithnaan • arts and crafts 2

مرشد الخيط
murshid al-khayT
thread guide

بكرة الخيط
bakarat al-khayT
spool of thread

إبرة
ibra
needle

عجلة التوازن
Aajalat at-tawaazun
balance wheel

ضاغط النسيج
DaaghiT an-naseej
presser foot

صحن الإبرة
SaHn al-ibra
needle plate

مفاتيح اختيار الغرزة
mafaateeH ikhtiyaar al-ghorza
stitch selector

ماكينة خياطة makeenat khiyaaTa | sewing machine

مقص
miqaSS
scissors

نموذج
numoodhaj
pattern

مدبسة
madbasa
pin cushion

شريط قياس
shareeT qiyaas
tape measure

قماش
qumaash
material

دبوس
dabboos
pin

بكرة
bakara
bobbin

خيط
khayT
thread

فتحة
fatHa
eye

خطاف
khuTTaaf
hook

سلة خياطة sallat khiyaaTa
sewing basket

كشتبان
kushtubaan
thimble

طباشير ترزي
Tabaasheer tarzee
tailor's chalk

دمية ترزي
dumyat tarzee
tailor's dummy

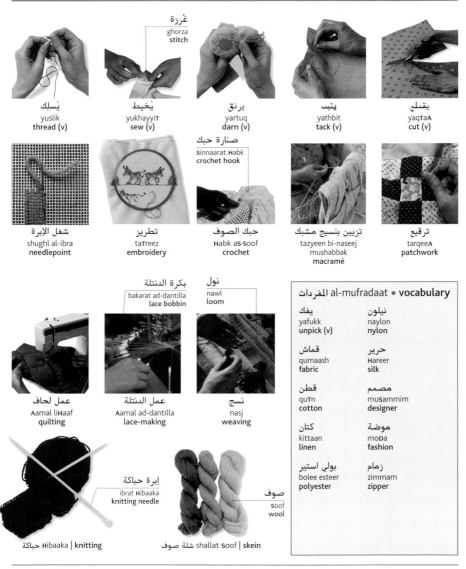

يُسلِك
yuslik
thread (v)

غُرزة
ghorza
stitch

يُخيط
yukhayyiT
sew (v)

يرتق
yartuq
darn (v)

يثبت
yathbit
tack (v)

يقطع
yaqTaA
cut (v)

شغل الإبرة
shughl al-ibra
needlepoint

تطريز
taTreez
embroidery

صنارة حبك
Sinnaarat Habk
crochet hook

حبك الصوف
Habk aS-Soof
crochet

تزيين بنسيج مشبك
tazyeen bi-naseej mushabbak
macramé

ترقيع
tarqeeA
patchwork

عمل لحاف
Aamal liHaaf
quilting

بكرة الدنتلة
bakarat ad-dantilla
lace bobbin

عمل الدنتلة
Aamal ad-dantilla
lace-making

نول
nawl
loom

نسج
nasj
weaving

إبرة حباكة
ibrat Hibaaka
knitting needle

حباكة Hibaaka | **knitting**

صوف
soof
wool

شلة صوف shallat Soof | **skein**

المفردات al-mufradaat • vocabulary

يفك yafukk **unpick (v)**	نيلون naylon **nylon**
قماش qumaash **fabric**	حرير Hareer **silk**
قطن quTn **cotton**	مصمم musammim **designer**
كتان kittaan **linen**	موضة moDa **fashion**
بولي استير bolee esteer **polyester**	زمام zimmam **zipper**

البيئة al-bee'a
environment

الفضاء al-faDaa' • space

عطارد
AuTaarid
Mercury

الأرض
al-arD
Earth

المريخ
al-marreekh
Mars

المشتري
al-mushtaree
Jupiter

أورانوس
uraanus
Uranus

نبتون
nabtoon
Neptune

بلوتو
bilooto
Pluto

الزهرة
az-zahra
Venus

الشمس
ash-shams
Sun

القمر
al-qamr
Moon

زحل
zuHal
Saturn

المنظومة الشمسية al-manzooma ash-shamseeya | **solar system**

ذيل
dhayl
tail

نجم
najm
star

مجرة
majarra
galaxy

غمامة
ghammaama
nebula

كويكب
kuwaykib
asteroid

مذنب
mudhannab
comet

المفردات al-mufradaat • vocabulary

الكون
al-kawn
universe

ثقب أسود
thuqb aswad
black hole

بدر
badr
full moon

مدار
madaar
orbit

كوكب
kawkab
planet

قمر جديد
qamr jadeed
new moon

جاذبية
jaadhibeeya
gravity

شهاب
shihaab
meteor

هلال
hilaal
crescent moon

كسوف kusoof | **eclipse**

ارتياد الفضاء irtiyaad al-faDaa' • space exploration

رادار
raadaar
radar

صاروخ انطلاق
saarookh inTilaaq
thruster

باب الطاقم
baab aT-Taaqim
crew hatch

مكوك فضاء
makkook faDaa'
space shuttle

حلة فضاء
Hullat faDaa'
space suit

معزز
muAazziz
booster

رائد فضاء raa'id faDaa'
astronaut

سفينة نقل للقمر
safeenat naql lil-qamr | **lunar module**

منصة إطلاق
minaSSat iTlaaq
launch pad

إطلاق
iTlaaq
launch

قمر صناعي
qamr SinaaAee
satellite

محطة فضاء
maHaTTat faDaa'
space station

علم الفلك Ailm al-falak • astronomy

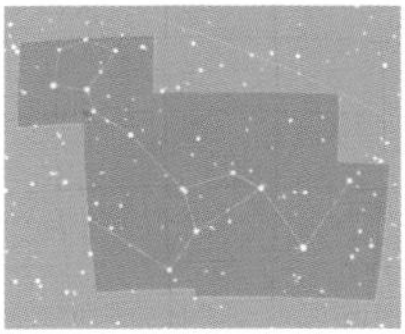

مجموعة من النجوم
majmooAa min an-nujoom
constellation

ناظور مزدوج
naaZoor muzdawij
binoculars

تلسكوب
tiliskob
telescope

حامل ثلاثي
Haamil thulaathee
tripod

الكرة الأرضية al-kura al-arDeeya • Earth

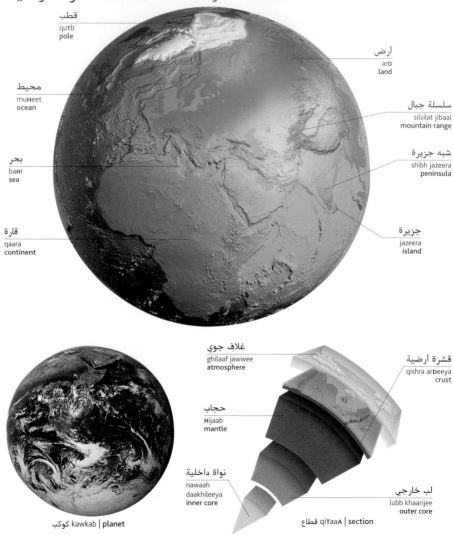

قطب
quTb
pole

أرض
arD
land

محيط
muHeet
ocean

سلسلة جبال
silsilat jibaal
mountain range

بحر
baHr
sea

شبه جزيرة
shibh jazeera
peninsula

قارة
qaara
continent

جزيرة
jazeera
island

غلاف جوي
ghilaaf jawwee
atmosphere

قشرة أرضية
qishra arDeeya
crust

حجاب
Hijaab
mantle

نواة داخلية
nawaah
daakhileeya
inner core

لب خارجي
lubb khaarijee
outer core

كوكب kawkab | **planet**

قطاع qiTaaA | section

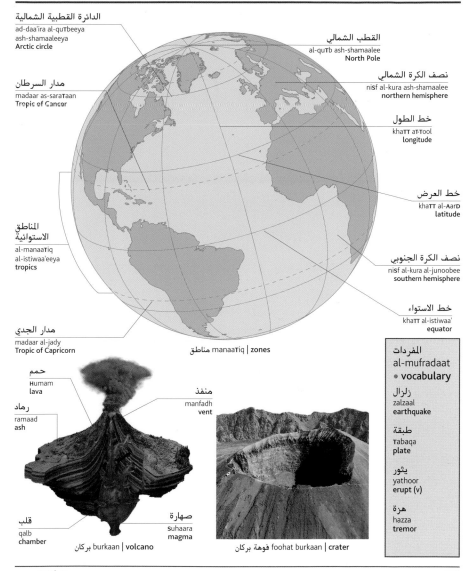

الدائرة القطبية الشمالية
ad-daa'ira al-quTbeeya ash-shamaaleeya
Arctic circle
القطب الشمالي
al-quTb ash-shamaalee
North Pole
نصف الكرة الشمالي
nisf al-kura ash-shamaalee
northern hemisphere
مدار السرطان
madaar as-saraTaan
Tropic of Cancer
خط الطول
khaTT aT-Tool
longitude
خط العرض
khaTT al-AarD
latitude
المناطق الاستوائية
al-manaaTiq al-istiwaa'eeya
tropics
نصف الكرة الجنوبي
nisf al-kura al-junoobee
southern hemisphere
خط الاستواء
khaTT al-istiwaa'
equator
مدار الجدي
madaar al-jady
Tropic of Capricorn

مناطق manaaTiq | **zones**

حمم
Humam
lava
رماد
ramaad
ash
منفذ
manfadh
vent
قلب
qalb
chamber
صهارة
Suhaara
magma

بركان burkaan | **volcano**

فوهة بركان foohat burkaan | **crater**

المناظر الطبيعية al-manaazir aT-TabeeAeeya • landscape

جبل
jabal
mountain

منحدر
munHadar
slope

ضفة
Daffa
bank

نهر
nahr
river

منحدر نهري
munHadar nahree
rapids

صخور
sukhoor
rocks

نهر جليدي
nahr jaleedee
glacier

واد waadin | **valley**

تل
tall
hill

هضبة
haDba
plateau

ممر جبلي
mamarr jabalee
gorge

كهف
kahf
cave

سهل sahl | plain

صحراء saHraa' | desert

غابة ghaaba | forest

غابة صغيرة
ghaaba Sagheera | wood

أدغال
adghaal
rain forest

مستنقع
mustanqaA
swamp

مرج
marj
meadow

مراع
maraaAin
grassland

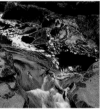

شلال
shallaal
waterfall

جدول
jadwal
stream

بحيرة
buHayra
lake

حمة
Hamma
geyser

ساحل
saaHil
coast

جرف
jurf
cliff

حيد مرجاني
Hayd marjaanee
coral reef

مصب النهر
maSabb an-nahr
estuary

الجو al-jaww • weather

طبقة إكسوسفير
Tabaqat iksosfeer
exosphere

شفق
shafaq
aurora

طبقة ثيرموسفير
Tabaqat theermosfeer
thermosphere

الغلاف الأيوني
al-ghilaaf al-ayoonee
ionosphere

طبقة ميسوسفير
Tabaqat meesosfeer
mesosphere

أشعة فوق البنفسجية
ashiAAa fawq
al-banafsijeeya
ultraviolet rays

طبقة ستراتوسفير
Tabaqat straatosfeer
stratosphere

طبقة أوزون
Tabaqat ozohn
ozone layer

الغلاف الجوي
al-ghilaaf al-jawwee | **atmosphere**

طبقة تروبوسفير
Tabaqat tirobosfeer
troposphere

ضوء الشمس Daw' ash-shams | **sunshine**

هواء hawaa' | **wind**

المفردات al-mufradaat • vocabulary

مطر متجمد	وابل من المطر	حار	جاف	كثير الرياح	أشعر بالحر/بالبرد.
maTar mutajammad	waabil min al-maTar	Haarr	jaaff	katheer ar-riyaaH	ashAur bil-Harr/ bil-bard.
sleet	**shower**	**hot**	**dry**	**windy**	**I'm hot/cold.**
برد	مشمس	بارد	ممطر	عاصفة	المطر يتساقط.
barad	mushmis	baarid	mumTir	AAaSifa	al-maTar yatasaaqaT.
hail	**sunny**	**cold**	**wet**	**gale**	**It's raining.**
رعد	غائم	دافئ	رطب	درجة الحرارة	ِدرجة الحرارة...
raAd	ghaa'im	daafi'	raTib	darajat al-Haraara	darajat al-Haraara...
thunder	**cloudy**	**warm**	**humid**	**temperature**	**It's ... degrees.**

سحاب saHaab | cloud

مطر maTar | rain

برق
barq
lightning

عاصفة AaaSifa | storm

ضباب Dabaab | mist

ضباب كثيف Dabaab katheef | fog

قوس قزح qaws quzaHa | rainbow

ثلج thalj | snow

صقيع SaqeeA | frost

صوابة جليد
Sawwaabat jaleed
icicle

جليد jaleed | ice

تجمد tajammud | freeze

إعصار iASaar | hurricane

زوبعة zawbaAa
tornado

رياح موسمية
riyaaH mawsimeeya
monsoon

فيضان fayaDaan | flood

الصخور aS-Sukhoor • rocks

البركانية al-burkaaneeya • igneous

جرانيت
garaaneet
granite

حجر السبج
Hajar as-sabaj
obsidian

بازلت
baazalt
basalt

خفاف
khafaaf
pumice

الرسوبية ar-rusoobeeya • sedimentary

حجر رملي
Hajar ramlee
sandstone

حجر جيري
Hajar jeeree
limestone

طباشير
Tabaasheer
chalk

قداح
qaddaaH
flint

كتلة صخرية
kutla Sakhareeya
conglomerate

فحم
faHm
coal

المتحولة al-mutaHawalla • metamorphic

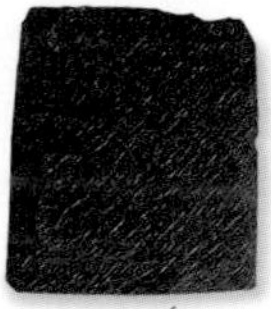

أردواز
ardawaaz
slate

شست
shast
schist

صواني
Sawwaanee
gneiss

رخام
rukhaam
marble

الأحجار الكريمة al-aHjaar al-kareema • gems

ياقوت أحمر
yaaqoot aHmar
ruby

أمثست
amathist
amethyst

سبج
sabaj
jet

أوبال
oobaal
opal

حجر القمر
Hajar al-qamr
moonstone

ماس
maas
diamond

عقيق
Aaqeeq
garnet

زبرجد
zabarjad
aquamarine

يشم
yashm
jade

زمرد
zumurrud
emerald

ياقوت
yaaqoot
sapphire

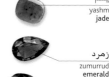

توباز
toobaaz
topaz

ترمالين
turmaaleen
tourmaline

الصخور المعدنية aS-Sukoor al-miAdaneeya • minerals

كوارتز
kwaartz
quartz

ميكة
meeka
mica

كبريت
kibreet
sulfur

حجر الدم
Hajar ad-dam
hematite

كالسيت
kaalseet
calcite

ملكيت
malakeet
malachite

فيروز
fayrooz
turquoise

عقيق يماني
Aaqeeq yamaanee
onyx

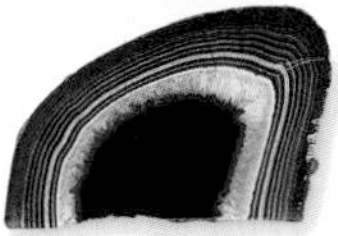

عقيق
Aaqeeq
agate

جرافيت
graafayt
graphite

المعادن al-maAaadin • metals

ذهب
dhahab
gold

فضة
fiDDa
silver

بلاتين
balaateen
platinum

نيكل
neekal
nickel

حديد
Hadeed
iron

نحاس
naHaas
copper

قصدير
qasdeer
tin

ألومنيوم
aloominyom
aluminum

زئبق
zi'baq
mercury

زنك
zink
zinc

الحيوانات ١ al-Hayawaanaat waaHid • animals 1
الثدييات ath-thadeeyaat • mammals

شوارب
shawaarib
whiskers

ذيل
dhayl
tail

أرنب
arnab
rabbit

همستر
hamstar
hamster

فأر
fa'r
mouse

جرذ
jardh
rat

قنفذ
qunfudh
hedgehog

سنجاب
sinjaab
squirrel

خفاش
khuffaash
bat

راكون
raakoon
raccoon

ثعلب
thaAlab
fox

ذئب
dhi'b
wolf

جرو
jarw
puppy

قطة صغيرة
qiTTa Sagheera
kitten

عجل بحر صغير
Aijl baHr Sagheer
pup

كلب
kalb
dog

قطة
qiTTa
cat

قضاعة
quDaaAa
otter

عجل البحر
Aijl al-baHr
seal

زعنفة
ziAnifa
flipper

فتحة النفخ
fatHat an-nafkh
blowhole

كلب البحر
kalb al-baHr
sea lion

فيل البحر
feel al-baHr
walrus

حوت
Hoot
whale

دلفين
dalfeen
dolphin

قرن الوعل qarn al-waAl
antler

عُرف Aurf
mane

حافر Haafir
hoof

غزال ghazzaal
deer

حمار وحشي Himaar waHshee
zebra

زرافة zarraafa
giraffe

سنام sanaam
hump

جمل jamal
camel

خرطوم kharToom
trunk

ناب naab
tusk

قرن qarn
horn

فرس البحر faras al-baHr
hippopotamus

فيل feel
elephant

وحيد القرن waHeed al-qarn
rhinoceros

نمر nimr
tiger

عُرف Aurf
mane

أسد asad
lion

قرد qird
monkey

غوريلا ghorilla
gorilla

دب الشجر dubb ash-shajar
koala

جراب jarraab
pouch

بندة banda
panda

كنغر kanghar
kangaroo

دب dubb
bear

مخلب mikhlab
claw

دب قطبي dubb quTbee
polar bear

الحيوانات ٢ al-Hayawaanaat ithnaan • animals 2
الطيور aT-Tuyoor • birds

ذيل
dhayl
tail

كناري
kanaaree
canary

عصفور
AaSfoor
sparrow

طنان
Tannaan
hummingbird

خطاف
khuTaaf
swallow

غراب
ghuraab
crow

حمامة
Hamaama
pigeon

نقار
naqqaar
woodpecker

صقر
Saqr
falcon

بومة
booma
owl

نورس
nawras
gull

نسر
nisr
eagle

بجعة
bajaAa
pelican

بشروس
basharoos
flamingo

لقلاق
laqlaaq
stork

كركي
kurkee
crane

بطريق
biTreeq
penguin

نعامة
naAaama
ostrich

292

وزة wazza | goose

بجعة
bajAa
swan

طاووس
Taawoos
peacock

تدرج
tadruj
pheasant

ديك رومي
deek roomee
turkey

ككاتوه
kakaatoo
cockatoo

منقار
minqaar
bill
ريشة
reesha
feather
جناح
jinaah
wing
مخلب
mikhlab
claw

ببغاء
babaghaa'
parrot

الزواحف al-zawaaHif • reptiles

حراشف
Haraashif
scales

تمساح أمريكي
timsaaH amreekee
alligator

سحلية
siHleeya
lizard

إجوانة
igwaana
iguana

ترس
turs
shell

سلحفاة بحرية
sulaHfaah baHreeya
turtle

سلحفاة
sulaHfaah
tortoise

ثعبان
thuAbaan
snake

خطم
khaTm
snout

تمساح
timsaaH
crocodile

الحيوانات ٣ al-Hayawaanaat thalaatha • animals 3

البرمائيات al-barmaa'eeyaat • amphibians

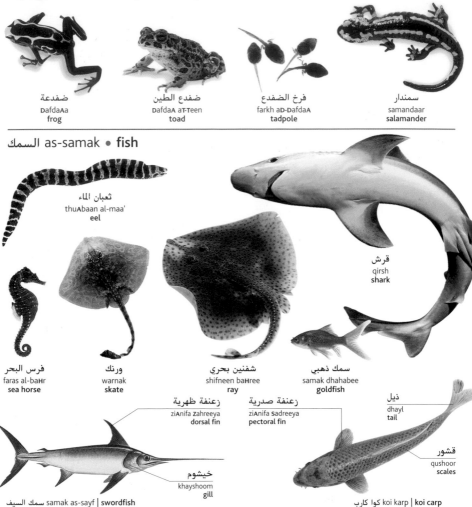

ضفدعة
DafdaAa
frog

ضفدع الطين
DafdaA aT-Teen
toad

فرخ الضفدع
farkh aD-DafdaA
tadpole

سمندار
samandaar
salamander

السمك as-samak • fish

ثعبان الماء
thuAbaan al-maa'
eel

قرش
qirsh
shark

فرس البحر
faras al-baHr
sea horse

ورنك
warnak
skate

شفنين بحري
shifneen baHree
ray

سمك ذهبي
samak dhahabee
goldfish

زعنفة ظهرية
ziAnifa Zahreeya
dorsal fin

زعنفة صدرية
ziAnifa Sadreeya
pectoral fin

ذيل
dhayl
tail

قشور
qushoor
scales

خيشوم
khayshoom
gill

سمك السيف samak as-sayf | **swordfish**

كوا كارب koi karp | **koi carp**

اللافقريات al-laafaqreeyaat • invertebrates

نملة
namla
ant

نمل أبيض
naml abyaD
termite

نحلة
naHla
bee

دبور
dabboor
wasp

خنفساء
khunfusaa'
beetle

صرصار
SarSaar
cockroach

عثة
Auththa
moth

فراشة
faraasha
butterfly

قرن استشعار
qarn istishAaar
antenna

شرنقة
sharnaqa
cocoon

يسروع
yusrooA
caterpillar

صرصر SurSur | cricket

جندب
jundub
grasshopper

فرس النبي
faras an-nabee
praying mantis

لدغة
ladgha
sting

عقرب
Aaqrab
scorpion

أم أربعة وأربعين
umm arbaAa wa-arbaAeen
centipede

يعسوب
yaAsoob
dragonfly

ذبابة
dhubaaba
fly

بعوضة
baAooDa
mosquito

دعسوقة
daAsooqa
ladybug

عنكبوت
Aankaboot
spider

بزّاق
bazzaaq
slug

حلزون
Halazoon
snail

دودة dooda | worm

نجم البحر
najm al-baHr
starfish

بلح البحر
balaH al-baHr
mussel

سرطان البحر
saraTaan al-baHr | crab

جراد البحر
jarraad al-baHr | lobster

إخطبوط
ikhTabooT | octopus

حبار
Habbaar | squid

قنديل البحر
qindeel al-baHr | jellyfish

النباتات an-nabataat • plants

شجرة shajara • tree

ورقة
waraqa
leaf
غصن
ghusn
twig

صفصاف
safsaaf
willow

فرع
farA
branch
لحاء
liHaa'
bark
جذر
jadhr
root
جذع
jidhA
trunk

بلوط balloot | **oak**

حور
Hawar
poplar

أوكالبتوس
ukaalibtoos
eucalyptus

أرزية
arzeeya
larch

زان
zaan
beech

بتولا
batoolaa
birch

صنوبر
sanawbar
pine

أرز
arz
cedar

قيقب
qayqab
maple

شجرة البق
shajarat al-baqq
elm

زيزفون
zayzafoon
lime

توت
toot
berry

بهشية
bahsheeya
holly

نخل
nakhl
palm

النباتات المزهرة an-nabataat al-muzhira •
flowering plants

زهرة
zahra
flower

سداة
sadaah
stamen

بتلة
batalla
petal

الزهرة كأس
ka's az-zahra
calyx

عنق
Aunuq
stalk

ساق
saaq
stem

برعم
burAum
bud

حوذان
Hawdhaan
buttercup

لؤلؤية
lu'lu'eeya
daisy

نبات شائك
nabaat shaa'ik
thistle

طرخشقون
Tarakhshqoon
dandelion

خلنج
khalanj
heather

خشخاش
khashkhaash
poppy

قفاز الثعلب
quffaaz ath-thaAlab
foxglove

صريمة الجدي
Sareemat al-jady
honeysuckle

عباد الشمس
Aabbaad ash-shams
sunflower

برسيم
barseem
clover

ياقوتية الكرم
yaaqooteeyat al-karam
bluebells

زهرة الربيع
zahrat ar-rabeeA
primrose

زهرة الترمس
zahrat at-turmus
lupins

قريص
qurrayS
nettle

المدينة al-madeena • **town**

شارع
shaariA
street

حافة رصيف
Haaffat raSeef
curb

ناصية
naaSya
street corner

دكان
dukkaan
store

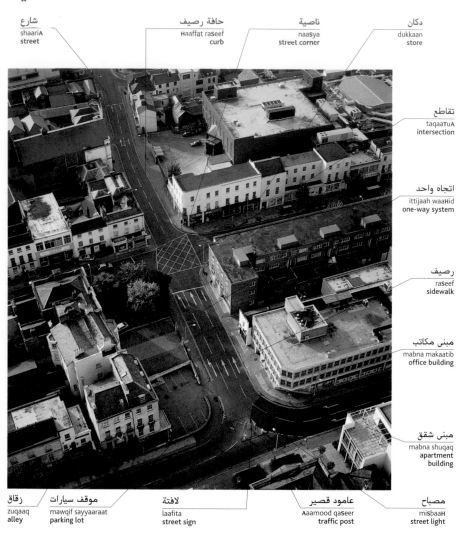

تقاطع
taqaaTuA
intersection

اتجاه واحد
ittijaah waaHid
one-way system

رصيف
raSeef
sidewalk

مبنى مكاتب
mabna makaatib
office building

مبنى شقق
mabna shuqaq
apartment
building

زقاق
zuqaaq
alley

موقف سيارات
mawqif sayyaaraat
parking lot

لافتة
laafita
street sign

عامود قصير
Aaamood qaSeer
traffic post

مصباح
misbaaH
street light

المباني al-mabaanee • buildings

مبنى البلدية
mabna al-baladeeya
town hall

مكتبة
maktaba
library

سينما
seenima
movie theater

مسرح
masraH
theater

جامعة
jaamiAa
university

مدرسة
madrasa
school

ناطحة سحاب
naaTiHat saHaab
skyscraper

المناطق al-manaaTiq • areas

منطقة صناعية
manTiqa SinaaAeeya
industrial complex

مدينة
madeena
city

ضاحية
DaaHiya
suburb

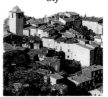

قرية
qarya
village

المفردات al-mufradaat • vocabulary

نطاق المشاة
niTaaq lil-mushaah
pedestrian zone

شارع جانبي
shaariA jaanibee
side street

جورة
joora
manhole

ميزاب
meezaab
gutter

كنيسة
kaneesa
church

شارع واسع
shaariA waasiA
avenue

ميدان
meedaan
square

موقف حافلات
mawqif Haafilaat
bus stop

مصنع
maSnaA
factory

مصرف
masrif
drain

العمارة الهندسية al-Aimaara al-handaseeya • architecture

المباني والهياكل al-mabaanee wal-hayaakil • buildings and structures

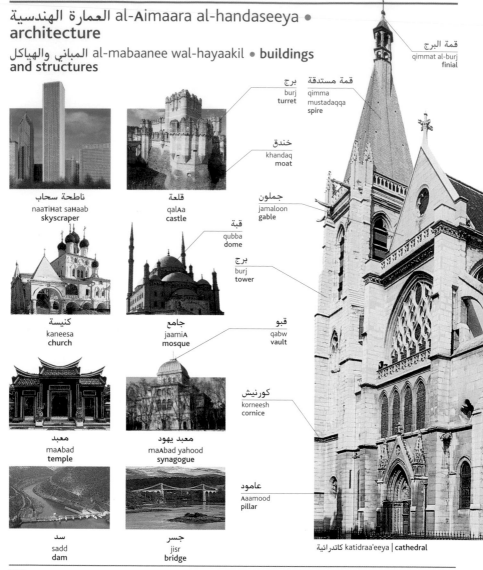

قمة البرج
qimmat al-burj
finial

برج
burj
turret

قمة مستدقة
qimma
mustadaqqa
spire

خندق
khandaq
moat

ناطحة سحاب
naaTiHat saHaab
skyscraper

قلعة
qalAa
castle

قبة
qubba
dome

جملون
jamaloon
gable

برج
burj
tower

كنيسة
kaneesa
church

جامع
jaamiA
mosque

قبو
qabw
vault

كورنيش
korneesh
cornice

معبد
maAbad
temple

معبد يهود
maAbad yahood
synagogue

عامود
Aaamood
pillar

سد
sadd
dam

جسر
jisr
bridge

كاتدرائية katidraa'eeya | **cathedral**

الطرز aT-Turuz • styles

قوطي qooTee | gothic

حلية
Hilya
architrave

طراز النهضة
Tiraaz an-nahDa
Renaissance

باروك
baarok
baroque

قنطرة
qanTara
arch

إفريز
ifreez
frieze

جزء للمرتلين
juz' lil-murattileen
choir

ركوكو
rokoko
rococo

قوصرة
qawSara
pediment

دعامة
daAAaama
buttress

كلاسيكي مُحدث
kalaaseekee muHaddath
neoclassical

آرت نوفو
art noofo
art nouveau

آرت ديكو
art deko
art deco

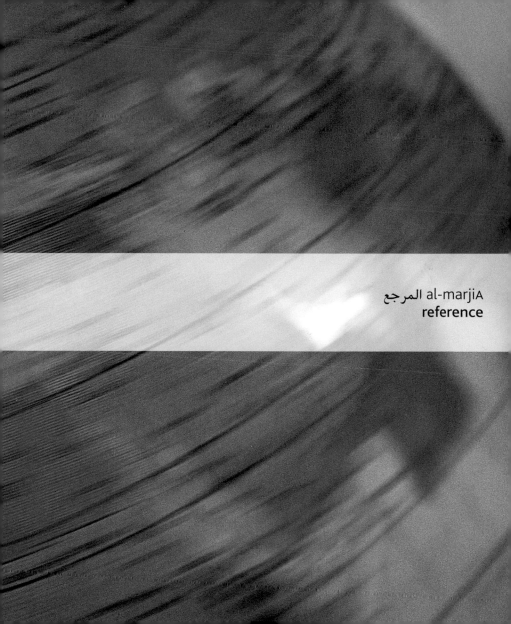

المرجع al-marjiA
reference

الوقت al-waqt • time

عقرب الدقائق
Aaqrab ad-daqaa'iq
minute hand

عقرب الساعات
Aaqrab as-saaAaat
hour hand

ساعة حائط
saaAat Haa'iT
clock

المفردات al-mufradaat • vocabulary

ثانية
thaaniya
second

الآن
al-aan
now

ربع ساعة
rubA saaAa
a quarter of an hour

دقيقة
daqeeqa
minute

فيما بعد
feemaa baAd
later

ثلث ساعة
thulth saaAa
twenty minutes

ساعة
saaAa
hour

نصف ساعة
nisf saaAa
half an hour

أربعون دقيقة
arbaAoon daqeeqa
forty minutes

كم الساعة؟
kam as-saaAa?
What time is it?

الساعة الثالثة.
as-saaAa thalaatha.
It's three o'clock.

الواحدة وخمس دقائق
al-waaHida wa-khams daqaa'iq
five past one

الواحدة وعشر دقائق
al-waaHida wa-Aashar daqaa'iq
ten past one

الواحدة والربع
al-waaHida war-rubA
quarter past one

الواحدة والثلث
al-waaHida wath-thulth
twenty past one

عقرب الثواني
Aaqrab ath-thawaanee
second hand

الواحدة والنصف إلا خمسة
al-waaHida wan-nisf illa khamsa
twenty five past one

الواحدة والنصف
al-waaHida wan-nisf
one thirty

الواحدة وخمس وثلاثون دقيقة
al-waaHida wa-khams wa-thalaatoon daqeeqa
twenty five to two

الثانية إلا ثلث
ath-thaanya illa thulth
twenty to two

الثانية إلا ربع
ath-thaanya illa rubA
quarter to two

الثانية إلا عشر دقائق
ath-thaanya illa Aashar daqaa'iq
ten to two

الثانية إلا خمس دقائق
ath-thaanya illa khams daqaa'iq
five to two

الثانية بالضبط
ath-thaanya biD-Dabt
two o'clock

الليل والنهار al-layl wan-nahaar • **night and day**

منتصف الليل
muntaSaf al-layl | **midnight**

شروق الشمس
shurooq ash-shams | **sunrise**

فجر fajr | **dawn**

صباح SabaaH | **morning**

غروب الشمس
ghuroob ash-shams
sunset

منتصف النهار
muntaSaf an-nahaar
noon

غسق ghasaq | **dusk**

مساء masaa' | **evening**

بعد الظهر baAd az-zuhr | **afternoon**

المفردات al-mufradaat • **vocabulary**

مبكر mubakkir early	ابكرت. abkarta(-ti). You're early.	الرجاء الحضور في الموعد. ar-rajaa' al-hudoor fil-mawAid Please be on time.	متى ينتهي؟ mata yantahee? What time does it finish?
في الموعد fil-mawAid on time	تأخرت. ta'akhkharta (-ti). You're late.	أراك فيما بعد. araak feemaa baAd. I'll see you later.	تأخر الوقت. ta'akhkhar al-waqt. It's getting late.
متأخر muta'akhkhir late	سوف أكون هناك قريباً. sawfa akoon hunaaka qareeban. I'll be there soon.	متى يبدأ؟ mata yabda'? What time does it start?	كم سيستغرق؟ kam sa-yastaghriq? How long will it last?

التقويم at-taqweem • calendar

شهر
shahr
month

عام
Aaam
year

يناير
yanaayir
January

2010

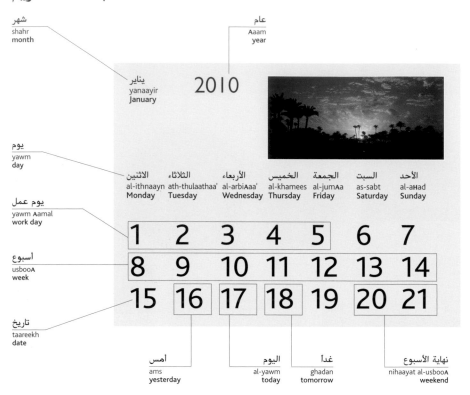

يوم
yawm
day

يوم عمل
yawm Aamal
work day

أسبوع
usbooA
week

تاريخ
taareekh
date

الاثنين al-ithnaayn **Monday**	الثلاثاء ath-thulaathaa' **Tuesday**	الأربعاء al-arbiAaa' **Wednesday**	الخميس al-khamees **Thursday**	الجمعة al-jumAa **Friday**	السبت as-sabt **Saturday**	الأحد al-aHad **Sunday**
1	2	3	4	5	6	7
8	9	10	11	12	13	14
15	16	17	18	19	20	21

أمس
ams
yesterday

اليوم
al-yawm
today

غدًا
ghadan
tomorrow

نهاية الأسبوع
nihaayat al-usbooA
weekend

المفردات al-mufradaat • vocabulary

يناير yanaayir **January**	مارس maaris **March**	مايو maayo **May**	يوليو yoolyo **July**	سبتمبر sabtambir **September**	نوفمبر nofambir **November**
فبراير fabraayir **February**	أبريل abreel **April**	يونيو yoonyo **June**	أغسطس aghusTus **August**	أكتوبر uktobir **October**	ديسمبر deesambir **December**

الأعوام al-Aawaam • years

1900 ألف وتسعمائة alf wa-tisaAmi'a • nineteen hundred

1901 ألف وتسعمائة وواحد alf wa-tisaAmi'a wa-waaHid • nineteen hundred and one

1910 ألف وتسعمائة وعشرة alf wa-tisaAmi'a wa-Aashara • nineteen ten

2000 عام ألفان Aaam alfaan • two thousand

2001 عام ألفان وواحد Aaam alfaan wa-waaHid • two thousand and one

الفصول al-fuSool • seasons

| ربيع
rabeeA
spring | صيف
Sayf
summer | خريف
khareef
fall | شتاء
shitaa'
winter |

المفردات al-mufradaat • vocabulary

قرن qarn century	هذا الأسبوع haadha l-usbooA this week	بعد غد baAda ghad the day after tomorrow	ما التاريخ اليوم؟ maa at-taareekh al-yawm? What's the date today?
عقد Aaqd decade	الأسبوع الماضي al-usbooA al-maaDee last week	أسبوعياً usbooAeeyan weekly	اليوم السابع من فبراير. al-yawm as-saabiA min fabraayir. It's February seventh.
ألف عام alf Aaam millennium	الأسبوع القادم al-usbooA al-qaadim next week	شهرياً shahreeyan monthly	
أسبوعان usbooAaan two weeks	أول أمس awwal ams the day before yesterday	سنوياً sanaweeyan annual	

الأرقام al-arqaam • numbers

0	صفر Sifr • **zero**
1	واحد waaHid • **one**
2	اثنان ithnaan • **two**
3	ثلاثة thalaatha • **three**
4	أربعة arbaAa • **four**
5	خمسة khamsa • **five**
6	ستة sitta • **six**
7	سبعة sabAa • **seven**
8	ثمانية thamaanya • **eight**
9	تسعة tisAa • **nine**
10	عشرة Aashara • **ten**
11	أحد عشر aHad Aashar • **eleven**
12	اثنا عشر ithnaa Aashar • **twelve**
13	ثلاثة عشر thalaathat Aashar • **thirteen**
14	أربعة عشر arbaAat Aashar • **fourteen**
15	خمسة عشر khamsat Aashar • **fifteen**
16	ستة عشر sittat Aashar • **sixteen**
17	سبعة عشر sabAat Aashar • **seventeen**
18	ثمانية عشر thamaanyat Aashar • **eighteen**
19	تسعة عشر tisAat Aashar • **nineteen**
20	عشرون Aishroon • **twenty**
21	واحد وعشرون waaHid wa-Aishroon • **twenty-one**
22	اثنان وعشرون ithnaan wa-Aishroon • **twenty-two**
30	ثلاثون thalaathoon • **thirty**
40	أربعون arbaAoon • **forty**
50	خمسون khamsoon • **fifty**
60	ستون sittoon • **sixty**
70	سبعون sabAoon • **seventy**
80	ثمانون thamaanoon • **eighty**
90	تسعون tisAoon • **ninety**
100	مائة mi'a • **one hundred**
110	مائة وعشرة mi'a wa-Aashara • **one hundred and ten**
200	مائتان mi'ataan • **two hundred**
300	ثلاثمائة thalaathumi'a • **three hundred**
400	أربعمائة arbaAumi'a • **four hundred**
500	خمسمائة khamsumi'a • **five hundred**
600	ستمائة sittumi'a • **six hundred**
700	سبعمائة sabAumi'a • **seven hundred**
800	ثمانمائة thamaanumi'a • **eight hundred**
900	تسعمائة tisAumi'a • **nine hundred**

1,000 الف alf • one thousand

10,000 عشرة الاف Aasharat aalaaf • ten thousand

20,000 عشرون الف Aishroon alf • twenty thousand

50,000 خمسون الف khamsoon alf • fifty thousand

55,500 خمسة وخمسون الف وخمسمائة khamsa wa-khamsoon alf wa-khamsami'a • fifty-five thousand five hundred

100,000 مائة الف mi'at alf • one hundred thousand

1,000,000 مليون milyoon • one million

1,000,000,000 بليون bilyoon • one billion

أول awwal first

ثان thaanin second

ثالث thaalith third

رابع raabiA • fourth

خامس khaamis • fifth

سادس saadis • sixth

سابع saabiA • seventh

ثامن thaamin • eighth

تاسع taasiA • ninth

عاشر Aaashir • tenth

حادي عشر Haadee Aashar • eleventh

ثاني عشر thaanee Aashar • twelfth

ثالث عشر thaalith Aashar • thirteenth

رابع عشر raabiA Aashar • fourteenth

خامس عشر khaamis Aashar • fifteenth

سادس عشر saadis Aashar • sixteenth

سابع عشر saabiA Aashar • seventeenth

ثامن عشر thaamin Aashar • eighteenth

تاسع عشر taasiA Aashar • nineteenth

العشرون al-Aishroon • twentieth

الواحد وعشرون al-waaHid wa-Aishroon • twenty-first

ثاني وعشرون thaanee wa-Aishroon • twenty-second

ثالث وعشرون thaalith wa-Aishroon • twenty-third

الثلاثون ath-thalaathoon • thirtieth

الأربعون al-arbaAoon • fortieth

الخمسون al-khamsoon • fiftieth

الستون as-sittoon • sixtieth

السبعون as-sabAoon • seventieth

الثمانون ath-thamanoon • eightieth

التسعون at-tisAoon • ninetieth

المائة al-mi'a • one hundredth

الأوزان والمقاييس al-awzaan wal-maqaayees • weights and measures

المساحة al-misaaHa • area

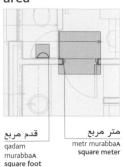

قدم مربع
qadam murabbaA
square foot

متر مربع
metr murabbaA
square meter

المسافة al-masaafa • distance

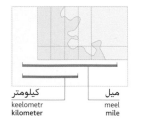

كيلومتر
keelometr
kilometer

ميل
meel
mile

وعاء
wiAaa'
pan

رطل
raTl
pound

كيلوجرام
keelograam
kilogram

أوقية
awqiya
ounce

جرام
graam
gram

ميزان meezaan | **scales**

المفردات al-mufradaat • vocabulary

ياردة yaarda **yard**	طن Tunn **ton**	يقيس yaqees **measure (v)**
متر metr **meter**	ملليجرام milligraam **milligram**	يزن yazin **weigh (v)**

الطول aT-Tool • length

قدم
qadam
foot

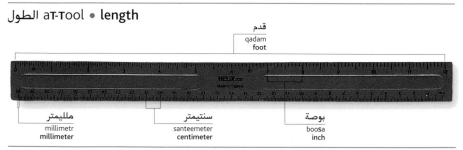

ملليمتر
millimetr
millimeter

سنتيمتر
santeemeter
centimeter

بوصة
boosa
inch

السعة as-saAa • capacity

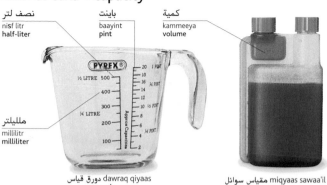

نصف لتر
nisf litr
half-liter

باينت
baayint
pint

كمية
kammeeya
volume

ملليلتر
millilitr
milliliter

دورق قياس dawraq qiyaas
measuring cup

مقياس سوائل miqyaas sawaa'il
liquid measure

لتر
litr
liter

الوعاء al-wiAaa' • container

كرتونة
kartona
carton

باكيت
baakeet
packet

زجاجة
zujaaja
bottle

كيس
kees
bag

علبة بلاستيكية
Aulba blaaseekeeya | **tub**

إناء inaa' | **jar**

علبة معدنية
Aulba
miAdaneeya
can

علبة طعام
Aulbat TaAaam | **can**

رشاشة سوائل rashshaashat sawaa'il
liquid dispenser

قطعة
qiTAa
bar

أنبوبة
anbooba
tube

لفة
laffa
roll

علبة ورقية
Aulba waraqeeya
pack

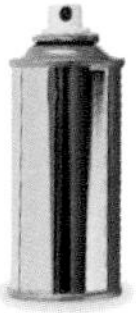

علبة رش
Aulbat rashsh
spray can

خريطة العالم khareeTat al-Aaalam • world map

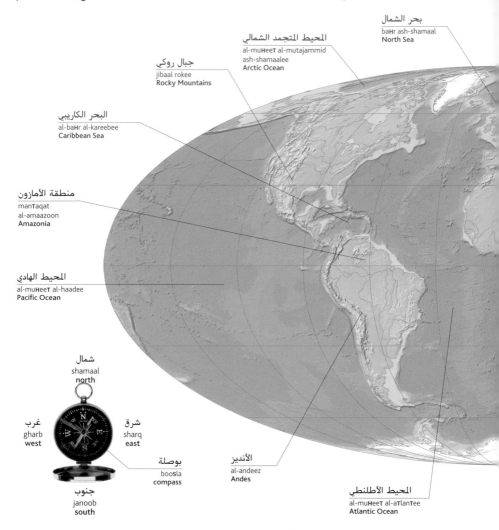

بحر الشمال
baHr ash-shamaal
North Sea

المحيط المتجمد الشمالي
al-muHeeT al-mutajammid
ash-shamaalee
Arctic Ocean

جبال روكي
jibaal rokee
Rocky Mountains

البحر الكاريبي
al-baHr al-kareebee
Caribbean Sea

منطقة الأمازون
manTaqat
al-amaazoon
Amazonia

المحيط الهادي
al-muHeeT al-haadee
Pacific Ocean

شمال
shamaal
north

غرب
gharb
west

شرق
sharq
east

بوصلة
booSla
compass

جنوب
janoob
south

الأنديز
al-andeez
Andes

المحيط الأطلنطي
al-muHeeT al-aTlanTee
Atlantic Ocean

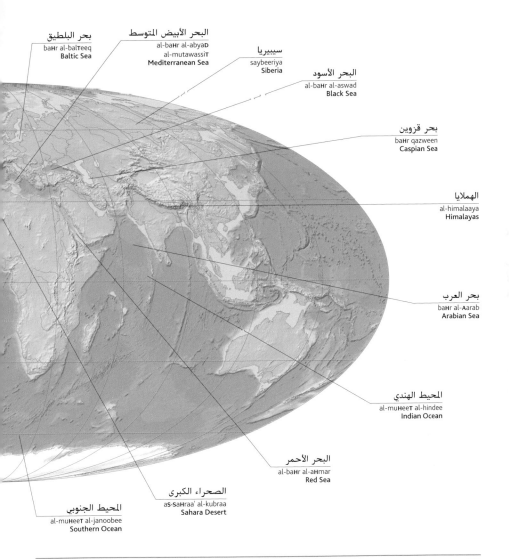

بحر البلطيق
baHr al-balTeeq
Baltic Sea
البحر الأبيض المتوسط
al-baHr al-abyaD
al-mutawassiT
Mediterranean Sea
سيبيريا
saybeeriya
Siberia
البحر الأسود
al-baHr al-aswad
Black Sea
بحر قزوين
baHr qazween
Caspian Sea
الهملايا
al-himalaaya
Himalayas
بحر العرب
baHr al-Aarab
Arabian Sea
المحيط الهندي
al-muHeeT al-hindee
Indian Ocean
البحر الأحمر
al-baHr al-aHmar
Red Sea
الصحراء الكبرى
aS-SaHraa' al-kubraa
Sahara Desert
المحيط الجنوبي
al-muHeeT al-janoobee
Southern Ocean

شمال ووسط أمريكا shamaal wa-wasaT amreeka • North and Central America

هاواي • hawaayi
Hawaii

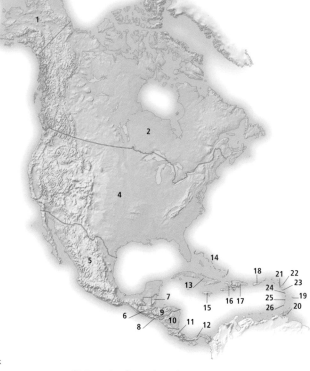

1 الاسكا alaaska • **Alaska**

2 كندا kanada • **Canada**

3 جرينلند greenland • **Greenland**

4 الولايات المتحدة الأمريكية al-wilaayaat al-muttaHida al-amreekeeya • **United States of America**

5 المكسيك al-makseek • **Mexico**

6 جواتيمالا gwaateemaala • **Guatemala**

7 بليز bileez • **Belize**

8 السلفادور alsalfaadoor • **El Salvador**

9 هندوراس hondooraas • **Honduras**

10 نيكاراجوا neekaaragwa • **Nicaragua**

11 كوستاريكا kostareeka • **Costa Rica**

12 بنما banama • **Panama**

13 كوبا kooba • **Cuba**

14 البهاما al-bahaama • **Bahamas**

15 جامايكا jaamayka • **Jamaica**

16 هايتي haaytee • **Haiti**

17 جمهورية دومنيك jumhooreeyat domaneek • **Dominican Republic**

18 بورتوريكو bootoreeko • **Puerto Rico**

19 بربادوس barbaados • **Barbados**

20 ترينيداد وتوباغو trineedaad wa-tobaagho • **Trinidad and Tobago**

21 سانت كيتس ونيفس saant keets wa-neefis • **St. Kitts and Nevis**

22 أنتيغوا وبربودا anteegha wa-barbooda • **Antigua and Barbuda**

23 الدومينيكا ad-domeeneeka • **Dominica**

24 سانت لوتشيا saant lootshya • **St Lucia**

25 سانت فنسنت وجزر غرينادين saant finsant wa-juzur gharinaadeen • **St Vincent and The Grenadines**

26 جرينادا greenaada • **Grenada**

أمريكا الجنوبية amreeka al-janoobeeya • South America

1 فنزويلا fanazwayla • **Venezuela**

2 كولومبيا kolombya • **Colombia**

3 إكوادور ikwaadoor • **Ecuador**

4 بيرو beeroo • **Peru**

5 جزر غلباغس juzur ghalabaaghus • **Galapagos Islands**

6 غيانة ghiyaana • **Guyana**

7 سورينام soreenaam • **Suriname**

8 غيانا الفرنسية ghiyaana al-faranseeya • **French Guiana**

9 البرازيل al-baraazeel • **Brazil**

10 بوليفيا boleefya • **Bolivia**

11 شيلي sheelee • **Chile**

12 الأرجنتين al-arjanteen • **Argentina**

13 بارجواي baragwaay • **Paraguay**

14 أورجواي uragwaay • **Uruguay**

15 جزر الفوكلاند juzur al-fawkland • **Falkland Islands**

المفردات al-mufradaat • vocabulary

بلد balad **country**	مقاطعة muqaaTaAa **province**	منطقة minTaqa **zone**
أمة umma **nation**	أراض araaDin **territory**	حي Hayy **district**
قارة qaara **continent**	مستعمرة mustaAmara **colony**	إقليم iqleem **region**
ولاية wilaaya **state**	إمارة imaara **principality**	عاصمة AaaSima **capital**

أوروبا urooba • Europe

1 أيرلندا eerlanda • **Ireland**

2 المملكة المتحدة al-mamlaka al-muttaнida • **United Kingdom**

3 البرتغال al-burtughaal • **Portugal**

4 أسبانيا asbaanya • **Spain**

5 جزر البليار juzur al-balyaar • **Balearic Islands**

6 أندورا andoora • **Andorra**

7 فرنسا faransa • **France**

8 بلجيكا beljeeka • **Belgium**

9 هولندا holanda • **Netherlands**

10 لوكسمبورغ luksamboorgh • **Luxembourg**

11 ألمانيا almaanya • **Germany**

12 الدانمرك ad-daanamark • **Denmark**

13 النرويج an-nurwayj • **Norway**

14 السويد as-sweed • **Sweden**

15 فنلندا finlanda • **Finland**

16 استونيا astonya • **Estonia**

17 لاتفيا latfiya • **Latvia**

18 لتوانيا litawaanya • **Lithuania**

19 كالينينغراد kaalininghraad • **Kaliningrad**

20 بولندا bolanda • **Poland**

21 جمهورية التشيكا jumhureeyat at-tasheeka • **Czech Republic**

22 النمسا an-nimsa • **Austria**

23 ليختنشتاين likhtanshtaayin • **Liechtenstein**

24 سويسرا sweesra • **Switzerland**

25 إيطاليا eeтaalya • **Italy**

26 موناكو monako • **Monaco**

27 كورسيكا korseeka • **Corsica**

28 ساردنيا saardinya • **Sardinia**

29 سان مارينو san mareeno • **San Marino**

30 مدينة الفاتيكان madeenat al-fateekan • **Vatican City**

31 صقلية Siqqilleeya • **Sicily**

32 مالطة maalтa • **Malta**

33 سلوفينيا slofeenya • **Slovenia**

34 كرواتيا krowaatya • **Croatia**

35 المجر al-majar • **Hungary**

36 سلوفاكيا slofaakya • **Slovakia**

37 أوكرانيا ukraanya • **Ukraine**

38 بيلاروس beelaaroos • **Belarus**

39 ملدافيا moldaafya • **Moldova**

40 رومانيا romaanya • **Romania**

41 صربيا Sarbya • **Serbia**

42 البوسنة وهيرزجوفينا al-bosna wa-herzogofeena • **Bosnia and Herzogovina**

43 ألبانيا albaanya • **Albania**

44 مقدونيا maqdoonya • **Macedonia**

45 بلغاريا bulghaarya • **Bulgaria**

46 اليونان al-yoonaan • **Greece**

47 كوسوفو kosofo• **Kosovo**

48 مونتينيجرو monteenegro • **Montenegro**

49 ايسلندا eeslanda • **Iceland**

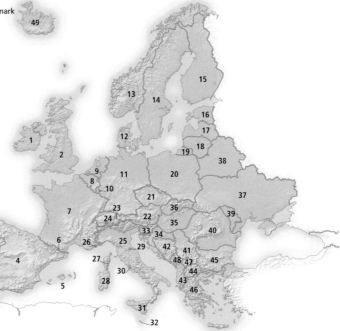

أفريقيا afreeqya • Africa

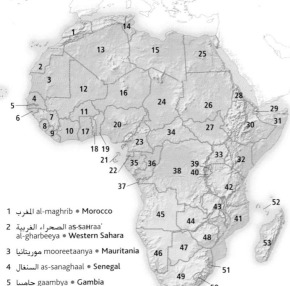

1 المغرب al-maghrib • **Morocco**

2 الصحراء الغربية as-saHraa' al-gharbeeya • **Western Sahara**

3 موريتانيا mooreetaanya • **Mauritania**

4 السنغال as-sanaghaal • **Senegal**

5 جامبيا gaambya • **Gambia**

6 غينيا بيساو gheeniya beesaaw • **Guinea-Bissau**

7 غينيا gheeniya • **Guinea**

8 سيراليون siraaliyoon • **Sierra Leone**

9 ليبيريا libeerya • **Liberia**

10 ساحل العاج saaHil al-Aaaj • **Ivory Coast**

11 بوركينا فاسو burkeena faaso • **Burkina Faso**

12 مالي maalee • **Mali**

13 الجزائر al-jazaa'ir • **Algeria**

14 تونس toonis • **Tunisia**

15 ليبيا leebya • **Libya**

16 النيجر an-nayjar • **Niger**

17 غانا ghaana • **Ghana**

18 توجو togo • **Togo**

19 بنين beneen • **Benin**

20 نيجيريا nijeerya • **Nigeria**

21 ساو توم وبرنسيب saaw toom wa-baranseeb • **São Tomé and Principe**

22 غينيا الاستوائية gheenya al-istiwaa'eeya • **Equatorial Guinea**

23 الكاميرون al-kameeroon • **Cameroon**

24 تشاد tshaad • **Chad**

25 مصر misr • **Egypt**

26 السودان as-soodaan • **Sudan**

27 جنوب السودان janoob as-soodaan • **South Sudan**

28 إرتريا iritreeya • **Eritrea**

29 جيبوتي jeebootee • **Djibouti**

30 إثيوبيا itheeyobya • **Ethiopia**

31 الصومال as-soomaal • **Somalia**

32 كينيا keenya • **Kenya**

33 أوغندا ughanda • **Uganda**

34 جمهورية أفريقيا الوسطى jumhureeyat afreeqya al-wusTa • **Central African Republic**

35 الجابون al-gaaboon • **Gabon**

36 الكونغو al-kongho • **Congo**

37 كابندا أنجولا kabinda (angola) • **Cabinda (Angola)**

38 جمهورية الكونغو الديمقراطية jumhureeyat al-kongho al-deemaqraaTeeya • **Democratic Republic of the Congo**

39 راوندا rawanda • **Rwanda**

40 بوروندي buroondee • **Burundi**

41 تنزانيا tanzaniya • **Tanzania**

42 موزامبيق mozaambeeq • **Mozambique**

43 ملاوي malaawee • **Malawi**

44 زامبيا zaambiya • **Zambia**

45 أنجولا angola • **Angola**

46 ناميبيا nameebiya • **Namibia**

47 بتسوانا botswaana • **Botswana**

48 زيمبابوي zeembaabwee • **Zimbabwe**

49 جنوب أفريقيا janoob afreeqya • **South Africa**

50 ليسوتو lesoto • **Lesotho**

51 سوازيلاند swaazeeland • **Swaziland**

52 جزر القمر juzur al-qamr • **Comoros**

53 مدغشقر madaghashqar • **Madagascar**

54 موريشيوس moreeshyus • **Mauritius**

آسيا aasya • Asia

1 تركيا turkiya • **Turkey**

2 قبرص qubrus • **Cyprus**

3 الاتحاد الروسي الفيدرالي al-ittihaad ar-roosee al-feedraalee • **Russian Federation**

4 جورجيا joorjya • **Georgia**

5 أرمينيا armeenya • **Armenia**

6 أذربيجان adhrabayjaan • **Azerbaijan**

7 إيران eeraan • **Iran**

8 العراق al-Airaaq • **Iraq**

9 سوريا sooriya • **Syria**

10 لبنان lubnaan• **Lebanon**

11 إسرائيل israa'eel • **Israel**

12 فلسطين filasTeen • **Palestine**

13 الأردن al-urdunn • **Jordan**

14 المملكة العربية السعودية al-mamlaka al-Aarabeeya as-saAoodeeya • **Saudi Arabia**

15 الكويت al-kuwait • **Kuwait**

16 البحرين al-baHrayn • **Bahrain**

17 قطر qaTar • **Qatar**

18 الإمارات العربية المتحدة al-imaaraat al-Aarabeeya al-muttaHida • **United Arab Emirates**

19 عُمان Aumaan • **Oman**

20 اليمن al-yaman • **Yemen**

21 كازاخستان kaazakhstaan • **Kazakhstan**

22 أوزبكستان uzbakistaan • **Uzbekistan**

23 تركمانستان turkmaanistaan • **Turkmenistan**

24 أفغانستان afghanistaan • **Afghanistan**

25 طاجيكستان Taajeekistaan • **Tajikistan**

26 كيرجيزستان keerjeezstaan • **Kyrgyzstan**

27 باكستان baakistaan • **Pakistan**

28 الهند al-hind • **India**

29 المديف al-maldeef • **Maldives**

30 سري لانكا sree lanka • **Sri Lanka**

31 الصين aS-Seen • **China**

32 منغوليا mongholya • **Mongolia**

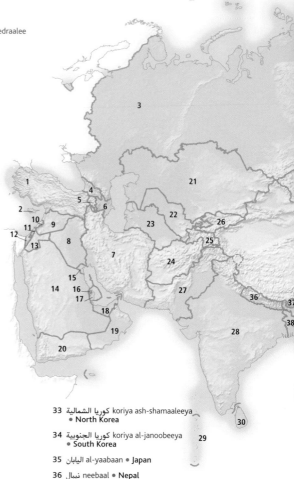

33 كوريا الشمالية koriya ash-shamaaleeya • **North Korea**

34 كوريا الجنوبية koriya al-janoobeeya • **South Korea**

35 اليابان al-yaabaan • **Japan**

36 نيبال neebaal • **Nepal**

37 بوتان bootaan • **Bhutan**

38 بنجلاديش banaglaadaysh • **Bangladesh**

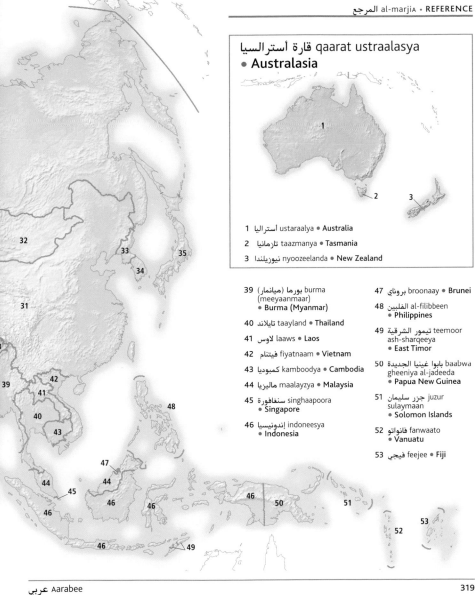

قارة أستراليا qaarat ustraalasya • Australasia

1 أستراليا ustaraalya • **Australia**

2 تازمانيا taazmanya • **Tasmania**

3 نيوزيلندا nyoozeelanda • **New Zealand**

39 بورما (ميانمار) burma (meeyaanmaar) • **Burma (Myanmar)**

40 تايلاند taayland • **Thailand**

41 لاوس laaws • **Laos**

42 فيتنام fiyatnaam • **Vietnam**

43 كمبوديا kamboodya • **Cambodia**

44 ماليزيا maalayzya • **Malaysia**

45 سنغافورة singhaapoora • **Singapore**

46 إندونيسيا indoneesya • **Indonesia**

47 بروناي broonaay • **Brunei**

48 الفلبين al-filibbeen • **Philippines**

49 تيمور الشرقية teemoor ash-sharqeeya • **East Timor**

50 بابوا غينيا الجديدة baabwa gheeniya al-jadeeda • **Papua New Guinea**

51 جزر سليمان juzur sulaymaan • **Solomon Islands**

52 فانواتو fanwaato • **Vanuatu**

53 فيجي feejee • **Fiji**

الحروف والكلمات المناقضة al-Huroof wal-kalimaat al-munaaqiDa • particles and antonyms

إلى ila **to**	من min **from**
من فوق min fawqa **over**	تحت taHt **under**
أمام amaama **in front of**	خلف khalfa **behind**
على Aala **onto**	في داخل fee dhaakhil **into**
في fee **in**	خارج khaarij **out**
فوق fawqa **above**	أسفل asfal **below**
داخل daakhil **inside**	في خارج fee khaarij **outside**
فوق fawqa **up**	تحت taHt **down**
عند Ainda **at**	إلى ما بعد ila maa baAda **beyond**
خلال khilaal **through**	حول Hawla **around**
على Aala **on top of**	بجانب bi-jaanib **beside**
بين bayna **between**	مقابل muqaabil **opposite**
بالقرب من bil-qurb min **near**	بعيد baAeed **far**
هنا huna **here**	هناك hunaaka **there**

من أجل min ajl **for**	نحو naHwa **toward**
على طول Aala Toola **along**	عبر Aabra **across**
مع maAa **with**	بدون bidoon **without**
قبل qabla **before**	بعد baAda **after**
بواسطة bi-waasiTat **by**	حتى Hatta **until**
مبكر mubakkir **early**	متأخر muta'akhkhir **late**
الآن al-aan **now**	فيما بعد feemaa baAd **later**
دائماً daa'iman **always**	أبداً abadan **never**
كثيراً katheeran **often**	نادراً naadiran **rarely**
أمس ams **yesterday**	غداً ghadan **tomorrow**
أول awwal **first**	أخير akheer **last**
كل kull **every**	بعض baAD **some**
عن Aan **about**	بالضبط biD-DabT **exactly**
قليل من qaleel min **a little**	كثير من katheer min **a lot**

كبير kabeer **large**	صغير Sagheer **small**	حار Haarr **hot**	بارد baarid **cold**
عريض AareeD **wide**	ضيق Dayyiq **narrow**	مفتوح maftooH **open**	مغلق mughlaq **closed**
طويل Taweel **tall**	قصير qaSeer **short**	ممتلئ mumtali' **full**	فارغ faarigh **empty**
عال Aaalin **high**	منخفض munkhafiD **low**	جديد jadeed **new**	قديم qadeem **old**
سميك sameek **thick**	رفيع rafeeA **thin**	فاتح faatiH **light**	داكن daakin **dark**
خفيف khafeef **light**	ثقيل thaqeel **heavy**	سهل sahl **easy**	صعب SaAb **difficult**
صلب Salb **hard**	طري Taree **soft**	غير مشغول ghayr mashghool **free**	مشغول mashghool **occupied**
مبلل muballal **wet**	جاف jaaff **dry**	قوي qawee **strong**	ضعيف DaAeef **weak**
جيد jayyid **good**	سيئ sayyi' **bad**	سمين sameen **fat**	رفيع rafeeA **thin**
سريع sareeA **fast**	بطيء baTee' **slow**	صغير السن Sagheer as-sinn **young**	مسن musinn **old**
صحيح saHeeH **correct**	خاطئ khaaTi' **wrong**	أفضل afDal **better**	أسوأ aswa' **worse**
نظيف naZeef **clean**	قذر qadhir **dirty**	أسود aswad **black**	أبيض abyaD **white**
جميل jameel **beautiful**	قبيح qabeeH **ugly**	مشيق mushayyiq **interesting**	ممل mumill **boring**
غال ghaalin **expensive**	رخيص rakhees **cheap**	مريض mareeD **sick**	صحي SiHHee **well**
هادئ haadi' **quiet**	صاخ Daajj **noisy**	بداية bidaaya **beginning**	نهاية nihaaya **end**

عبارات مفيدة Aibaaraat mufeeda • useful phrases

ضروريات Darooreeyaat • essentials

نعم
naAm
Yes

لا
laa
No

ربما
rubbamaa
Maybe

من فضلك
min faDlak(-ik)
Please

شكراً
shukran
Thank you

عفواً
Aafwan
You're welcome

عن إذنك
Aan idhnak(-ik)
Excuse me

آسف
aasif
I'm sorry

لا
laa
Don't

لا بأس
laa ba's
OK

هذا جيد
haadha jayyid
That's fine

هذا صحيح
haadha saHeeH
That's correct

هذا خطأ
haadha khaTa'
That's wrong

تحيات taHiyaat • greetings

أهلاً
ahlan
Hello

مرحباً
marHaban
Welcome

مع السلامة
maAas-salaama
Goodbye

صباح الخير
SabaaH al-khayr
Good morning

مساء الخير
masaa' al-khayr
Good evening

ليلة طيبة
layla Tayyiba
Good night

كيف الحال؟
kayf al-Haal?
How are you?

اسمي...
ismee...
My name is...

ما اسمك؟
maa ismak(-ik)?
What is your name?

ما اسمه/اسمها؟
maa ismuhu/ismuhaa?
What is his/her name?

أقدم...
uqaddim...
May I introduce...

هذا/هذه...
haadha/haadhihi...
This is...

تشرفنا
tasharrafna
Pleased to meet you

إلى اللقاء
ilal-liqaa'
See you later

علامات Aalaamaat • signs

معلومات سياحية
maAloomaat siyaaHeeya
Tourist information

مدخل
madkhal
Entrance

مخرج
makhraj
Exit

مخرج طوارئ
makhraj Tawaari'
Emergency exit

ادفع
idfaA
Push

خطر
khaTar
Danger

التدخين ممنوع
at-tadkheen mamnooA
No smoking

معطل
muATil
Out of order

ساعات العمل
saaAaat al-Aamal
Opening times

الدخول مجان
ad-dukhool majaanin
Free admission

مفتوح طوال اليوم
maftooH Tawaal al-yawm
Open all day

سعر مخفض
siAr mukhaffaD
Reduced price

تخفيضات
takhfeeDaat
Sale

اطرق قبل الدخول
uTruq qabla d-dukhool
Knock before entering

ابتعد عن النجيل
ibtaAid Aan an-najeel
Keep off the grass

مساعدة musaaAada • help

ممكن تساعدني؟
mumkin tusaaAidnee?
Can you help me?

أنا لا أفهم
ana laa afham
I don't understand

أنا لا أعرف
ana laa Aaraf
I don't know

هل تتكلم الإنجليزية؟
hal tatakallam al-injileezeeya?
Do you speak English?

هل تتكلم العربية؟
hal tatakallam al-Aarabeeya?
Do you speak Arabic?

أنا أتكلم الإنجليزية
ana atakallam al-injileezeeya
I speak English

أنا أتكلم العربية
ana atakallam al-Aarabeeya
I speak Arabic

الرجاء التحدث ببطء
ar-rajaa' at-taHadduth bi-but'
Please speak more slowly

اكتبها من فضلك
uktub-haa min faDlak(-ik)
Please write it down

فقدت...
faqadtu...
I have lost...

الإرشادات al-irshaadaat • directions

أنا تحت
ana taht
I am lost

أين الـ...؟
aynal-...?
Where is the...?

أين أقرب...؟
ayna aqrab...?
Where is the nearest...?

أين دورات المياه؟
ayna dawraat al-miyaah?
Where are the toilets?

كيف أصل إلى...؟
kayfa asil ila...?
How do I get to...?

إلى اليمين
ilal-yameen
To the right

إلى اليسار
ilal-yasaar
To the left

على طول
Aala Tool
Straight ahead

كم المسافة إلى...؟
kam al-masaafa ila...?
How far is...?

إشارات طريق ishaaraat Tareeq • road signs

كل الاتجاهات
kull al-ittijaahaat
All directions

تحذير
taHdheer
Caution

ممنوع الدخول
mamnooA ad-dukhool
Do not enter

هدئ السرعة
haddi' as-surAa
Slow down

تحويل
taHweel
Diversion

التزم اليمين
iltazim al-yameen
Keep to the right

طريق سريع
Tareeq sareeA
Motorway

ممنوع الانتظار
mamnooA al-intiZaar
No parking

طريق مسدود
Tareeq masdood
No through road

طريق اتجاه واحد
Tareeq ittijaah waaHid
One-way street

اتجاهات أخرى
ittijaahaat ukhra
Other directions

المقيمون فقط
al-muqeemoon faqaT
Residents only

أعمال طريق
Aamaal Tareeq
Roadworks

منحنى خطر
munHana khaTar
Dangerous bend

البيات al-bayaat • accommodation

عندي حجز
Aindee Hajz
I have a reservation

أين قاعة الطعام؟
ayna qaaAat aT-TaAaam?
Where is the dining room?

رقم غرفتي...
raqam ghurfatee...
My room number is ...

ما موعد الفطور؟
maa mawAid al-fuToor?
What time is breakfast?

سأعود الساعة...
sa-Aaood is-saaAa...
I'll be back at ... o'clock

سأغادر غداً
sa-ughaadir ghadan
I'm leaving tomorrow

أكل وشرب akl wa-shurb • eating and drinking

في صحتك!
fi-siHHatak(-ik)
Cheers!

الأكل لذيذ
al-akl ladheedh
The food is delicious

الأكل غير مقبول
al-akl ghayr maqbool
The food is not satisfactory

أنا لا أشرب الكحول
ana laa ashrab al-kuHool
I don't drink alcohol

أنا لا أدخن
ana laa udakhkhin
I don't smoke

أنا لا آكل اللحوم
ana laa aakul al-luHoom
I don't eat meat

لا أريد المزيد، شكراً
laa ureed al-mazeed, shukran
No more for me, thank you

ممكن المزيد؟
mumkin al-mazeed?
May I have some more?

الحساب من فضلك
al-Hisaab min faDlak(-ik)
May we have the bill?

ممكن إيصال؟
mumkin eeSaal?
Can I have a receipt?

منطقة عدم تدخين
minTaqat Aadam tadkheen
No-smoking area

الصحة aS-SiHHa • health

أشعر بالدوار
ashAur bid-dawaar
I don't feel well

أشعر بالمرض
ashAur bil-maraD
I feel sick

ما رقم هاتف أقرب طبيب؟
maa raqam haatif aqrab Tabeeb?
What is the telephone number of the nearest doctor?

يؤلمني هنا
yu'limunee huna
It hurts here

عندي حرارة
Aindee Haraara
I have a temperature

أنا حامل في الشهر...
ana Haamil fish-shahr...
I'm ... months pregnant

أحتاج روشتة من أجل...
aHtaaj roshetta min ajl...
I need a prescription for ...

عادة أتناول...
Aaadatan atanaawal...
I normally take ...

عندي حساسية تجاه ...
Aindee Hassasseeya tujaaha...
I'm allergic to ...

هل سيكون بخير؟
hal sa-yakoon bi-khayr?
Will he be all right?

هل ستكون بخير؟
hal sa-takoon bi-khayr?
Will she be all right?

الفهرست الإنجليزي al-fihrist al-injileezee • English index

english

A

à la carte 152
abdomen 12
abdominals 16
above 320
acacia 110
accelerator 200
accessories 36, 38
accident 46
account number 96
accountant 97, 190
accounts department 175
accused 180
ace 230, 273
Achilles tendon 16
acorn squash 125
acquaintance 24
acquitted 181
across 320
acrylic paints 274
actions 237, 229, 227, 233, 183
activities 263, 245, 162, 77
actor 254, 191
actors 179
actress 254
acupressure 55
acupuncture 55
Adam's apple 19
add v 165
address 98
adhesive tape 47
adjustable wrench 80
admission charge 260
admissions office 168
admitted 48
aduki beans 131
adult 23
advantage 230
adventure 255
advertisement 269
aerate v 91
Afghanistan 318
Africa 317
after 320
afternoon 305
aftershave 73
after-sun 108
agate 289
agenda 174
aikido 236
aileron 210
air bag 201
air conditioning 200
air cylinder 239
air filter 202, 204
air letter 98
air mattress 267
air vent 210
aircraft 210
aircraft carrier 215
airliner 210, 212
airport 212

aisle 106, 168, 210, 254
alarm clock 70
Alaska 314
Albania 316
alcoholic drinks 145
alfalfa 184
Algeria 317
all-purpose flour 139
allergy 44
alley 298
alligator 293
alligator clip 167
allspice 132
almond 129
almond oil 134
almonds 151
along 320
alpine 87
alpine skiing 247
alternating current 60
alternative therapy 54
alternator 203
altitude 211
aluminum 289
Amazonia 312
ambulance 94
amethyst 288
amniocentesis 52
amniotic fluid 52
amount 96
amp 60
amphibians 294
amplifier 268
analog (radio) 179
anchor 214, 240
Andes 312
Andorra 316
anesthetist 48
angle 164
angler 244
Angola 317
angry 25
animals 292, 294
animated film 255
ankle 13, 15
ankle-length 34
anniversary 26
annual 86, 307
answer 163
answer v 99, 163
answering machine 99
ant 295
antenna 295
antifreeze 199, 203
Antigua and Barbuda 314
anti-inflammatory 109
antique shop 114
antiseptic 47
antiseptic wipe 47
anti-wrinkle 41
antler 291
apartment building 298
apéritif 153
aperture dial 270

apex 165
app 99
appeal 181
appearance 30
appendix 18
applaud v 255
apple 126
apple corer 68
apple juice 149
appliances 66
application 176
appointment 45, 175
apricot 126
April 306
apron 30, 50, 69, 212
aquamarine 288
Arabian Sea 313
arc 164
arch 15, 85, 301
archery 249
architect 190
architecture 300
architrave 301
Arctic Circle 283
Arctic Ocean 312
area 165, 310
areas 299
arena 243
Argentina 315
arithmetic 165
arm 13
armband 238
armchair 63
Armenia 318
armpit 13
armrest 200, 210
aromatherapy 55
around 320
arrangements 111
arrest 94
arrivals 213
arrow 249
art 162
art college 169
Art Deco 301
art gallery 261
art history 169
Art Nouveau 301
art shop 115
artery 19
artichoke 124
artist 274
arts and crafts 274, 276
ash 283
ashtray 150
Asia 318
asparagus 124
asphalt 187
assault 94
assistant 24
assisted delivery 53
asteroid 280
asthma 44
astigmatism 51

astronaut 281
astronomy 281
asymmetric bars 235
at 320
athlete 234
athletic shoes 31, 251
Atlantic Ocean 312
ATM 97
atmosphere 282, 286
atrium 104
attachment 177
attack 220
attack zone 224
attend v 174
attic 58
attractions 261
auburn 39
audience 254
August 306
aunt 22
aurora 286
Australasia 319
Australia 319
Austria 316
automatic 200
automatic door 196
automatic payment 96
avalanche 247
avenue 299
avocado 128
awning 148
ax 95
axle 205
ayurveda 55
Azerbaijan 318

B

baby 23, 30
baby bath 74
baby care 74
baby changing facilities 104
baby monitor 75
baby products 107
baby sling 75
back 13
back brush 73
back seat 200
back up v 195
backboard 226
backdrop 254
backgammon 272
backhand 231
backpack 31, 37, 267
backsplash 66
backstroke 239
backswing 233
bacon 118, 119, 157
bad 321
badge 94, 189
badminton 231
bag 311
bagel 139
baggage claim 213

baggage trailer 212
bags 37
baguette 138
Bahamas 314
bail 181
bailiff 180
bait 244
bait v 245
bake v 67, 138
baked 159
baker 139
baker's 114
bakery 107, 114, 138
baking 69
baking sheet 69
balance wheel 276
balcony 59, 254
bald 39
bale 184
Balearic Islands 316
ball 15, 75, 221,224, 226, 228, 230
ball boy 231
ballet 255
balsamic vinegar 135
Baltic Sea 313
bamboo 86,122
banana 128
bandage 47
Bangladesh 318
banister 59
bank 96, 284
bank charge 96
bank manager 96
bank transfer 96
bar 150, 152, 250, 256, 311
bar code 106
bar counter 150
bar mitzvah 26
bar snacks 151
bar stool 150
barb 244
Barbados 314
barbecue 267
barber 39, 188
bark 296
barley 130, 184
barn 182
baroque 301
bars 74
bartender 150, 191
basalt 288
base 164, 229
base station 99
baseball 228
baseline 230
baseman 228
basement 58
basil 133
basket 106, 207, 226
basket of fruit 126
basketball 226
basketball player 226

english

cold 44, 286, 321
cold faucet 72
cold-pressed oil 135
collage 275
collar 32
collarbone 17
colleague 24
collect call 99
collection 98
college 168
cologne 41
Colombia 315
colony 315
colored pencil 163
colors 39, 274
comb 38
comb *v* 38
combat sports 236
combine 182
comedy 255
comforter 71
comet 280
comic 112
commis chef 152
commission 97
communications 98
commuter 208
Comoros 317
compact 40
compact car 199
company 175
compartment 209
compass 165, 312, 240
complaint 94
complexion 41
composite 181
compost 88
compost pile 85
computer 176
concealer 40
conceive *v* 20
conception 52
concert 255, 258
concourse 209
concrete block 187
concussion 46
condensed milk 136
conditioner 38
condom 21
conductor 256
cone 164, 187
confectionery 107, 113
confident 25
confused 25
conglomerate 288
Congo 317
conifer 86
connect *v* 177
connection 212
conning tower 215
console 269
constellation 281
construction 186
construction worker 186, 188
consultant 49
consultation 45
contact lenses 51
container 216, 311
container port 216
container ship 215
continent 282, 315
contraception 21, 52
contraction 52
control tower 212
controller 269
controls 201, 204
convenience food 107
convertible 199
conveyer belt 106
cooked meat 118, 143
cookies 113, 141
cooking 67
coolant reservoir 202
cooling rack 69
co-pilot 211
copper 289
copy *v* 172
cor anglais 257
coral reef 285
cordless drill 78
cordless phone 99
core 127
cork 134
corkscrew 150
corn 122, 130, 184
corn bread 139
corn oil 135
cornea 51
corner 223
corner flag 223
cornice 300
corset 35
Corsica 316
Costa Rica 314
costume 255
cottage cheese 136
cottage garden 84
cotton 184, 277
cotton balls 41
cough 44
cough drop 109
cough medicine 108
counselor 55
count *v* 165
counter 96, 98, 100, 142, 272
countertop 66
country 259, 315
couple 24
courier 99
courses 153
court 226
court case 180
court clerk 180
court date 180
courtroom 180
courtyard 58, 84
couscous 130
cousin 22
coverall 30
cow 185
cow's milk 136
crab 121, 295
cracked wheat 130
cradle 95
craft knife 82
crafts 275
cramp 239
cramps 44
cranberry 127
crane 187, 216, 292
crater 283
crayfish 121
cream 109, 137, 140, 157
cream cheese 136
cream pie 141
crease 225
credit card 96
creel 245
creeper 87
crème caramel 141
crème patisserie 140
crêpe 155, 157
crescent moon 280
crew 241
crew hatch 281
crib 74
cricket 225, 295
cricket ball 225
cricketer 225
crime 94
criminal 181
criminal record 181
crisp 127
crispbread 139, 156
crisper 67
Croatia 316
crochet 277
crochet hook 277
crockery 64
crockery and cutlery 65
crocodile 293
croissant 156
crop 39, 183
crop farm 183
crops 184
crossbar 207, 222, 235
cross-country skiing 247
cross-trainer 250
crosswalk 195
crow 292
crown 50
crucible 166
crushed 132
crust 139, 282
cry *v* 25
crystal healing 55
Cuba 314
cube 164
cucumber 125
cuff 32, 45
cufflink 36
cultivate *v* 91
cultivator 182
cumin 132
curb 298
cured 118, 159, 143
curler 38
curling 247
curly 39
currant 129
curry 158
curry powder 132
curtain 63, 254
curved 165
cushion 62
custard 140
customer 96, 104, 106, 152
customer service department 175
customer services 104
customs 212
customs house 216
cut 46
cut *v* 38, 79, 277
cuticle 15
cutlery 64
cuts 119
cutting 91
cutting board 68
cuttlefish 121
cycle *v* 207
cycle lane 206
cycling 263
cylinder 164
cylinder head 202
cymbals 257
Cyprus 316
Czech Republic 316

D

daffodil 111
dairy 107
dairy farm 183
dairy produce 136
daisy 110, 297
dam 300
dance 259
dance academy 169
dancer 191
dandelion 123, 297
dandruff 39
dark 41, 321
darkroom 271
darn *v* 277
dartboard 273
darts 273
dashboard 201
date 129, 306
daughter 22
daughter-in-law 22
dawn 305
day 305, 306
day after tomorrow 307
day before yesterday 307
dead ball line 221
deadhead *v* 91
deal *v* 273
debit card 96
decade 307
decay 50
December 306
deciduous 86
decimal 165
deck 214
deck chair 265
deck of cards 273
decking 85
decorating 82
decoration 141
decorator 82
deep end 239
deep-fried 159
deep-sea fishing 245
deer 291
defense 181, 220
defendant 181
defender 223
defending zone 224
defrost *v* 67
degree 169
delay 209
deli 107
delicatessen 142
delivery 52, 98
deltoid 16
Democratic Republic of the Congo 317
Denmark 316
denomination 97
denominator 165
dental care 108
dental floss 50, 72
dental hygiene 72
dental X-ray 50
dentist 50, 189
dentist's chair 50
dentures 50
deodorant 73, 108
department 169
department store 105
departments 49
departure lounge 213
departures 213
deposit v 96
deposit slips 96
depth 165
dermatology 49
descaled 121
desert 285
desiccated 129
designer 191, 277
desk 162, 172
desktop 177
dessert 153
desserts 140
dessert cart 152
destination 213
detached 58
detective 94
detergent 77
detour 195
deuce 230
develop *v* 271
diabetes 44
diagonal 164
dial *v* 99
diameter 164
diamond 273, 288
diaper 75
diaper bag 75
diaper rash cream 74
diaphragm 19, 21
diarrhea 44, 109
dice 272
dictionary 163
die *v* 26
diesel 199

english

english

english

english

garter 35
garter belt 35
gas burner 61
gas pump 199
gas station 199
gas tank 203
gasket 61
gasoline 199
gate 85, 182, 247
gate number 213
gauze 47, 167
gear lever 207
gearbox 202, 204
gears 206
gearshift 201
gel 38, 109
gems 288
generation 23
generator 60
genitals 12
geography 162
geometry 165
Georgia 318
gerbera 110
Germany 316
get a job v 26
get married v 26
get up v 71
geyser 285
Ghana 317
giant slalom 247
gift shop 114
gill 294
gin 145
gin and tonic 151
ginger 125, 133
giraffe 291
girder 186
girl 23
girlfriend 24
girth 242
glacier 284
gladiolus 110
gland 19
glass 69, 152
glass bottle 166
glass stirrer 167
glasses 51, 150
glassware 64
glaze v 139
glider 211, 248
gliding 248
gloss 83, 271
glove 224, 233, 236, 246
gloves 36
glue 275
glue gun 78
gneiss 288
go to bed v 71
go to sleep v 71
goal 221, 223, 224
goal area 223
goal line 220, 223, 224
goalkeeper 222, 224
goalpost 220, 222
goat 185
goat's cheese 142
goat's milk 136

goggles 238, 247
going out 75
gold 235, 289
goldfish 294
golf 232
golf bag 233
golf ball 233
golf cart 232, 233
golf clubs 233
golf course 232
golf shoe 233
golfer 232
gong 257
good 321
good afternoon 322
good evening 322
good morning 322
good night 322
goodbye 322
goose 119, 293
goose egg 137
gooseberry 127
gorge 284
gorilla 291
gothic 301
grade 163
graduate 169
graduate v 26
graduation ceremony 169
graft v 91
grains 130
gram 310
grandchildren 23
granddaughter 22
grandfather 22
grandmother 22
grandparents 23
grandson 22
granite 288
grape juice 144
grapefruit 126
grapeseed oil 134
graphite 289
grass 86, 262
grass bag 88
grasshopper 295
grassland 285
grate v 67
grated cheese 136
grater 68
gratin dish 69
gravel 88
gravity 280
gray 39, 274
graze 46
greasy 39
Greece 316
green 129, 232, 274
green olive 143
green onion 125
green peas 131
green salad 158
green tea 149
greenhouse 85
Greenland 314
Grenada 314
grill pan 69
grilled 159

grip 78
groceries 106
grocery store 114
groin 12
groom 243
ground 60, 132
ground coffee 144
ground cover 87
ground floor 104
ground meat 119
ground sheet 267
groundnut oil 135
group therapy 55
grout 83
guard 236
guard rail 195, 246
Guatemala 314
guava 128
guest 64, 100
guidebook 260
guided tour 260
guilty 181
Guinea 317
Guinea-Bissau 317
guitarist 258
gull 292
gum 50
gumdrop 113
gun 94
gutter 58, 299
guy rope 266
Guyana 315
gym 101, 250
gym machine 250
gymnast 235
gymnastics 235
gynecologist 52
gynecology 49
gypsophila 110

H

hacksaw 81
haddock 120
hail 286
hair 14, 38
hair dye 40
hairband 38
hairdresser 38, 115, 188
hair-dryer 38
hairpin 38
hairspray 38
Haiti 314
half an hour 304
half-board 101
half-time 223
half-liter 311
halibut fillets 120
Halloween 27
hallway 59
halter 243
halter neck 35
ham 119, 143, 156
hammer 80
hammer v 79
hammock 266
hamper 263
hamster 290
hamstring 16

hand 13, 15
hand drill 81
hand fork 89
hand rail 59
hand saw 89
hand towel 73
handbag 37
handcuffs 94
handicap 233
handkerchief 36
handle 36, 88, 106, 187,
    200, 230
handlebar 207
handles 37
handrail 196
handsaw 80
handset 99
hang v 82
hang-glider 248
hang-gliding 248
hanging basket 84
hanging file 173
happy 25
harbor 217
harbor master 217
hard 129, 321
hard candy 113
hard cheese 136
hard hat 186
hard shoulder 194
hardboard 79
hardware 176
hardware store 114
hardwood 79
haricot beans 131
harness race 243
harp 256
harvest v 91, 183
hat 36
hatchback 199
have a baby v 26
Hawaii 314
hay 184
hayfever 44
hazard 195
hazard lights 201
hazelnut 129
hazelnut oil 134
head 12, 19, 81, 230
head v 222
head injury 46
headache 44
headboard 70
headlight 198, 205
headphones 268
headquarters 175
headrest 200
headsail 240
health 44
health food store 115
heart 18, 119, 122, 273
heart attack 44
heater 60
heater controls 201
heather 297
heating element 61
heavy 321
heavy metal 259

hedge 85, 90, 182
hedgehog 290
heel 13, 15, 37
height 165
helicopter 211
hello 322
helmet 95, 204, 206, 220,
    224, 228
helpdesk 168
hem 34
hematite 289
hemorrhage 46
hen's egg 137
herb 55, 86
herb garden 84
herbaceous border 85
herbal remedies 108
herbal tea 149
herbalism 55
herbicide 183
herbs 133, 134
herbs and spices 132
herd 183
hexagon 164
high 321
high chair 75
high-definition 269
high dive 239
high-heeled shoe 37
high jump 235
high speed train 208
highlights 39
hiking 263
hill 284
Himalayas 313
hip 12
hippopotamus 291
historic building 261
history 162
hit v 224
hockey 224
hockey stick 224
hoe 88
hold 215, 237
hole 232
hole in one 233
hole punch 173
holly 296
home 58
home delivery 154
home entertainment 268
home furnishings 105
home plate 228
homeopathy 55
homework 163
homogenized 137
Honduras 314
honeycomb 135
honeymoon 26
honeysuckle 297
hood 31, 75, 198
hoof 242, 291
hook 187, 276
hoop 226, 277
horizontal bar 235
hormone 20
horn 201, 204, 291
horror movie 255

english

english

english

english

english

english

english

english

عربي

عربي

عربي

عربي

الفهرست العربي al-fihrist al-Aarabee • Arabic index

The Arabic Index starts here and runs right to left until page 341

يبدأ الفهرست العربي هنا وينتهي صفحة ٣٤١.

تنويه tanweeh • acknowledgments

DORLING KINDERSLEY would like to thank Tracey Miles and Christine Lacey for design assistance, Georgina Garner for editorial and administrative help, Sonia Gavira, Polly Boyd, and Cathy Meeus for editorial help, and Claire Bowers for compiling the DK picture credits.

The publisher would like to thank the following for their kind permission to reproduce their photographs:

Abbreviations key: a-above; b-below/bottom; c-center; f-far; l-left; r-right; t-top

123RF.com: Andriy Popov 34tl; Daniel Ernst 179tc; Hongqi Zhang 24cla. 175cr; Ingvar Bjork 60c; Kobby Dagan 259c; leonardo255 269c; Liubov Vadimovna (Luba) Nel 39cla; Ljupco Smokovski 75crb; Oleksandr Marynchenko 60bl; Olga Popova 33c; oneblink 49bc; Racorn 162tl; Robert Churchill 94c; Roman Gorielov 33bc; Ruslan Kudrin 35bc, 35br; Subbotina 39cra; Sutichak Yachaingkham 39tc; Tarzhanova 37tc; Vitaly Valua 39tl; Wavebreak Media Ltd 188bl; Wilawan Khasawong 75cb; **Action Plus:** 224bc; **Alamy Images:** 154t; A.T. Willett 287bcl; Alex Segre 105ca, 105cb, 195cl; Ambrophoto 24cra; Blend Images 168cr; Cultura RM 33r; Doug Houghton 107fbr; Ekkapon Sriharun 172bl; Hugh Threlfall 35tl; 176tr; Ian Allenden 48br; Ian Dagnall (iPod is a trademark of Apple Inc., registered in the U.S. and other countries) 268tc, 270t; Ievgen Chepil 250bc; imagebroker 199tl, 249c; keith morris 178c; Martyn Evans 210b; MBI 175tl; Michael Burrell 213cra; Michael Foyle 184bl; Oleksiy Maksymenko 105tc; Paul Weston 168br; Prisma Bildagentur AG 246b; Radharc Images 197tr; RBtravel 112tl; Ruslan Kudrin 176tl; Sasa Huzjak 258t; Sergey Kravchenko 37ca; Sergio Azenha 270bc; Stanca Sanda (iPad is a trademark of Apple Inc., registered in the U.S. and other countries) 176bc; Stock Connection 287bcr; tarczas 35cr; vitaly suprun 176cl; Wavebreak Media ltd 39cl, 174b, 175tr; **Allsport/Getty Images:** 238cl; **Alvey and Towers:** 209 acr, 215bcl, 215bcr, 241cr; **Peter Anderson:** 188cbr, 271br. **Anthony Blake Photo Library:** Charlie Stebbings 114cl; John Sims 114cl; **Andyalte:** 98tl; **apple mac computers:** 268tcr; **Arcaid:** John Edward Linden 301bl; Martine Hamilton Knight, Architects: Chapman Taylor Partners, 213cl; Richard Bryant 301br; **Argos:** 41tcl, 66cbl, 66cl, 66br, 66bcl, 69cl, 70bcl, 71t, 77tl, 269tc, 270tl; **Axiom:** Eitan Simanor 105bcr; Ian Cumming 104; Vicki Couchman 148cr; **Beken Of Cowes Ltd:** 215cbc; **Bosch:** 76tcr, 76tc, 76tcl; **Camera Press:** 38tr, 256t, 257cr; Barry J. Holmes 148tr; Jane Hanger 159cr; Mary Germanou 259bc; **Corbis:** 78b; Anna Clopet 247tr; Ariel Skelley / Blend Images 52l; Bettmann 181tl, 181tr; Blue Jean Images 48bl; Bo Zauders 156t; Bob Rowan 152bl; Bob Winsett 247cbl; Brian Bailey 247bcr; Carl and Ann Purcell 162l; Chris Rainer 247cbl; Craig Aurness 215bl; David H.Wells 249cbr; Dennis Marsico

274bl; Dimitri Lundt 236bc; Duomo 211bl; Gail Mooney 277ctcr; George Lepp 248c; Gerald Nowak 239b; Gunter Marx 248cr; Jack Hollingsworth 231bl; Jacqui Hurst 277cbr; James L. Amos 247bl, 191ctr, 220bcr; Jan Butchofsky 277cbc; Johnathan Blair 243cr; Jose F. Poblete 191br; Jose Luis Pelaez.Inc 153tc; Karl Weatherly 220bl, 247tcr; Kelly Mooney Photography 259tl; Kevin Fleming 249bc; Kevin R. Morris 105tr, 243tl, 243tc; Kim Sayer 249tcr; Lynn Goldsmith 258t; Macduff Everton 231bcl; Mark Gibson 249bl; Mark L. Stephenson 249tcl; Michael Pole 115tr; Michael S. Yamashita 247cctcl; Mike King 247cbl; Neil Rabinowitz 214br; Pablo Corral 115bc; Paul A. Sounders 169br, 249ctcl; Paul J. Sutton 224c, 224br; Phil Schermeister 227b, 248tr; R. W Jones 309; Richard Morrell 189bc; Rick Doyle 241ctr; Robert Holmes 97br, 277ctc; Roger Ressmeyer 169tr; Russ Schleipman 329; The Purcell Team 211ctr; Vince Streano 194t; Wally McNamee 220br, 220bcl, 224bl; Wavebreak Media LTD 191bc; Yann Arhus-Bertrand 249tl; **Demetrio Carrasco / Dorling Kindersley (c) Herge / Les Editions Casterman:** 112ccl; **Dorling Kindersley:** Banbury Museum 35c; Five Napkin Burger 152t; **Dixons:** 270cl, 270cr, 270bl, 270bcl, 270bcr, 270ccr; **Dreamstime.com:** Alexander Podshivalov 179tr. 191cr; Alexxl66 268tl; Andreastphoto 176tc; Andrey Popov 191bl; Arne9001 190tl; Chaoss 26c; Designsstock 269cl; Monkey Business Images 26clb; Paul Michael Hughes 162tr; Serghei Starus 190bc; **Education Photos:** John Walmsley 26tl; **Empics Ltd:** Adam Day 236br; Andy Heading 243c; Steve White 249cbc; **Getty Images:** 48bcl, 100t, 114bcr, 154bl, 287tr; 94tr; Don Farrall / Digital Vision 176c; Ethan Miller 270bl; Inti St Clair 179bl; Liam Norris 188br; Sean Justice / Digital Vision 24br; **Dennis Gilbert:** 106tc; **Hulsta:** 70t; **Ideal Standard Ltd:** 72r; **The Image Bank/Getty Images:** 58; **Impact Photos:** Eliza Armstrong 115cr; Philip Achache 246t; **The Interior Archive:** Henry Wilson, Alfie's Market 114bl; Luke White, Architect: David Mikhail, 59tl; Simon Upton, Architect: Phillippe Starck, St Martins Lane Hotel 100bcr, 100br; **iStockphoto.com:** asterix0597 163tl; EdStock 190br; RichLegg 26bc; SorinVidis 27cr; **Jason Hawkes Aerial Photography:** 216t; **Dan Johnson:** 35r; **Kos Pictures Source:** 215cbl, 240tc, 240tr; David Williams 216b; **Lebrecht Collection:** Kate Mount 169bc; **MP Visual.com:** Mark Swallow 202ct; **NASA:** 280cr, 280ccl, 281tl; **P&O Princess Cruises:** 214bl; **P A Photos:** 181br; **The Photographers' Library:** 186bl, 186bc, 186t; **Plain and Simple Kitchens:** 66t; **Powerstock Photolibrary:** 169tl, 256t, 287tl; **PunchStock:** Image Source 195tr; **Rail Images:** 208c, 208 cl, 209br; **Red Consultancy:** Odeon cinemas 257br; **Redferns:** 259br; Nigel Crane 259c; **Rex

Features: 106br, 259tc, 259tr, 259bl, 280b; Charles Ommaney 114tcr; J.F.F Whitehead 243cl; Patrick Barth 101tl; Patrick Frilet 189cbl; Scott Wiseman 287bl; **Royalty Free Images:** Getty Images/Eyewire 154bl; **Science & Society Picture Library:** Science Museum 202b; **Science Photo Library:** IBM Research 190cla; NASA 281cr; **SuperStock:** Ingram Publishing 62; Juanma Aparicio / age fotostock 172t; Nordic Photos 269tl; **Skyscan:** 168t, 182c, 298; Quick UK Ltd 212; **Sony:** 268bc; **Robert Streeter:** 154br; **Neil Sutherland:** 82tr, 83tl, 90t, 118, 188ctr, 196tl, 196tr, 299cl, 299bl; **The Travel Library:** Stuart Black 264t; **Travelex:** 97cl; **Vauxhall:** Technik 198t, 199tl, 199tr, 199cl, 199cr, 199ctcl, 199ctcr, 199tcl, 199tcr, 200; **View Pictures:** Dennis Gilbert, Architects: ACDP Consulting, 106t; Dennis Gilbert, Chris Wilkinson Architects, 209tr; Peter Cook, Architects: Nicholas Crimshaw and partners, 208t; **Betty Walton:** 185br; **Colin Walton:** 2, 4, 7, 9, 10, 28, 42, 56, 92, 95c, 99tl, 99tcl, 102, 116, 120t, 138t, 146, 150t, 160, 170, 191ctcl, 192, 218, 252, 260br, 260l, 261tr, 261c, 261cr, 271cbl, 271cbr, 271crl, 278, 287br, 302, 401.

DK PICTURE LIBRARY:
Akhil Bahkshi; Patrick Baldwin; Geoff Brightling; British Museum; John Bulmer; Andrew Butler; Joe Cornish; Brian Cosgrove; Andy Crawford and Kit Hougton; Philip Dowell; Alistair Duncan; Gables; Bob Gathany; Norman Hollands; Kew Gardens; Peter James Kindersley; Vladimir Kozlik; Sam Lloyd; London Northern Bus Company Ltd; Tracy Morgan; David Murray and Jules Selmes; Musée Vivant du Cheval, France; Museum of Broadcast Communications; Museum of Natural History; NASA; National History Museum; Norfolk Rural Life Museum; Stephen Oliver; RNLI; Royal Ballet School; Guy Ryecart; Science Museum; Neil Setchfield; Ross Simms and the Winchcombe Folk Police Museum; Singapore Symphony Orchestra; Smart Museum of Art; Tony Souter; Erik Svensson and Jeppe Wikstrom; Sam Tree of Keygrove Marketing Ltd; Barrie Watts; Alan Williams; Jerry Young.

Additional Photography by Colin Walton.

Colin Walton would like to thank:
A&A News, Uckfield; Abbey Music, Tunbridge Wells; Arena Mens Clothing, Tunbridge Wells; Burrells of Tunbridge Wells; Gary at Di Marco's; Jeremy's Home Store, Tunbridge Wells; Noakes of Tunbridge Wells; Ottakar's, Tunbridge Wells; Selby's of Uckfield; Sevenoaks Sound and Vision; Westfield, Royal Victoria Place, Tunbridge Wells.

All other images © Dorling Kindersley
For further information see: www.dkimages.com